더 강하게, 더 악하게, 더 깊게, 하지만 더 아름답게!

다이너마이트
니체

고병권과 함께
니체의 《선악의 저편》을 읽다

천년의상상

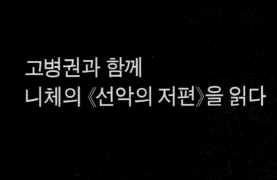

이 책을 꼭 건네고 싶은 사람,

차라투스트라를 처음 읽고는 '내 안에 그가 산다'며 울부짖었던 사람,

언젠가는 뛰고 날겠지만 우선은 걷는 법부터 배우겠다고 다짐했던 사람,

세상 누구보다 이 책을 반겨주었을 사람,

그러나 얼마 전 거짓말처럼 우리 곁을 떠나버린 사람,

김호식에게.

지은이의 말

1

이 책은 니체의 《선악의 저편》에 대한 강독이다. 그는 입문을 원하는 이들에게 《선악의 저편》과 《도덕의 계보》를 권한 바 있다. 시작하는 자에게 권했다고 해서 쉽다는 것은 아니다. 입문자란 담장 너머의 구경꾼이 아니라 문을 열고 들어온 사람 아닌가. 배움의 시작은 단련의 시작이다. 도량道場에 들어온 이상 진리를 견뎌내야 한다. 이 책은 니체를 통한 내 단련과 배움의 기록이다.

2

지금 이 책 입구에 걸어두고 싶은 그의 가르침은 일곱 가지다.

영혼의 사다리—당신 영혼의 사다리는 몇 칸이나 되는가. 당신은 어디까지 내려갔는가. 《언더그라운드 니체》(2014)를 쓸 때 그가 내게 물었다. 이번에 그는 반대로 묻는다. 당신은 어디까지 올라갔는가. 철학자로 산다는 것은 지혜만이 아니라 긍지를 필요로 한다. 뱀처럼 대지를 온몸으로 더듬다가도 독수리처럼 그것을 내려다볼 수 있어야 한다. 이것이 첫 번째 가르침이다.

다이너마이트—고작 성냥개비인가. 겨우 하루, 겨우 한 달, 겨우 일 년 치를 모아 타오를 셈이었던가. 겨우 그만큼 당긴 활시위로 당신의 화살을 날려 보낼 생각이었던가. 진정 불꽃을 기다리는 사람은 폭발하지 않고 응축한다. 진정 먼 곳을 겨냥하는 사람은 손을 놓지 않고 한없이 시위를 끌어당긴다. 이것이 두 번째 가르침이다.

철학의 모토—서서히, 신중하게, 부드럽게, 하지만 가차 없이! 지난번 그는 네 개의 낱말을 건넸다. 이번에도 그는 네 개의 낱말을 건넨다. 더 강하게, 더 악하게, 더 깊게, 하지만 더 아름답게! 당신은 더 독해져야 한다. 아름다운 무용수의 발끝은 그렇게 얻는 것이다. 이것이 세 번째 가르침이다.

투사—위협적인 목소리와 몸짓이 아니다. 절망적 상황에서도 유리한 것을 찾아내는 그 정신을 투사라고 부른다. 이것이 네 번째 가르침이다.

답례—그대로 되돌려줄 것이면 왜 가져갔는가. 그것은 답례가 아니다. 내 말을 받은 것이 그 누구도 아닌 당신임을 입증하라. 내 말이 당신을 그냥 통과하는 일이 없게 하라. 곡을 해석한다는 것은 곡을 변주하는 것. 당신의 해석은 당신의 해석이어야 한다. 이것이 다섯 번째 가르침이다.

부끄러움—부끄러움은 숙성의 효모. 나는 당신이 배움의 길에서 느끼는 부끄러움을 사랑한다. 참나무통에서 포도주가 익어가듯 부끄러움 속에서 당신도 무르익도록 하라. 이것이 여섯 번째 가르침이다.

신앙—'신은 죽었다'던 내가 신앙을 가르친다는 게 이상한가. 나는 신앙을 저버리라고 말한 사람이 아니라 당신 자신을 저버리지 말라고 말했던 사람이다. 나는 누구보다 확고한 신앙을 가졌다. 나는 나 자신을 믿는다. 나는 내 안에 나를 극복한 내가 산다는 것을 안다. 이것이 일곱 번째 가르침이다.

3

끝으로 암호 같은 감사의 말을 남겨두려고 한다. 잠시 혼자 걷는 나의 가난을 걱정하여, 한 줌의 양식과 한 자루의 경험과 한 아름의 격려를 건네준, 그러나 감사를 받기 원치 않은 사람이 있다. BDR, 그와 함께 걷기도 했고 따로 걷기도 했지만, 묵묵히 걸어가는 그 같은 선배가 있어 이 공부의 길을 나는 더욱 사랑한다. 이 책은 그의 후원 아래서 쓴 것이다.

차례

제2장
빛의 외투를 걸친 은둔자

제3장
악순환인 신

제4장
간주곡—이행을 준비하며 잠시 머물기

제8장
우리 '선한 유럽인들'

제9장
가장 높은 곳에 마련된 식탁

후곡
—높은 산에서

■ 일러두기

-《선악의 저편》을 비롯하여 이 책에 인용된 니체의 저작들은 책세상에서 번역 출간한 '니체 전집'(KGW)의 내용을 바탕으로 한 것이며, 단행본이나 논문 형태의 유고를 구분하지 않고 모두 《 》로 표기합니다. 다만 저작물의 제목이나 본문 내용 일부를 지은이가 독일어 원서를 참고해 수정하기도 했습니다.
-본문 하단의 각주(■)는 독자의 이해를 돕기 위해 지은이가 부연한 것이며, 인용문의 출처를 밝히는 경우에는 해당 인용 사항 옆에 따로 주를 달고 번호를 붙였습니다.
-각 장은 《선악의 저편》 구성과 나란히 서장—제1장~제9장—후곡 순으로 전개됩니다. 제4장 간주곡의 32개 아포리즘과 후곡은 지은이가 니체의 글에 대한 답례로서 쓴 변주곡입니다.

서장

비평 혹은 기다림에 대하여

01

미래 철학의 서곡

17 니체는 《선악의 저편》 부제를 '미래 철학의 서곡Vorspiel einer Philosophie der Zukunft'이라고 달았다.▪ 서곡, 그러니까 이 책은 일종의 예고이고 기다림이다. 마치 산 위에 몰려드는 먹구름이 번개에 대한 예고이자 기다림이듯, 이 책은 미래 철학, 즉 도래하는 것의 징후로 가득 차 있다. 하지만 얼마나 많은 이들이 '기다림'과 '가만히 있음'을 혼동하는가.

▪ 니체는 《선악의 저편》을 쓰던 당시 다양한 제목을 구상하고 있었다. '미래 철학의 서곡'이라는 동일한 부제를 단 경우만 해도 〈승리의 통찰〉(《유고(1885년 가을~1887년 가을)》, 1[45])(이하 같은 책 인용), 〈새로운 계몽〉(1[94]), 〈즐거운 지식〉(1[121]) 등이 있고, '선악의 저편'이라는 제목에 다른 부제를 붙인 것도 있다. 이를테면 '도덕 극복의 시도'(1[82]), '온화한 정신을 위한 온갖 종류의 사색적인 것'(2[27]), '최고 강자의 도덕에 대한 암시'(2[38]) 등이 그렇다. 이외에도 〈긍정과 부정의 저편〉(1[141]), 〈고귀한 것이란 무엇인가〉(1[154]), 〈온화한 여담〉(2[4]), 〈지성적 양심〉(2[11]), 〈우리의 덕〉(2[30]), 〈미래의 철학〉(2[32]), 〈더 고귀한 인간의 자연사〉(2[43]), 〈어느 심리학자의 독백〉(2[51]) 등도 《선악의 저편》을 위한 후보 제목이었던 것 같다.

시도와 물음,
그것이 나의 모든
행로였다

1) 《차라투스트라는 이렇게 말했다》, 중력의 악령에 대하여, 2절.

기다림은 아무것도 하지 않는 게 아니라 기다리는 것이다. 문이 열리기를 기다리는 자는 문을 두드리고, 열매 떨어지기를 기다리는 자는 나뭇가지를 흔든다. 니체의 말을 빌리자면 우리는 무작정 기다리는 자들, “허구한 날을 기다리는 자들”, 그렇게 “땅을 지키고 가게를 지키는 자들”이 되어서는 안 된다. 오직 끊임없는 물음과 시도 속에서만 우리는 기다렸다 말할 수 있다. “시도와 물음, 그것이 나의 모든 행로였다.”[1) 니체는 자신의 기다림을 그렇게 표현했다.

물론 우리의 기다림과 상관없이 오는 것도 있다. 이를테면 기차는 시간이 되면 플랫폼에 들어선다. 그러나 그렇게 들어오는 기차는 미래의 도래가 아니라 과거의 관성이고, 사건의 발발이 아니라 일상의 지속이다. 똑같은 기차라 할지라도 치열한 기다림 속에서 도래하는 경우는 다르다. 예컨대 1917년 4월 3일 페트로그라드 핀란드 역에 도착한 기차는 러시아 미래와 관련된 중대한 사건이었다.■ 사람과 상황, 조건들이 폭발을 기다리는 폭약처럼 그 기차를 기다리고 있었기 때문이다.

그래서 기다림이란 실천이다. 그것은 도래함을 향한 맞이함이고, 다가옴을 향한 다가섬이며, 열매를 향한 무르익음이라 할 수 있다. 초인을 기다린 시인 이육사는 누구보다 이 의미를 잘 알고

■ 1917년 4월 3일은 러시아 혁명가 레닌이 오랜 망명 생활을 마치고 귀환한 날이다. 수천 명의 군중에 둘러싸인 그는 핀란드 역에 내려 “모든 권력을 소비에트로”라는 슬로건을 제창했으며, 이튿날 러시아 볼셰비키 당 핵심 강령이 된 소위 ‘4월 테제’를 발표했다.

있었던 것 같다.▩ 그가 '은쟁반'과 '모시 수건'을 준비하라고 한 까닭은 '청포를 입고 오는' '고달픈 손님'을 기다렸기 때문이고(〈청포도〉), "오늘 내 여기서 너를 불러보"는 이유는 북쪽 툰드라일지라도 기필코 찾아올 봄, 곧 '꽃맹아리'와 '제비떼'를 기다렸기 때문이며(〈꽃〉), 지금 여기 "가난한 노래의 씨를 뿌"리는 것은 천고의 뒤에 올 '백마 탄 초인'을 기다렸기 때문이다(〈광야〉). 내게는 니체의 《선악의 저편》이 그렇다. 이 책은 저 끝에 우리가 만날 어떤 신에 대한 기다림이고 그 신을 향한 다가섬이자 무르익음이다.

선지자와 비평가

니체는 《선악의 저편》을 "본질적으로 현대성에 대한 비평(비판)Kritik der Modernität"이라 말하기도 했다.[4] '미래 철학의 서곡'은 '현대성에 대한 비평'과 어떤 관계가 있을까. 나는 이 물음을 이렇게 바꾸어보고 싶다. 비평은 왜 기다림인가. 비평가의 과제는 왜 기다림의 실천 속에 있는가.

백마 탄 초인을 기다리던 시인은 가난한 노래의 씨앗을 뿌렸다. 말을 타고 오는 메시아를 기다리던 선지자는 무엇을 했던가.▩▩ 15세기 유대교 경전의 어느 필사본에는 이런 그림이 있다고 한다. 도시의 성문이 보이고 그 위에 문지기가 있다. 저편에는 말을 탄 메시아가 있고 그 앞에 선지자

▩ 이육사가 '초인'이라는 말을 쓸 때 니체를 염두에 두었는지는 확실치 않다. 그러나 그는 니체를 알고 있었고 니체가 쓴 〈가을*Herbst*〉이라는 시에 이런 감상평을 달아두기도 했다. "철인 니-체의 〈가을〉은 그 愛妹의 능변으로도 수정할 수 없을 만큼 가슴을 찢어놓는 〈가을〉이다."[2] 이 표현은 니체의 시 〈가을〉의 첫 구절이기도 하다. "지금은 가을. 가을은 가슴을 찢는다."(참고로 니체의 시는 《즐거운 지식》 부록 〈포겔프라이 왕자의 노래〉, 《디오니소스 찬가》 등 몇몇 작품에 흩어져 있다. 국내에서는 이 시들을 한데 모아 시집 《디오니소스 찬가》로 번역 출간한 바 있다.[3])

(예언자)로 보이는 청년이 성문을 향해 다가선다. 그는 선지자 엘리야일 터이다. 메시아의 진입을 준비하고 있는 듯한데 도대체 무엇을 하려고 문에 다가가는가. 문은 이미 열려 있는데 말이다. 이 물음에 조르조 아감벤G. Agamben은 이런 답변을 내놓았다. "그것은 바로 문을 닫아버리는 것이다."[7] 메시아의 진입을 위해 문을 닫는다고?

이 흥미로운 그림은 아감벤이 카프카의 단편 〈법 앞에서〉를 해설하며 소개한 것이다. 소설은 잘 알려진 것처럼 자신에게 열린 문에 들어가려 했으나 평생 들어갈 수 없었던 어느 시골 사람의 이야기다. 여기서 문은 '법의 문'이다. 문지기는 시골 사람에게 나중에 들어갈 수 있긴 하지만 지금은 허락할 수 없으며, 설령 자신을 뚫고 들어간다 할지라도 다음 문에는 더 강한 문지기가 버티고 있다고 했다. 시골 사람은 문지기에게 말을 건네보고 뭔가를 주며 매수하려고도 했지만 문지기는 그를 들여보내지 않았다. 시골 사람은 그렇게 평생을 보냈고 그곳에서 눈을 감는다. 시골 사람이 죽자 문지기는 문을 닫으며 말했다. 이 문은 당신만을 위한 것

■■ 니체는 《선악의 저편》을 쓸 당시 여러 권의 책을 구상한 듯하다. 예컨대 1885년에 작성한 노트에는 1886년 봄에 쓰기로 예정한 "열 권의 새로운 책 제목"이라며 〈고대 그리스인들에 관한 사상〉, 〈힘에의 의지〉, 〈예술가〉, 〈어느 심리학자의 내심〉, 〈우리 무신론자들〉, 〈정오와 영원〉, 〈선악의 저편〉, 〈즐거운 지식〉, 〈음악〉, 〈율법학자의 경험〉, 〈현대적 음울화의 역사〉 등 11개 제목을 나열하고 있다.[5] 이 중 〈정오와 영원〉의 부제는 '선지자(예언자)의 책Buch des Wahrsagers'[6]이며, 〈영원회귀〉라는 제목도 보이는데 이것의 부제는 '새로운 축제와 예언의 책Buch neuer Feste und Wahrsagungen'이다. 메시아의 도래를 기다리는 '선지자'는 니체 철학의 중요한 모티브 중 하나였다.

2) 이육사, 〈季節의 表情〉(1942. 1), 김용직 · 손병희 엮음, 《이육사 전집》, 깊은샘, 2004, 193쪽.

3) 이상일 옮김, 《디오니소스 찬가》, 민음사, 1994. 〈가을〉은 이 책의 26쪽 참조.

4) 《이 사람을 보라》, 나는 왜 이렇게 좋은 책들을 쓰는지 – 선악의 저편, 2절.

5) 《유고(1885년 가을~1887년 가을)》, 2[73].

6) 《유고(1885년 가을~1887년 가을)》, 2[72].

7) G. Agamben, 박진우 옮김, 《호모 사케르》, 새물결, 2008, 119~143쪽.

이었으므로 이제 닫겠다고.

시골 사람을 위한 문이었다면서 통과시키지 않은 이유는 무엇인가. 손쉬운 해석은 문지기가 시골 사람을 속였다고 보는 것이다. 법은 모든 사람에게 열렸다고 하지만 말뿐이고 실상은 가난한 사람을 배척한다. 또 다른 해석도 가능하다. 예컨대 자크 데리다J. Derrida에 따르면 법은 아무것도 하지 않았지만 자신을 지키는 데 성공했다.[8] 문지기가 한 일이라고는 가능성을 남기며 시간을 지연한 것뿐이다. '지금'은 안 되지만 '나중'에는 가능하다고. 그런 식으로 시골 사람의 삶을 완전히 옭아맸다. 어찌 보면 시골 사람은 법 앞에 서보지도 못했다. 단지 문지기라는 '법의 대리자' 앞에 있었을 뿐이다. 그는 문지기 너머에 어떤 진리가 있다고 믿었다. 그런데 어쩌면 법은 이런 선입견(선판단, Préjugés, Vorurteil)으로 지켜지는지 모른다(시골 사람 내면에서 일어난 선판단, 즉 '판결 이전의 판결' 말이다). 문지기가 진리 내지 정의를 지킨다는 시골 사람의 선입견이 역설적이게도 문지기의 권위를 만들어낸다.

우리는 이 작품을 법에 따른 실존적 불안을 다루었다고 읽어낼 수도 있다. 소송을 경험한 사람은 공감할 터이지만, 소송이 시작되면 공판과 상관없이 우리 일상은 법에 붙들리고 어떤 불안에 시달린다. 마치 곁에 시체가 있으면 그 자체로 삶이 흔들리는 것처럼 우리는 법과 관계할 때 까닭 없이 불안하다.* 이런 생각을 더 밀고 간다면, 법의 지배 아래 우리는

* 니체는 고대사회에서 도덕과 법의 속박을 벗어나기 위해 '광기'를 어떻게 활용했는지 언급하면서 광인의 입을 빌려 말한다. "나는 법을 파괴했습니다. 시체가 사람들을 불안하게 하는 것처럼 법이 나를 불안하게 합니다."[9]

8) J. Derrida, "Préjugés—Devant la loi", *La faculté de juger*, Minuit, 1985.

9) 《서광》, 14절.

직접 고소당한 경우가 아니더라도 항상 법의 추궁을 받고 있다고 할 수 있다(양심의 가책과 죄의식). 말하자면 법의 지배 아래 모든 사람은 이미 항상 소송 중인 것이다.

〈법 앞에서〉는 카프카의 장편소설 《소송》에도 삽입되어 있다. 주인공 K는 성당 신부에게 시골 사람 이야기를 듣고는 "문지기가 시골 사람을 기만했다"고 했다. 그러나 신부는 "속단하지 말라"고 한다. "기만은 문지기가 당한 것일 수도 있"고,※ 무엇보다 기만이라는 말이 성립하려면 "이 문은 당신만을 위한 것이었다"와 "지금은 당신을 들여보낼 수 없다"라는 말이 상호 모순이어야 한다고 했다.

그렇다면 '당신만을 위한 문'과 '당신을 들여보낼 수 없다' 사이에 모순이 없다는 건가. 만약 이 두 말을 모순 없이 취할 수 있다면 어떤 해석이 가능한가. 앞서 아감벤의 유대교 필사본 그림 해석은 여기서 의미를 갖는다. 메시아의 진입을 위해 문을 닫는 선지자 말이다. 당신을 위한 문이지만 문이 열린 한 안으로 들어갈 수 없다면 그리고 이 말에 아무런 모순이 없다면, 해결책은 하나일 수밖에 없다. 안으로 진입하기 위해서는 법의 문을 닫아야 한다!

이 해석에 따르면 우리는 더 이상 시골 사람을 실패자로 볼 수 없다. 앞서 해석들은 시골 사람을 실패자로 보았지만(법이 그를 기만했든 아니면 단지 열린 채로 그를 평생 잡아두었든 상관없이), 마지막

※ 시골 사람은 죽음을 앞두고 법의 문 안쪽에서 흘러나오는 한 가닥 빛을 본다. 하지만 문지기는 문을 등지고 있기에 빛을 볼 수 없었다.

해석에 따르면 그는 성공자다. 비록 평생을 다 바쳐야 했지만 결국 '법의 문'을 닫는 데 성공했기 때문이다.

살아 있는 바보와 죽어가는 현자

법의 문을 닫는 데 성공한 시골 사람. 선지자와 메시아를 생각할 때, 예수는 시골 사람의 형상에 아주 가깝다. 그는 나사렛이라는 시골 출신 선지자였다. 그런데 니체는 그를 매우 독특한 유형의 구원자로 그렸다. 니체에 따르면 예수는 '백치'였다. 니체는 당시 출간된 에르네스트 르낭E. Renan의 《예수의 생애》를 겨냥해 이런 주장을 폈다.[10] 르낭은 예수를 천재적이며 영웅적 인간으로 그렸다. 예수의 신성을 제거한 점이 논란되긴 했지만 평전은 대단한 성공을 거두었다. 그러나 니체는 르낭에 반대했다. 예수에게서 신성을 제거했기 때문이 아니라, 예수를 천재이자 영웅으로 묘사했기 때문이다.■

사실 복음서로 역사적 예수를 정확히 알기는 어렵다. 니체는 초기 예수 공동체의 상황을 고려해야 한다고 말한다. 당시 예수 공동체는 엄청난 탄압을 받았기에 매우 "격앙된 상태"에서 복음서를 썼고 그것으로 자신들의 생각을 전파하려 했다. 예수에 관한 이야기는 이 과정에서 상당히 변형될 수밖에 없었다. "싸움과 선전의 목적과 관련해서만 이해될 수 있는 특징

■ "심리학 방면에서 어릿광대인 르낭 씨는 예수라는 유형을 설명하기 위해 가장 합당치 않은 개념 두 개를 끌어들였다: 천재 개념과 영웅 개념을."11)

들"이 덧붙여진 것이다. 니체에 따르면 복음서 속 예수는 초기 예수 공동체의 "조잡성으로 번역된" 결과물이다.[12] 니체는 종종 예수를 '반감과 증오의 데카당'으로 서술하곤 했는데, 이는 정치적 복수심이 가득했던 초기 공동체가 만들어낸 예수의 어떤 유형을 향한 것이었다.

하지만 니체는 복음서에 신경증적 요소만이 아니라 순진무구함도 있다고 말한다.[13] 특히 복음을 전하는 구세주에게는 "아이와 같은 천진함"이 있다. 이것이 니체가 말하는 백치 예수다. 예수는 천재나 영웅 같은 비범한 인간의 반대편에 섰던 사람이다. 그는 "누구든지 신의 자식"이며 "신의 자식으로서 누구나 동등하다"고 했다. 또한 예수 자신에게만 적용되는 것은 아무것도 없다고 했다.[14] 그는 박식한 사람도 아니었다. 예루살렘이었다면 모를까, 시골 마을 나사렛에는 글을 읽는 사람도 드물었을 터이다. 예수의 행동을 보건대 그는 차라리 문화나 율법 등은 아무것도 모르는 순진한 시골 사람에 가까웠다. 도스토옙스키 작품 《백치》의 주인공 미쉬낀처럼 천진난만한 어린아이, 순진한 바보가 아니었을까.

그런데 이 순진한 바보가 "모든 종교, 모든 제의, 모든 역사, 모든 자연과학, 모든 세계 경험, 모든 지식, 모든 심리학, 모든 서적, 모든 예술을 넘어서"[15] 버렸다. 단지 '내적인 빛' 하나로 말이다. 그는 진리를 '근거'를 대 입증하려 하지 않았다. 그런 것은 고급문화, 고급교양을 갖춘 엘리트들이나 하는 행동이다. 엘리트의 문

10) E. Renan, 최명관 옮김, 《예수의 생애》, 창, 2010.

11) 《안티크리스트》, 29절.

12) 《안티크리스트》, 31절.

13) 《안티크리스트》, 31절.

14) 《안티크리스트》, 29절.

15) 《안티크리스트》, 32절.

제 해결 방식이란 율법을 준수하는 한에서 몇 개의 조항, 몇 퍼센트의 이자, 몇 년의 집행 기간을 유예하거나 변경하는 것이다. 그러나 바보는 그렇게 행동하지 않는다. 바보는 체제의 근거나 원리, 율법에 입각하지 않는다. 그는 그런 것을 모른다. 다만 자신의 내적인 빛과 자기 안의 기쁨과 긍정 하나만을 알 뿐이고, 그것으로 체제의 원리 자체를 바꾼다.

흥미롭게도 니체는 《선악의 저편》에서 '진정한 철학자'의 형상을 이런 '바보'에서 찾고 있다. 그에 따르면 진정한 철학자는 영리하고 박식한 현자가 아니라 끊임없이 모험과 시도를 감행하는 '달갑지 않은 바보'다.[16] 현실을 너무나 잘 알기에 '죽어지내는 현자'가 아니라 별 가망 없는 일에 뛰어드는 '살아 있는 바보' 말이다(이는 제1장에서 자세히 다룰 것이다).

니체에 따르면 예수의 말—석가나 노자의 말과 마찬가지로—은 '죽은 현자'의 말과 대립한다. 아니, '말' 자체가 죽은 것이므로 예수는 '말'과 대립한다. "그는 말, 공식, 법칙, 신앙, 교의와 대립한다. 그는 단지 가장 내적인 것에 대해 말할 뿐이다: '삶', '진리', '빛'은 가장 내적인 것에 대해 사용하는 대명사이다. 그러나 …… 그것들도 비유로서의 가치만을 가질 뿐이다."[17] 메시아를 도래하게 하는 것은 말도 교리도 의식도 율법도 심지어 기도도 아니다. 예수는 "오직 복음적 실천"만이 신에게 이르는 길임을, 아니 "그 실천이 바로 '신'이라는 것"을 알았다. 그런 점에서 예수는 일종의 '자유정신'이었다.[18] 그는 법의 문을 닫아버렸다. 당대 원칙과 통념과 상식의 효력을 멈추게 했다. 그때만이 메시아가 도래하기 때문이다.▪ 이 점에서 우리는 메시아의 도래를 기다리는 선지자를 당대의 비평가라 부를 수 있다.▪▪ 선지자는 시대의 근거에 가장 철저한 비판을 수행하는

16) 《선악의 저편》, 205절, 212절.

17) 《안티크리스트》, 32절.

18) 《안티크리스트》, 32절.

자(근거의 근거 없음을 드러내는 자)이자, 법의 효력을 정지시키는 자이다.

나는 나를 기다린다

그러나 예수에서 보듯이 선지자와 메시아는 따로 떨어져 있지 않다. 선지자와 메시아가 아무런 관련도 없다면, 선지자의 예언이란 점쟁이의 말처럼 자신도 모르는 신비하고 모호한 말에 지나지 않을 것이다. 선지자가 선지자로 되는 것은 그의 행동과 삶에서 메시아적인 것이 묻어날 때이다. 말하자면 선지자는 메시아에 다가가는 한에서만 선지자일 수 있다. 선지자의 다가섬 속에서만 메시아의 다가옴이 있다. 바꾸어 말하면 선지자의 기다림 속에서만 메시아가 도래한다.

위버멘쉬의 도래를 원하는 차라투스트라와 위버멘쉬로 변해가는 차라투스트라. 니체의 차라투스트라는 둘이면서 하나다. 니체 철학에서는 이처럼 기다림의 주체와 도래하는 주체가 수렴한다.

■ 메시아는 특별히 예정된 때에 오지 않는다. 니체는 우리가 생각하는 달력의 '시간'은 예수의 개념이 아니라고 말한다. 그에 따르면 '대단한 상징주의자' 였던 예수에게 '신의 나라'의 도래는 '임종의 시간Todesstunde'처럼 다가오는 게 아니다. "'신의 나라'는 사람들이 오기를 고대하는 그런 것이 아니다; 그것은 어제를 갖고 있지 않으며, 내일 이후를 갖지 않는다. 그것은 '천 년'이 되어도 오지 않는다—신의 나라는 마음속의 특정한 경험이다; 그것은 어디에든 있고, 어디에도 없다." 19)

■■ 니체는 이사야를 언급하며 이런 표현을 썼다. "선지자—말하자면 당대의 비평가이자 풍자가." 20)

19) 《안티크리스트》, 34절.

20) 《안티크리스트》, 25절.

니체는 '네 자신에 이르는 길Weg zu dir selber'을 가르치는 자, '네 자신이 되어라Werde, der du bist'라고 말하는 자로 자신을 소개했다.■ 그는 이런 식으로 '나'를 이중화했다.■■ '나'는 '나'를 찾아가며, '나'는 '나'를 기다린다. 그 길 위에서 '나'는 '나'가 되어가고 있다.

여기서 '기다림'은 '되어감(생성, Werden)'과 같다. 나 자신을 기다리는 행위가 나 자신이 되어가는 일이기 때문이다. 그러나 우리는 좀처럼 우리 자신을 기다리지 않는다. 여러 가지 이유로 우리는 우리 자신을 만나기 위한 치열한 물음과 시도를 포기해버린다. 어리다는 이유로, 늙었다는 이유로, 여자라는 이유로, 가난하다는 이유로, 우리는 우리 자신이었을 존재를 만나지 못한 채 죽는다.[24] '도래하는 나'를 만나지 못하게 하는 온갖 위협과 회유—우리에게 불가능을 가르치는 율법과 지식—에 굴복하는 것이다. 니체가 "우리는 자기 자신을 알지 못한다"[25]라고 했을 때, 그것은 인식만의 문제가 아니었다. 기다림의 문제, 다시 말해 시도와 실험의 문제이기도 하다. 나는 나를 어디까지 기다려보았는가. 나는 나를 어디까지 시도해보았는가.

이 책의 마지막, 가장 높은 곳에서 우리는 우리를 위해 마련된 식탁을 볼 것이다. 니체는 《선악의 저편》 끝에 붙인 '후곡Nachgesang'에 이렇게 적

■ "네 자신에 이르는 길을 찾고자 하는가? 그렇다면 잠시 멈추고 내 말을 들어보라."[21] "나는 철저하게 그리고 처음부터 그 같은 자, 잡아당기고, 끌어당기고, 끌어올리는 자, 일찍이 적절하게도 '네 자신이 되어라' 라고 말한 바 있는 그 인도자, 양육자, 훈계자인 것이다."[22]

■■ 니체의 다음 시구를 보라. "기다리고 또 기다리며 여기 앉아 있었지—하나 내가 기다린 것은 무nichts. /선악의 저편에서, 빛을 즐기기도 하고//그늘을 즐기기도 하며, 모든 것은 놀이일 뿐/모든 것은 호수이고, 정오이고, 목적 없는 시간일 뿐. //그때 갑자기, 여인이여Freundin! 하나가 둘이 되었다—/—그리고 차라투스트라가 내 곁을 지나갔다…."[23]

었다. "가장 높은 곳에 그대들을 위해 내 식탁은 마련되었다."[26] 식탁이 차려진 산정에 이르는 길이 '나 자신에게 이르는 길'이라면, 거기서 '나'를 기다린 '그'는 아마도 '나'일 것이다. 물론 그때의 '나'는 '나 자신을 극복한 나'이기에, 니체의 말처럼 "나 자신에게 생겨났"지만 "나 자신에게도 낯선" 자이리라.

나는 여기서 다시 시인 이육사를 떠올린다. 화자는 '청포를 입고 오는' '고달픈 손님'을 기다리며 '모시 수건'과 '은쟁반'을 준비하라고 했다(〈청포도〉). 그런데 내 생각에 둘은 하나이다.▩ 힘든 길을 걸어온 '고달픈 손님'과 그를 기다리며 모시 수건과 은쟁반을 '준비한 이' 말이다. 천고의 뒤에 올 '백마 탄 초인'과 천고의 앞에 '가난한 노래의 씨앗'을 뿌린 이도 마찬가지다(〈광야〉). 내가 광야에 뿌려놓은 '가난한 노래의 씨앗'은 자라 '나의 노래'가 될 것이다. 내가 나를 기다렸다면!

21) 《차라투스트라는 이렇게 말했다》, 창조하는 자의 길에 대하여.

22) 《차라투스트라는 이렇게 말했다》, 꿀 봉납.

23) 이상일 옮김, 〈질스-마리아〉, 《디오니소스 찬가》, 민음사, 1994, 46쪽. 번역 수정.

24) G. Deleuze, 뱅센Vincennes에서의 스피노자 강의(1982. 1.20.). www.webdeleuze.com

25) 《도덕의 계보》, 서문, 1절.

▩ 맥락은 조금 다르지만 《이육사 평전》을 쓴 김희곤 역시 육사가 기다린 초인은 육사 자신이었나 말한다. "일반적으로 육사는 매화 향기이면서 가난한 노래의 씨를 뿌린 사랑이요, 초인은 해방된 민족을 의미한다고 말해왔다. 그러나 필자의 생각은 이와 다르다. 그 초인은 바로 육사 자신이었다. 이미 광복된 날을 내다보며 미리 민족의 가슴에 노래를 불어넣은 그 자신이 곧 '백마 타고 온 초인'이었다는 말이다."[27]

26) 《선악의 저편》, 후곡.

27) 김희곤, 《이육사 평전》, 푸른역사, 2010, 255쪽.

02

플라톤주의에 대한 투쟁

—진리가 여성이라면

이제《선악의 저편》서문을 읽어보자. 특히 첫 문장을 충분히 음미하자. "진리가 여성이라면…." 니체는 이 서문에서 플라톤주의에 대한 투쟁을 명시한다. 흥미로운 점은 그가 플라톤주의의 문제를 에로스, 곧 사랑의 문제로 제기한다는 사실이다. 만약 진리가 여성이라면 철학자는, 플라톤은 매력적일까.

앎과 에로스. 이 문제를 누구보다 먼저 제기한 사람은 사실 소크라테스였다. 철학이 소크라테스와 더불어 시작되었다고 한다면 그것은 그가 '진리'가 아니라 '진리에 대한 사랑'을 말했기 때문일 것이다. 그는 소피스테스처럼 박식함을 자랑하는 사람이 아니었다. 델포이 신탁은 소크라테스를 가장 현명한 사람으로 꼽았지만 그의 앎이란 역설적이게도 '무지에 대한 앎'이었다.

그런데 소크라테스가 말한 이 '무지의 앎'은 통상적 의미에서의 앎이 아니다. 이 앎은 소피스테스가 자랑하는 기술, 지식, 정보와는 다른 차원의 앎이다. 말하자면 주체의 각성, 깨달음 같은 것이다. 이 점에서 철학적 앎은 과학기술적 앎과 다르다. 근대 이후 철학이 과학화하면서 많이 희석되었다지만 여전히 둘 사이에는 중요한 차이가 있다.■ 철학(특히 고대 철학)은 대상에 대한 인식만큼이나, 아니 그보다 더 주체의 자각을 중시한다.

주지하듯 철학은 '소포스Sophos'가 아니라 '필로소포스Philo-sophos'다. 이 점을 되새길 필요가 있다. 철학자를 규정하는 것은 진리의 인식 여부가 아니라 진리에 대한 태도, 다시 말해 진리에 대한 사랑이다. 그러므로 진리를 인식하지 못했다 하더라도 진리를 사랑하는 철학자가 되는 것은 가능하다. 반대로 말해도 좋다. 진리에 대한 사랑이 없는 한 현자는 철학자가 아니다. 누군가를 철학자라 부르게 만드는 것은 지식의 양이나 정확성이 아니라 진리에 대한 사랑을 보여주는 삶, 진리를 향해 항상 깨어 있는 삶이다. 철학자로서 소크라테스는 이 일깨움을 자신의 사명으로 삼았다. 그는 스스로를 편안한 잠을 방해하는 등에에 비유했다.■■ 그는 진리를 안다고 생각해 진리에 대한 사랑을 멈춘 사람들에게 달라붙었다. 그러고는 무지를 일깨우고 진리에 대한 에로스를 불러일으켰다.■■■ 니체가 그를 "대단한 연애술사Erotiker"라 부른 것은

28) M. Foucault, 심세광 옮김, 《주체의 해석학》, 동문선, 2007, 61쪽.

■ 미셸 푸코M. Foucault에 따르면 '영성spiritualité' 문제가 점차 소거되면서(주체가 진실에 다가가기 위해 치러야 했던 '자기변형' 문제가 사라지면서), 근대 철학은 사실상 인식론이 되고 말았다.[28)]

확실히 일리가 있다.[30]■■■■ 그러므로 철학자에 대한 비평은 그의 '진리에 대한 사랑'을 평가하는 것이라 말할 수도 있다. 과연 철학자는 진리를 사랑했는가. 그렇다면 어떤 사랑을 했는가.

매력 없는 플라톤주의 1 — 수줍음에 대한 무지

니체는 플라톤주의를 '독단적 철학dogmatische Philosophie'이라고 불렀다. 플라톤의 진리가 아니라 진리를 대하는 그의 태도 내지 스타일을 문제 삼은 것이다. 어찌 보면 모든 철학자는 철학자인 한에서 진리를 사랑한다. 문제는 그들이 어떤 스타일의 사랑을 하느냐이다.

■■ "마치 덩치가 크고 혈통이 좋긴 하나, 덩치 때문에 굼뜬 편이어서 일종의 등에에 의한 자극을 받을 필요가 있는 말처럼, 영락없이 [그런 꼴인] 이 나라에 신에 의해서 붙어 있게 된 이 사람을 말입니다. …… 그렇게 되면[아니토스의 말대로 나를 사형에 처하면], 신이 여러분을 염려하여 다른 한 사람을 다시 여러분께 보내주지 않는 한, 여생을 자면서 보낼 수 있을 겁니다."[29]

■■■ 철학자를 교육자라 부른다면, 지식과 기술의 전달이 아니라 각성을 일으키는 자라는 의미에서다. 소크라테스는 이 점에서 '철학자=교육자'로 불릴 만하다. 그는 앎을 전달하는 자라기보다 앎에 대한 사랑, 배움에 대한 욕구를 일깨웠다(특히 《라케스*Laches*》의 경우). 그는 앎을 소유했다고 믿는 오만한 대화자를 길 없는 상태, 즉 아포리아aporia로 몰고 갔다. 그는 앎이 아니라 무지가 드러난 곳에서 함께 배우자며 손을 내밀었다.

■■■■ 니체만큼 철학에서 진리의 매력과 매혹의 문제를 중시한 사람은 없을 것이다. 추한 몰골의 소크라테스가 그리스 젊은이들을 매혹시킨 비결은 무엇인가? 진리를 찾는 일이 그토록 흥미진진했던 이유는 무엇인가? 니체는 소크라테스가 "헬레네인들의 경쟁충동"을 건드렸다고 말한다. 소크라테스와 더불어 진리를 인식하는 문제가 일종의 검술 경기로 돌변했다는 것이다. 물론 니체는 이런 열광을 긍정적으로 보지 않았다. 그는 이것을 그리스 사회의 몰락, 그리스 사회가 처한 '위급 상황'을 나타내는 징후 내지 증상으로 간주했다. 당시 아테네인들은 큰 정신적 위험, 곧 "본능들의 아나키 상태"에 처해 있었기에 "몰락하든지 불합리할 정도로 이성적이든지"라는 두 개의 선택지에 직면했다는 것이다. 니체에 따르면 그리스 사회는 폭군적으로 돌변한 충동들을 제어하기 위해 더 강한 폭군으로서, 일종의 치료로서, 소크라테스적 이성을 받아들였다.[31]

29) Platon, *Apologia Sokratous*, 30e~31a, 박종현 역주, 《에우티프론, 소크라테스의 변론, 크리톤, 파이돈: 플라톤의 네 대화 편》, 서광사, 2003, 151~152쪽.

30) 《우상의 황혼》, 소크라테스의 문제, 8절.

31) 《우상의 황혼》, 소크라테스의 문제.

"진리가 여성이라면"이라고 가정한 뒤 니체는 말했다. "독단주의자인 한에서 모든 철학자는 여성을 잘못 이해한다."[32] 독단주의는 여성(=진리)을 대하는 나쁜 태도, 나쁜 스타일이다. 진리가 여성이라면 "소름 끼칠 정도의 진지함schauerliche Ernst과 무례한 집요함linkische Zudringlichkeit"을 가진 철학자를 어떻게 생각할까.[33] 자신이 두른 베일을 모두 발가벗기겠다고 달려드는 남성을 말이다.

독단주의자는 부끄러움을 모르는 사람이다. 《선악의 저편》과 비슷한 시기에 쓴 《즐거운 지식》의 제2판 서문(1886)에서 니체는 이런 이야기를 했다. "다 그럴 이유가 있어서 숨겨진 것들을 벗겨내고 드러내어 빛 속에 세워두려 했던 저 이집트 젊은이들이 갔던 좁은 길을 이제 우리는 걸어가지 않을 것이다. 결코 그러지 않을 것이다. 이 조야한 취향, '어떤 희생을 치르더라도 진리를 추구하겠다'는 진리에 대한 의지, 진리에 대한 사랑에 빠진 이 젊은이들의 광기는 우리의 기분을 상하게 한다. …… 우리는 베일을 벗겨낸 후에도 진리가 그대로 진리로 머물러 있으리라는 것을 더 이상 믿지 않는다. 이것을 믿기에 우리는 너무 오래 살았다. …… '신이 모든 곳에 존재하는zugegen 것이 정말이야?' 어린 소녀가 엄마에게 물으며 말했다. '그건 너무 무례한unanständig 거잖아.' — 철학자들을 위한 암시! 자연이 수수께끼와 현란한 불확실함[알려지지 않도록 한 것] 뒤에 감추어둔 부끄러움을 더 존중해야 한다."[34]

다시 말하지만, 철학은 소포스가 아니라 필로소포스다! 철학의 관건이 '진리의 소유'가 아니라 '진리의 사랑'에 있음을 생각하자.

32) 《선악의 저편》, 서문.

33) 《선악의 저편》, 서문.

34) 《즐거운 지식》, 제2판 서문, 4절.

진리에 도달했다고 믿는 자는 진리와의 거리Distanz를 잃은 자이다. 이 거리가 사라지면 거리에서 나오는 효과, 즉 매력도 사라진다.■ 그리고 매력이 사라지면 사랑이 사라지고, 사랑이 사라지면 삶을 가꾸고 변형하는 노력도 끝나버린다.

독단주의자는 모든 것이 백일하에 드러난 세계에서는 사랑이 사라지고 철학이 사라진다는 것을 모른다. 슬로터다이크P. Sloterdijk는 이를 기막히게 표현했다. "우리는 계몽되었고 무감각해졌다."[36] 현대 냉소주의를 비판하며 쓴 문장이지만 철학의 죽음에 관한 것이기도 하다. 그가 책의 첫 단락을 '철학의 임종'에서 시작한 이유는 그 때문일 것이다. 슬로터다이크에 따르면 계몽주의는 사진 기술과 결합하여 인간의 몸을 구석구석 밝혔지만 이로 인해 생겨난 포르노그래피는 몸의 신비를 파괴했고 결국 사랑의 무의미함을 낳았다. 이것은 시대를 더 거슬러 올라가면 플라톤주의의 문제이기도 하다. 플라톤은 모든 것을 밝은 태양 아래 두고자 했다. 그가 사랑을 알았던가. 여성을 알았던가. 여성과 사랑을 나누었던가.

무언가를 감추는 일이 꼭 나쁜 것만은 아니다. 게다가 사람들이 가장 나쁜 것만을 감추는 것도 아니다. 소중한 것 중에는 수줍음 속에서 좀 더 무르익어야 하는 것도 있다.■■ 사랑하기에 자기 안에서 더 품고 무르익게 하

■ 니체는 '진리'를 '여성'에 곧잘 비유했는데, 그에 따르면 '매력'은 '원격작용'에서 온다. "철학자의 말을 빌리면 여성의 매력(마력)과 가장 강력한 작용은 '원격작용Wirkung in die Ferne'인 것이다. 하지만 여기에는 무엇보다 우선 필요한 것이 있다 ― 거리Distanz라는 것이!"[35]

■■ 부끄러움과 수줍음을 모르는 독단적 철학자를 향해 니체는 여성의 입을 빌려 말한다. "진리라고요? 오오, 당신은 진리를 알지 못하는군요! 진리란 우리의 부끄러움pudeurs에 대한 살해 아닌가요?"[37]

는 것이다. 철학자의 은둔이 나쁜 점을 들키지 않으려는 영악함에서만 나온다고 생각해서는 안 된다. 임신부가 불필요한 사교를 멀리하듯, 철학자의 은둔은 자기 안에서 자라는 소중하지만 아직은 연약한 무언가를 돌보기 위한 것일 수 있다. 니체는 이를 포도주를 숙성시키는 나무통에 비유했다. "귀중하고 손상되기 쉬운 어떤 것을 숨기고 있어야 할 사람은 무거운 쇠테가 박히고 푸른 이끼가 많이 낀 낡은 포도주통처럼 평생을 투박하게 둥글둥글 굴러다닌다. 그의 섬세한 부끄러움이 그렇게 하기를 원한다."[38] 이 섬세한 부끄러움 속에서 철학자의 삶은 숙성된다. 즉 철학자의 삶이란 부끄러움 속에서 무르익는 삶이다.

35) 《즐거운 지식》, 60절.

36) P. Sloterdijk, 이진우·박미애 옮김, 《냉소적 이성 비판》 1, 에코리브르, 2005, 18쪽.

37) 《우상의 황혼》, 잠언과 화살, 16절.

매력 없는 플라톤주의 2 — 독특함에 대한 무지

독단주의자는 사물의 매력이 독특함에 있다는 걸 모른다는 점에서도 문제다. 그는 다른 이의 고유성이나 독특성에 무관심하다. 그는 보편적 진리 하나만 믿는다. 그리고 자기 견해가 바로 진리라고 생각한다.

그는 진리가 '퍼스펙티브적인 것das Perspektivische'임을 부인한다. 이를테면 플라톤은 '올바른 것'이란 그렇게 '보이는 것dokein'이 아니라 실제로 '~인 것einai'이라고 했다.[39] 플라톤은 진리를 위해 단 하나의 올바른 눈, 단 하나의 퍼스펙티브만을 허용한다. 이런저런 견해가 경쟁하겠지만 결국 옳은 것은 하나라는 것이다.

38) 《선악의 저편》, 40절.

39) Platon, *Politeia*, 361b, 박종현 역주, 《국가·政體》, 서광사, 1997.

그러나 니체는 그런 보편적이고 초월적인 눈이 있다고 생각하지 않는다. 그에 따르면 '퍼스펙티브적인 것'은 "모든 생명의 근본조건"이다.[40] 즉 모든 생명체는 저마다의 퍼스펙티브로 파악한 세계 속에서 살아간다. 예컨대 거미는 거미의 퍼스펙티브를 따라 나타난 세계를 살고, 개구리는 개구리의 퍼스펙티브를 따라 나타난 세계를 산다. 인간도 마찬가지다. 이들 중 어떤 동물이 더 참된 세계를 사는 것이 아니다. 각각의 퍼스펙티브는 오류와 한계를 갖지만 나름의 힘과 미덕 또한 갖고 있다. 플라톤주의는 불행히도 이 각각의 퍼스펙티브가 갖는 독특성을 이해하지 못한다('퍼스펙티브적인 것'은 제1장에서 상세히 다룰 것이다).

니체에게 독단성은 독특성의 반대말이다. 독단성은 차라리 일반성과 관련한다. 독단주의자가 자기 진리를 모두에게 해당하는 진리라 믿는 것은 "무모한 일반화verwegene Verallgemeinerung"를 감행한 탓이다.[41] 니체는 독단주의자의 진리관과 자신('미래 철학자')의 진리관을 이렇게 대비한다. "'나의 판단은 **나의** 판단이다Mein Urtheil ist **mein** Urtheil: 이에 대해 다른 사람도 권리를 갖는다는 것은 쉽지 않은 일이다.' —미래의 철학자는 이렇게 말할 것이다. 수많은 사람과 의견을 일치시키려는 좋지 않은 취미에서 스스로 벗어나야 한다. …… 공동의(통상적인, gemein) 것이 될 수 있는 것은 언제나 가치가 적은 것뿐이다."[42]

여기서 니체가 대비하는 것은 '개인'과 '공동체'가 아니다. 니체의 말은 고대 그리스인이 말하는 '덕(좋음, agathos)의 희소성'을 떠올리게 한다. 고대 그리스인은 '고귀한 것은 드물다'■는 생각을 가졌는데, 이는 '드문 것을 비싸게 치는' 시장과는 전혀 다른 의미다. 앞뒤 구절만 바뀐 듯 보이나

40) 《선악의 저편》, 서문.

41) 《선악의 저편》, 서문.

42) 《선악의 저편》, 43절.

전제가 다르다. 고대 그리스인이 생각한 '덕의 희소성'은 "피라미드의 꼭대기에는 대기실이 없다"는 것과 같다.[44] 고귀한 것이 드문 이유는 다른 것으로 대체할 수 없기 때문이다. 그것은 '고독'과 관련한 것이지 '시장'과 관련한 것이 아니다.■■ 덕의 가치는 다른 것으로 측정 가능하고 대체 가능할수록 떨어진다. 따라서 니체가 '공동의gemein'라는 말과 대비하여 '나의mein'라는 말을 내세울 때에는 고귀함의 독특성, 특이성, 대체 불가능성 등을 강조한 것이다. 이 점에서 니체가 볼 때 플라톤주의는 저속하고 매력이 없다.

43) B. Spinoza, 강영계 옮김, 《에티카》, 서광사, 1990, 제5부 정리 42의 주석.

44) K. Polanyi, 이종욱 옮김, 《초기제국에 있어서 교역과 시장》, 민음사, 1994, 115쪽.

45) 《차라투스트라는 이렇게 말했다》, 시장터의 파리들에 대하여.

■ 이것은 스피노자B. Spinoza의 《에티카》 마지막 문장이기도 하다. "모든 고귀한 것은 힘들 뿐만 아니라 드물다Sed omnia praeclara tam difficilia, quàm rara sunt."[43]

■■ "고독이 멈추는 곳, 그곳에서 시장이 열린다."[45]

03

현대성에 대한 비평
—가능한 시대에 밀착해서, 가능한 시대로부터 멀리

앞서 말했듯이 니체는 《선악의 저편》을 "본질적으로 현대성에 대한 비평"이라고 했다. 그러면서 이 책에 나타난 시선을 그 전에 출간한 《차라투스트라는 이렇게 말했다》(이하 《차라투스트라》) 속 시선과 대비한다. 《차라투스트라》가 "멀리 바라보아야 한다는 엄청난 필요성 때문에" 나온 책이라면, 《선악의 저편》은 "가장 가까이 있는 것, 우리 시대, 우리 주변을 예리하게 파악하라는 강요"에서 나온 책이다.[46] 《선악의 저편》에서 니체는 당대 철학, 종교, 학문, 예술, 정치를 강하게 비판한다. 그렇다면 하나의 의문이 생겨난다. 그는 왜 "가장 가까이 있는 것, 우리 시대, 우리 주변"을 비판하는 책의 서문을 고대 플라톤에 대한 투쟁에 바친 것일까.

46) 《이 사람을 보라》, 나는 왜 이렇게 좋은 책들을 쓰는지—선악의 저편, 2절.

당대 비평

나는 이것을 다시 한 번 비평에 관한 물음과 관련짓고 싶다. 앞서 나는 비평가란 메시아의 도래를 기다리는 선지자처럼 당대 율법과 원칙과 통념의 효력을 정지시키는 사람이라고 했다. 비평가는 당대의 근거를 가장 철저하게 비판하는 사람이자 근거의 몰락을 가져오는 사람이다. 율법의 정지, 근거의 몰락을 통해서만 메시아가 도래하기 때문이다. 당대 근거를 철저히 비판하고 그 비판 속에서 도래할 것을 암시하는 것. 이것이 비평가의 과제 아니겠는가. 니체는 《선악의 저편》에서 펼친 자신의 비평에 대해 이렇게 말했다. "이 비평은 현대의 학문, 현대의 예술, 심지어 현대 정치마저도 제외하지 않으며, 그와 함께 가장 현대적이지 않은, 현대의 반대 유형인 고귀하고도 긍정적인 유형에 대한 암시도 포함하고 있다."[47]

여기서 우리는 니체의 플라톤 비판이 어떻게 철저한 현대성 비판인지 이해할 필요가 있다. 그는 고대의 사상가로서 플라톤을 비판하는 게 아니다. 현대성 비평과 관련해 플라톤의 위치는 시간적이라기보다 위상적이다. 즉 니체는 과거로 이동했다기보다 뿌리 내지 근거로 이동했다(시간적 이동이 아니라 위상적 이동). 그는 고대가 아니라 현대의 뿌리에서 플라톤을 만난 것이다.※ 비평

47) 《이 사람을 보라》, 나는 왜 이렇게 좋은 책들을 쓰는지—선악의 저편, 2절

48) 《이 사람을 보라》, 나는 왜 이렇게 좋은 책들을 쓰는지—선악의 저편, 2절.

※ 니체는 《선악의 저편》을 "지금까지 그렇게 불린 어떤 것보다도 정신적이고 발본적인radikaler 개념의 귀족학교Schule des gentilhomme"[48]라 말했는데, 여기서 '발본적인'이라는 단어는 라틴어 '뿌리rādix'에서 왔다.

이란 이처럼 당대 사유의 '뿌리'까지, 그 '근거'까지 내려가 그것의 '근거 없음Grundlosigkeit'[49]을 드러내는 일이다.

이 때문에 비평은 당대에 커다란 '정신적 긴장Spannung des Geistes'을 만들어낸다. 니체는 이를 '활시위'에 비유했다.[50] 커다란 정신의 활을 상상해 보자. 비평이란 활시위를 뿌리를 향해 한없이 끌고 가는 일이다. 당대의 활시위를 그 뿌리까지 당기는 것. 니체는 이렇게 팽팽하게 당겨진 활시위를 다이너마이트라고 부른다. 핵심은 폭발이 아니라 응축에 있다. 폭발력을 한없이 응축하는 것. 관건은 우리가 활시위를 어디까지 끌고 가느냐이다. 우리가 활시위를 당기는 만큼 화살은 반대편으로, 다시 말해 우리 시대로부터 멀리 날아갈 것이다. 그러므로 목표물을 먼 곳에 두었다면 활시위를 더 깊은 곳으로 끌고 내려가야 한다. 우리 시대 가장 깊은 곳에서 우리 시대로부터 가장 먼 곳에 도달할 힘을 얻는 것, 시대에 가장 밀착해서 시대에서 가장 먼 곳을 겨냥하는 것, 그것이 비평이다.

화약과 신문

이 팽팽한 긴장의 중요성을 이해하지 못했던 이가 또한 플라톤이었다. 그는 치열한 경쟁 속에서 사람들이 저마다 독특한 덕을 주조해내는 '건강한 귀족제gesunden Aristokratie'를 알지 못했다(이는 제9장에서 자세히 다룰 것이다). 아테네 민주주의 몰락기에 그가 본 것은 제멋대로 날뛰는 본능들의 무정부 상태였다.[■] 플라톤은 이 상태를 종식하기 위해 진짜와 가짜를 구분해줄 본paradeigma을 세우려 했다. 이것이 '이데아론'의 기본 동기였다.[52]

49) 《서광》, 358절.

50) 《선악의 저편》, 서문.

52) G. Deleuze, "Platon, les Grecs", 박정태 엮고 옮김, 〈플라톤과 그리스인들〉, 《들뢰즈가 만든 철학사》, 이학사, 2007, 21쪽.

따라서 그는 경쟁을 유도할 때조차 경쟁을 제거하려 했다. 경쟁이 유발하는 긴장을 견딜 수 없었던 것이다.

이는 니체가 파악한 현대성의 핵심 문제이기도 하다. 현대성이란 팽팽한 긴장을 자기 안에 품지 못하고, 긴장과 더불어 무르익지 못하며, 긴장 속에서 독특하게 변형되지 못하는 것이다. 말하자면 긴장, 강렬함, 에너지를 품고 조직할 능력이 쇠퇴한 것이다.■■ 현대인은 단지 '오늘만을 위해' 살며, 작은 긴장을 곧바로 내뱉거나 겨우 하루 이틀 참았다가 엉뚱한 곳, 별로 중요하지 않은 곳에 발산해버린다. 그래서 현대사회에는 미래를 낳을 능력이 없다.■■■

서문에서 니체는 서구에서 정신적 긴장을 풀기 위한 두 번의 시도, 즉 반플라톤주의 투쟁으로 발생한 정신적 긴장을 해소하고자 하는 두 번의 시도가 있었다고 밝힌다. 예수회Jesuitismus와 민주

■ 이것을 플라톤 개인의 문제로 볼 수는 없다. 니체가 말한 '아곤agon' 체제가 플라톤 당시 이미 퇴락했기 때문이다. 플라톤은 자신이 아테네 민주정에 절망하고 철인군주론을 떠올린 배경을 이렇게 설명했다. "이미 우리나라는 선조들의 습속과 제도에 따라 다스려지지 않았기 때문입니다. …… 성문법이건 관습법이건 간에 다 황폐해졌는데, 그 진행은 가히 놀라울 정도였습니다."51)

■■ 긴장을 조직하고 감당할 능력이 없을 때 사회는 긴장 때문에 신경증적 발작을 일으키기도 한다. 종교적 열광이나 민족주의적 광기 등이 그에 해당할 것이다.

■■■ 니체는 '현대성 비평Kritik der Modernität'이라는 제목을 단 아포리즘에서 이 점을 지적한다. "우리의 제도들은 더 이상 쓸모없다. …… 그런데 그 탓은 제도에 있는 것이 아니라, 우리에게 있다. 우리에게서 제도들을 자라나게 하는 본능들이 모두 사라진 뒤에 제도들이 우리에게서 사라지는 것이다. …… 서구 전체는 제도들을 자라나게 하고, 미래를 자라나게 하는 본능들을 더 이상 갖고 있지 않다: 아마도 그것만큼 서구의 '현대적 정신modernen Geiste'에 거슬리는 것은 없으리라. 사람들은 오늘을 위해 살고, 아주 재빠르게 살아간다—아주 무책임하게 살아간다."53)

51) Platon, *Epistolai VII*, 325d, 강철웅·김주일·이정호 옮김, 《편지들》, 이제이북스, 2009, 85쪽.

53) 《우상의 황혼》, 어느 반시대적 인간의 편력, 39절.

적 계몽demokratische Aufklärung이 그것이다.[54] 두 번의 시도라고 했지만 사실 이 둘을 지배하는 것은 하나의 본능이었다. 니체는 그것을 평범성Mittelmässigkeit을 향한 본능이라 불렀다.[55]

니체가 볼 때 예수회는 종교개혁 이후의 긴장을 정직하게 마주하지 않았다. 그들은 파스칼B. Pascal 같은 이가 기독교 신앙 속에서 느낀 고독과 긴장을 이해하지 못했다.※ 예수회는 긴장을 자기극복의 동력으로 삼지 않고, 오히려 '부드러운 손길'과 '친밀한 동정'으로 이완해버렸다.[58] 니체에 따르면 예수회 교의는 '그는 마침내 우리와 같은 사람이 되었다'라고 말할 때, 즉 모두가 똑같이 평범한 존재임을 설득해냈을 때 승리했다.[59]

이것은 니체가 본 '현대 민주주의'의 모습이기도 했다. 독특함이나 특이성이 없는 커다란 무리의 생산. 평범성과 획일성, 보편성이 지배하는 세계. "유럽의 민주화 운동"은 한마디로 "유럽인들이 서로 닮아가는 과정"이었다.[60] 그에게 현대 민주주의란 특이성들의 평등 체제가 아니라 특이성 없음의 평등 체제로 보였던 것 같다.

재밌는 것은 니체가 현대 민주주의에서 플라톤주의의 냄새를 맡았다는 사실이다. 잘 알려진 것처럼 플라톤은 민주주의의 적대자였다. 그런데 니체는 현대 민주주의를 플라톤주의에서 시작한 운동의 연장선에서 본다.

※ 이 점에서 니체는 예수회에 맞선 파스칼을 높이 평가한다. "일찍이 젊었을 때 예수회 신도들에게 그랬던 것처럼[그들을 비웃었던 것처럼], 자신의 화려하고도 극악했던prachtvollen bitterbösen 영혼으로부터 기독교 자체를 비웃기 위해, 겨우 서른 살의 나이로 요절했던 파스칼도 못지않다[못지않게 심오하다]."[56] "천여 년간의 교회의 압력은 화려한 활의 긴장을 만들어냈다. 군주적 압력도 마찬가지다: (활을 쏘는 대신에) 시도했던 두 가지 긴장 해소는 1) 예수회 정신과 2) 민주주의다. 파스칼은 저 무시무시한 긴장을 나타내는 훌륭한 징후다: 그는 예수회원들에 대해 포복절도하며 웃었다."[57]

54) 《선악의 저편》, 서문.

55) 《선악의 저편》, 206절; 《유고(1884년 가을~1885년 가을)》, 34[163].

56) 《유고(1884년 가을~1885년 가을)》, 34[148].

57) 《유고(1884년 가을~1885년 가을)》, 34[163].

58) 《선악의 저편》, 206절.

59) 《유고(1885년 가을~1887년 가을)》, 1[179].

60) 《선악의 저편》, 242절.

말하자면 모두 "하나이면서 동일한 역사"이다.※ 이들은 모두 허무주의(니힐리즘)의 역사를 이룬다. 허무주의란 삶의 활력과 의지를 없애는 의지이다. 서구 허무주의 역사는 플라톤처럼 '저 세계'에 참된 존재를 정립하고 척도(본)로 삼아 '이 세계'에서의 삶을 평가절하하는 것으로 시작해(부정적 허무주의), 척도가 되는 고차적 가치들을 평가절하하는 것으로 나타나다가(반동적 허무주의), 나중에는 아예 평가하는 일 자체를 평가절하하는 식으로 나타나기도 한다(수동적 허무주의). 니체가 보기에 독특성들이 사라지고 모두 하나의 무리로 평등한 현대의 민주주의, 더 이상 긴장을 조직하거나 유지할 수 없는 현대의 민주주의는 이런 허무주의 운동의 귀결점이었다.

화약과 신문. 니체가 서문 끝에 제시한 이 두 단어는 그의 현대성 비판을 집약하는 상징처럼 보인다. "독일인은 화약을 발명했다. 정말 놀라운 일이다. 그러나 그들은 다시 그 업적을 지워버렸다—그들은 신문을 발명했던 것이다."[62] 화약과 신문. 비평가로서 당신은 어느 쪽인가. 전자는 침묵이고 응축이고 긴장이며 무르익음이다. 후자는 수다이고 이완이고 내뱉음이며 미숙함이다. 전자는 깊이 내려가고 높이 올라가는 기다림이고 후자는 표면에서 들끓는 성마름이다. '독하고 매운 침묵'※※ 속에서 이동할 것인가,

※ "이것이 왜 허무주의(니힐리즘)가 역사에서 하나의 사건이 아니라 보편사로서 인류사의 동력이었는가 하는 이유이다. 부정적négatif 허무주의, 반동적réactif 허무주의, 수동적passif 허무주의: 이는 유대주의, 종교개혁, 자유사상, 민주주의적이고 사회주의적인 이데올로기 등등으로 표시할 수 있는 하나의 동일한 역사이다."[61]

61) G. Deleuze, *Nietzsche et la philosophie*, PUF, 1962, p. 174.

62) 《선악의 저편》, 서문.

당신은 나를
견딜 수 있는가
나는
악마다

63) 루쉰, 이주노·박자영·루쉰전집번역위원회 옮김, 〈잡감〉, 《루쉰전집 4: 화개집·화개집속편》, 그린비, 2014, 79~80쪽.

64) 《이 사람을 보라》, 왜 나는 하나의 운명인지, 1절.

65) 《이 사람을 보라》, 나는 왜 이렇게 좋은 책들을 쓰는지—선악의 저편, 2절.

제자리에서 떠들어댈 것인가. 폭풍을 불러오는 것은 고요한 말, 말 없는 말, 침묵하는 위험, 다이너마이트다. 니체는 스스로를 이렇게 불렀다. "나는 인간이 아니다. 나는 다이너마이트다."[64]

악마적 글쓰기

끝으로 이 책의 문체에 대해 미리 말해두고자 한다. 니체는 "이 책에는 선의를 가진 말이 없다"고 했다. 《차라투스트라》가 기본적으로 선의를 베푸는 책이었다면, 《선악의 저편》은 그런 선의에 대해 "고의적으로 등을 돌린" 책이라는 것이다. 말하자면 《선악의 저편》은 니체가 작정하고 독하게 쓴 책이다. 그의 표현을 빌리자면, 이 책에 구사된 심리학에는 "노골적인 냉혹함과 무자비함"[65]이 묻어 있다.

따라서 이 책은 독자를 향한 일종의 도발이며 '개전 선언'이다.■■■ 그는 독자를 시험한다. "아무것도 잡히지 않는다면 그건 내 잘못이 아니다. 고기들이 없는 것이다."[67] 당신은 나를 견딜 수 있는가. 나는 악마다. 《차라투스트라》가 복음을 전하는 구세

66) 《이 사람을 보라》, 나는 왜 이렇게 좋은 책들을 쓰는지—선악의 저편, 1절

67) 《이 사람을 보라》, 나는 왜 이렇게 좋은 책들을 쓰는지—선악의 저편, 1절.

■■ 루쉰魯迅은 청년들에게 청원이나 탄식, 혈서보다도 "독하고 매운 침묵"과 "독사처럼 주검의 숲 속을 꿈틀꿈틀 기어 다니고 원귀처럼 어둠 속을 내달리는 것"에 주의를 기울이라고 했다. 그것이야말로 "'참된 분노'가 곧 다가오리라는 것을 예고"하기 때문이다.[63]

■■■ "내 과제의 긍정하는 부분이 해결된 다음, 과제의 나머지 반쪽으로 부정하는 말과 행동이 차례로 나온다: 즉 지금까지의 가치 자체를 전도하는, 위대한 전투의 차례이다—결단의 날을 불러오는 것이다."[66]

주라면 《선악의 저편》은 악마다. 그러나 이 악마는 신에게서 나온 것이다. 니체에 따르면 신에게서 가장 멀리 있는 존재는 신의 가장 내면에 존재한다. "악마라는 것은 제7일째의 신의 한가로움Müssiggang에 불과하다."[68] 세상을 만든 신이 일곱 번째 날에 취한 휴무, 신이 자신이기를 멈춘 것, 즉 신이 자기 존재로부터 취한 휴무가 악마라는 것이다. 그렇다면 악마란 또한 신적인 것이 아닌가.

그런데 나는 이렇게 생각한다. 악마가 신이기도 하다면 독Gift은 선물일 수 있다고. 니체의 악마적 글쓰기는 독자에게 건네는 선물이라고. 니체가 《선악의 저편》을 "일종의 귀족학교"라 부른 데는 그런 이유에서일 것이다. 여기서 사람들은 단련되어야 한다. 이 책을 정신의 단련장으로 삼아야 한다. 니체는 독자에게 경고했다. 이 책에서는 "이 시대가 긍지를 갖는 모든 것이 그것에 반대되는 유형으로, 거의 나쁜 짓으로 경험될 것"이라고.[69] 더 큰 건강을 위해 그는 독을 약으로 처방한다. 이것이 그가 세운 학교의 단련법이다. "삶의 사관학교로부터.—나를 죽이지 못하는 것은 나를 더욱 강하게 만든다."[70] 기꺼이 악마를 떠맡는 사려 깊음(그리고 약간의 장난기). 나는 이것이 니체의 위대함이고 이 책의 고상함이라고 생각한다.

본문의 입구에서 한마디 덧붙이자면, 니체는 자신의 철학에 입문하려는

▩ "대략적으로 말씀드리자면 나는 《차라투스트라》가 독일어로 쓰인 것 가운데 가장 심오한 책이며 언어적으로 가장 완벽한 책이라고 생각합니다. 그러나 이 책에 동감하려면 완전한 동류의 인간이 되어야 합니다. 무엇보다 각 작품이 발생할 수 있는 토대인 내적 체험을 갖추어야 합니다. 그래서 나는 후기의 저작들, 가장 광범위하고, 가장 중요한 저작들(《선악의 저편》과 《도덕의 계보》)에서 시작하라고 충고하고 싶습니다. 비록 나 자신은 내 중기 저작들(《서광》과 《즐거운 지식》)에 가장 공감하고 있습니다만(그것들은 가장 내밀한persönlichsten 책입니다)."[71]

초심자에게 이 책을 입구로서 권한 바 있다.[71] 그는 《차라투스트라》를 이해하기 위한 내적 체험을 갖추지 못한 독자라면, 《도덕의 계보》와 더불어 "가장 광범위하고weitgreifendsten, 가장 중요한wichtigsten 저작"인 《선악의 저편》에서 시작하는 것이 좋다고 했다.

지금 우리는 그 입구에 서 있다.

68) 《이 사람을 보라》, 나는 왜 이렇게 좋은 책들을 쓰는지 – 선악의 저편, 2절.

69) 《이 사람을 보라》, 나는 왜 이렇게 좋은 책들을 쓰는지 – 선악의 저편, 2절.

70) 《우상의 황혼》, 잠언과 화살, 8절.

71) 칼 크노르츠Karl Knortz에게 보낸 편지 (1888. 6. 21.).

제1장

개구리의 퍼스펙티브

01

인식 배후의 충동
—앎의 의지

니체가 철학을 비평하는 방식은 아주 독특하다. 우리는 그가 어디에 관심을 두는지 주목할 필요가 있다. 서문에서 니체는 플라톤주의를 '틀렸다'라고 비판하지 않고 '독단적'이라고 비판했다. 진리가 아니라 진리에 대한 태도 내지 스타일을 문제 삼은 것이다. 니체는 스타일을 내용 이상으로 중요하게 생각한다. 그에 따르면 어떤 철학을 이해할 수 없거나 받아들일 수 없는 이유는 많은 경우 스타일과 관련이 있다(철학의 스타일과 템포 문제는 다음 장에서 중요하게 다룰 것이다. 비단 철학만이 아니다. 우리가 누군가를 이해할 수 없는 까닭은 대개 스타일과 템포를 맞출 수 없기 때문이다).

니체가 철학을 비평할 때 관심을 두는 또 하나의 요소는 해당 철학을 지배하는 충동이다. 그는 플라톤의 이데아론이 옳은가를 따지기 이전에 그에게 왜 그런 이론이 필요했을까를 생각했다.

즉 이론의 기본 동기를 읽어내는 것이다. 따라서 니체의 플라톤주의 비평은 오류를 교정하기 위함이 아니다. 그가 플라톤주의의 전복 내지 타도를 외쳤을 때에는 플라톤주의를 지배하고 플라톤주의를 통해 지배욕을 드러내는 충동을 겨냥한 것이었다.■

나는《선악의 저편》제1장의 첫 소절이 '진리'가 아니라 '진리에의 의지 Der Wille zur Wahrheit'에서 시작한 것을 이런 맥락에서 이해한다. 니체가 '철학'과 관련해 던진 첫 번째 물음은 진리가 아니라 진리를 지배하는 동기, 충동, 의지에 대한 것이다. 진리란 무엇인가가 아니라, 무엇이 진리를 원하는가? 진리에 대해 질문을 던지는 존재는 누구인가? "누가 스핑크스인가?"[2)]■■ 철학자를 진리로 몰아대는 충동은 무엇인가?

가치들의 대립이라는 편견

진리 추구가 충동의 산물이라고 했지만 혹시 진리는 그 자체로 원할 만한 것이 아닐까? 진리가 그 자체로 우리를 당기는 것은 아닐까? 누군가는 이렇게 생각할지 모르겠다. 그러나 니체는 묻는다. "우리는 진리를 원한

■ "'플라톤주의를 전복시켜라'라는 말은 무엇을 의미하는가? 니체는 그의 철학함을, 나아가 일반적으로 미래의 철학을 이렇게 정의했다. 이 말은 본질의 세계와 현상[외관]의 세계라는 이분법의 폐지를 의미하는 것으로 보인다. 그렇지만 그러한 기획이 니체에게 고유한 것은 아니다. …… [칸트도 헤겔도 그런 기획을 가졌다.] …… 전복의 문제를 이렇게 정식화하는 것은 추상적임을 면치 못한다. 그런 정식화는 플라톤주의의 기본 동기를 드러내지 못하기 때문이다. 플라톤주의를 전복시키기 위해서는 이 동기를 드러내고 그것을 '몰아내야' 한다."[1)]

■■ 자신은 답을 안다고 생각하며 문제를 낸 스핑크스 역시 눈을 가지고 있다. 즉 그도 어떤 퍼스펙티브로 세상을 본다. "수많은 눈들이 있다. 스핑크스 역시 눈들을 가지고 있다: 따라서 수많은 '진리들'이 있고, 따라서 그 어떤 진리도 없다."[3)]

다고 가정했는데, 왜 진리가 아닌 것을 원하지 않는가? 왜 불확실성을 원하지 않는가? 왜 심지어 무지를 원하지 않는가?" 정말 진리가 그토록 가치 있는 것인가? 진리에 대한 의지를 묻는 순간 우리 앞에 다가온 것은 "진리의 가치문제"다.[4]

1) G. Deleuze, 이정우 옮김, 〈플라톤과 시뮬라크르〉, 《의미의 논리》, 한길사, 1999, 405쪽.

2) 《선악의 저편》, 1절.

3) 《유고(1884년 가을~1885년 가을)》, 34[230].

철학자들은 진리를 향한 자신의 열정적 추구가 어떤 충동의 명령에 따른 것이라는 말을 불쾌하게 받아들일 것이다. 그들은 진리가 어떤 특정한 사심이나 충동과 관련된다고 결코 생각할 수 없다. 니체는 그것이 철학자들이 오랫동안 빠져 있는 '가치들의 대립에 대한 믿음Glaube an die Gegensätze der Werthe' 때문이라고 말한다.[5] 가치들의 목록 한편에는 진리, 이성, 참된 것, 좋은 것, 올바른 것이 있고, 다른 편에는 오류, 허구, 충동, 나쁜 것, 부당한 것 등이 있다. 그래서 진리처럼 순수하고 참된 것이 사심이나 충동 등에서 나온다고는 도저히 생각할 수 없다. 니체가 보기에 이것이야말로 큰 편견이다. 도덕적 행동이 명예욕이나 이기심에서 생겨날 수 있듯이, '진리에의 의지'도 '기만에의 의지'에서 생겨날 수 있다. 그런데 대립적 가치들을 갈라놓은 경계선이 이런 생각을 막는다. 왜 철학자들, 심지어 매우 신중하고 '모든 것에 대한 의심'을 칭송하던 이들마저 그 경계선이 피상적임을 깨닫지 못했을까. 니체는 그들이 개구리의 눈으로 보았기 때문이라고 말한다. 표면의 것만을 크게 보는 개구리의 눈 말이다.[6]

4) 《선악의 저편》, 1절.

5) 《선악의 저편》, 2절.

6) 《선악의 저편》, 2절.

왜
진리가
아닌 것을,
심지어
무지를
원하지
않는가!

오류의 가치

왜 우리는 '진리'가 '오류'나 '가상'보다 가치 있다 생각하고, '확정된 것das Bestimmte'을 '불확정적인 것'보다 가치 있다고 생각할까. 누군가는 이렇게 답할지 모르겠다. 모든 것이 허구이고 불확실하다면 어떻게 우리가 살아갈 수 있겠느냐고. 정말 그렇다. 생명체에게 참된 것, 확실한 것의 파악은 중요한 생존 조건이다. 그러나 생명의 보존과 강화에 있어서는 '오류'도 '진리'만큼이나 소중하다. 이 점이 니체 철학의 독특한 면모다. 니체는 진리의 가치만큼이나 오류의 가치를 가르친다.

니체는 '판단의 오류'를 지적했다고 '판단에 대한 반론'이 이루어진 것은 아니라고 말한다.[7] 설령 어떤 판단이 '오류'였다 해도 무가치한 판단은 아니라는 뜻이다. 오히려 생존에 관한 한 우리는 오류의 덕을 보고 있다. 《즐거운 지식》에서 니체는 '논리적 동물의 생존'에 대해 재밌는 언급을 했다.[8] 세상에는 먼지 하나도 똑같지 않기에 논리학의 가장 기본인 '동일성'을 받아들이려면 우리에게는 사물을 '대강' 보는 눈이 필요하다. 예컨대 우리는 사람들 각각의 차이를 대강 생략할 때 모두를 묶어 '인간'이라 말할 수 있다. 우리가 숲을 보는 것도 그 덕분이다. 나무들을 대강 보고 넘겨야 숲이 보인다. 문장을 교열하면서 '니무'라고 쓴 것을 '나무'로 잘못 읽는 눈을 가졌기에(우리는 낱글자를 보지 않고 단어와 문장을 읽는다), 우리는 나무를 넘어 숲을 볼 수 있다. 이것은 생존의 문제

7) 《선악의 저편》, 4절.

8) 《즐거운 지식》, 111절.

이기도 하다. 어제 먹고 '죽다 살아난' 버섯과 '같은 종류'의 버섯을 전혀 '다른' 버섯으로 인식하는 종족이 있다면 그들의 생존 가능성은 낮을 것이다. 즉 동일성과 차이를 엄격하게 해석하는 종족은 생존이 어렵다. 그러므로 '논리적 동물'은 어느 정도 '비논리성'을 통해 생존 가능하며, '논리적인 것'은 '비논리적인 것'을 어느 정도 전제한다.

니체는 우리가 세계를 인식하는 수단인 '힘', '물체', '원인과 결과', '운동과 정지' 등등의 개념도 마찬가지라고 말한다. 개념 자체는 모두 증명 불가능하지만 우리는 이런 것들 없이 살 수 없다.[9] 즉 그런 개념들은 우리 삶의 조건이다. 우리는 그것들을 통해 세계를 인식하고 또 그 인식에 기초해 살아간다.■ '진리' 자체가 우리가 "스스로를 보존하기 위해 …… 필요로 하는 어리석음의 일종"일 수 있다.[10] 살아가는 데에 오류와 어리석음이 필요하다는 말을 이해한다면, 그래서 "삶의 조건들 중에는 오류도 있다"는 것을 안다면,■■ 그것만으로도 당신은 이 책의 제목 '선악의 저편'에 설 수 있다고 니체는 말한다. "잘못된 판단을 포기하는 것은 삶을 포기하는 것이며, 삶을 부정하는 것이리라. 삶의 조건으로서 비진리를 용인하는 것. 물론 이는 [우리의] 습관화된 가치감정에 대한 위험한 방식의 저항이다. [하

■ 이는 칸트I. Kant가 《순수이성비판》을 통해 우리에게 보여준 것이기도 하다. 인간은 자신에게 현상하는 것을 자기 방식대로 파악하며 살아간다. 니체식으로 말하자면 인간은 "세계를 부단히 위조하면서" 살아간다. 그렇지 않고는 살 수 없다.

■■ "삶은 논증이 아니다—우리는 우리가 살 수 있는 세계를 머릿속에 만들어왔다. 물체, 선, 면, 원인과 결과, 운동과 정지, 형상과 내용 등과 같은 믿음의 조항들이 없다면 이제 아무도 살아갈 수 없게 되었다! 하지만 이것들로 증명된 것은 아무것도 없다. 삶은 논증이 아니다. 삶의 조건들 중에는 오류도 있다."[11]

9) 《즐거운 지식》, 121절.
10) 《선악의 저편》, 3절.
11) 《즐거운 지식》, 121절.

지만] 이 일을 감행하는 철학은 그것만으로도 이미 선악의 저편에 서 있게 된다."[12]

철학은 철학자의 자기고백이다

니체에게 어떤 철학을 읽는다는 것은 그 철학을 이끄는 충동을 읽어내는 일과 같다. 어떤 철학이든 그 철학 전체를 자라나게 하는 "생명의 싹"[13]이 있다. 물론 철학자들은 좀처럼 그것을 인정하지 않을 것이다. 철학자들은 자신의 견해를 "냉철하고 순수하며 신적으로 초연한 변증법의 자기 전개에 의해 발견하고 획득한 것처럼" 행세한다.[14] 하지만 이는 정직하지 못한 태도다. "철학자들을 오랫동안 충분히 면밀하게 문제시하며 관찰해온 결과 나는 이렇게 말한다: 우리는 의식적 사유의 대부분도 본능(충동)의 활동으로 간주해야 한다. 심지어 철학적 사유의 경우조차도 그렇게 간주해야 한다."[15]

곧 사유란 충동에서 벗어나는 일이 아니라 충동의 일이다. 그런데 이런 충동, '진리에의 의지'도 순수하지는 않다. 즉 철학이 순전히 인식충동 때문에 생겨나는 건 아니다. 오히려 인식충동은 다른 충동들의 수단인 경우가 많다. 어떤 원한이나 복수심, 시기 때문에도 진리에 대한 열정은 불타오른다. 우리가 "인간의 근본 충동Grundtribe"이라 부르는 충동들은 "모두 한 번은 철학을 추동" 했을 것이다. 그래서 니체는 단언한다. "나는 '인식충동'을 철학

12) 《선악의 저편》, 4절.
13) 《선악의 저편》, 6절.
14) 《선악의 저편》, 5절.
15) 《선악의 저편》, 3절.

의 아버지라고 믿지 않는다.”[16)]

모든 충동의 목적은 실현에 있다. 즉 “모든 충동은 지배하려고 한다 herrschsüchtig”. 그래서 ‘철학하기philosophiren’란 철학자를 지배하는 충동의 권력 행사라 할 수 있다. 어떤 지배 충동이 다른 충동들을 하인처럼 부린다. 이 점에서 철학은 학문(과학)과 다르고 철학자는 학자(과학자)와 다르다. 학자는 인식충동을 따라서만 학문하는 사람이다. 이 경우 인식충동은 ‘감아놓은 태엽’과 같다. 다른 충동들이 그것을 추동하지 않아도, 마치 “태엽을 감아놓기만 하면 작동하는 작고 독립적인 시계장치”처럼, 학자의 인식 활동은 그냥 ‘째깍째깍’ 진행된다. 이 작은 ‘기계장치’는 어디에 두든 그냥 그렇게 돌아간다. 그렇기 때문에 인식충동에 따라서만 이루어진 학문 활동으로는 그 학자가 어떤 사람인지를 읽어낼 수 없다. 학자를 알아보게 하는 개성적 충동, 그가 누구인지를 말해주는 고유한 충동(“본래적 ‘관심들’ eigentlichen ‘Interessen’”)은 오히려 인식 영역 바깥에서 발견된다. 이를테면 “가족이나 돈벌이, 정치 같은 것”에서 우리는 그 학자가 어떤 사람인지 읽어낼 수 있다.[17)]

그러나 철학에서는 다르다. 과학은 과학자를 드러내지 않지만 철학은 철학자를 드러낸다. 이를테면 일반상대성이론 수식에서 아인슈타인이 어떤 사람인지 읽어내는 일은 쉽지 않지만 이데아론이나 철인군주론에서는 플라톤이 어떤 사람인지 읽어낼 수 있다. “철학자에게 완전히 비개인적인 unpersönliches 것이란 없다. 특히 그의 도덕은 그가 어떤 사람인지wer er ist, 다시 말해 그의 본성의 가장 내적 충동들이 어떤 위계질서 속에서 상호 정렬되어 있는지를 보여주는 분명하고 결정적인 증거”다. 따라서 모든 철학은

16) 《선악의 저편》, 6절.
17) 《선악의 저편》, 6절.

그 창시자의 "자기고백"이자 "원치 않은 채 자기도 모르게 쓰인 일종의 회고록mémoires"이다.[18] 철학을 읽는다는 것은 바로 이 순간을 잡아내는 것이다. 철학자가 드러나는 순간, 철학자를 지배하는 충동이 드러나는 순간, "철학자의 '신념Überzeugung'이 무대에 등장"하는 순간 말이다.* 리히텐베르크G. Lichtenberg의 시구를 빌려 니체는 이 순간을 "아름답고 가장 강력한 나귀가 등장하는" 때라고 불렀다.[20] 철학을 읽어낸다는 것은 이 '나귀'**를 붙드는 것이다.

몇몇 철학자의 경우

니체는 이것을 몇몇 저명한 철학자를 예로 들어 보여준다. 먼저 칸트의 경우. 우리는 그의 책에 나타난 "딱딱함과 점잖음"에

* "뭐? 위대한 인간이라고? 나는 언제나 자기 이상을 연기하는 배우만을 볼 따름이다."[19]

** 니체가 리히텐베르크 책에서 인용한 라틴어 시구는 "나귀의 노래"에서 따온 것으로, 이 노래는 11~16세기 교회에서 성탄절과 사순절 사이에 열린 축제 '나귀제Asinaria Festa'에서 불렸다. 나귀제는 고대 신비적 카니발 형식을 취했는데 보통 낮은 직급의 성직자가 참여해 주교 흉내를 내고, 가면을 쓴 채 동물 소리를 내기도 하며, 여성 옷을 걸치고 격렬하게 소리 지르거나 춤추었다. 참가자들은 나귀의 미덕을 칭송하는 '나귀의 노래'를 부르는데, 가사는 이를테면 "강한 이빨로 지푸라기를 씹는다", "어떤 무거운 짐도 거뜬히 싣는다" 등으로 이루어져 있다. 그리고 끝에서는 모두 '아멘'이 피고 말한다. 우리는 이와 비슷한 내용을 《차라투스트라》 제4부의 두 소절 '각성'과 '나귀제'에서 보게 된다.[21] 차라투스트라는 나귀제를 통해 '보다 높은 차원의 인간들'이 결국 '신앙'의 존재임을, 무엇이든—그것이 설령 나귀일지라도—이미 숭배할 준비가 되어 있었음을 폭로한다.[22]

18) 《선악의 저편》, 6절.
19) 《선악의 저편》, 97절.
20) 《선악의 저편》, 8절.
21) K. M. Higgins, *Nietzsche's Zarathustra*, Lexington Books, 2010, p. 134.
22) 《차라투스트라는 이렇게 말했다》, 각성, 2절; 나귀제, 1절.

속아서는 안 된다. 그는 우리를 똑바른 길로 이끄는 척하지만 사실은 샛길 Schleichwege로 유혹한다. 그리고 이 길은 "정언명법"에 이르게 되어 있다.[23)] 칸트가 원하던 바가 여기서 드러난다. 그는 엄격한 비판 이성의 철학자를 연기하지만 실상은 도덕과 신앙을 수호하려는 열망을 가진 사람이었다. 그의 연기를 보노라면 우리는 어느새 도덕에 대한 무조건적 복종의 길에 빠져든다. 니체가 그를 유혹자이자 최면술사라고 부른 것은 그런 이유에서였다.[24)] 니체에 따르면 《순수이성비판》은 도덕 왕국을 보호하기 위한 일종의 사전 작업이다. 칸트는 도덕과 신앙이 입증 불가능한 세계에 속한다고 주장함으로써 언뜻 도덕과 신앙의 진리 주장을 제한한 것처럼 말했다. 하지만 그런 식으로 그는 비판 이성이 도덕과 신앙의 세계를 심판대에 세우는 것도 막아버렸다.[25)] 당시 반계몽주의자들이 칸트 철학에 호의를 보인 것은 그 때문이었다.[26)]

니체가 읽어낸 스피노자도 흥미롭다. 스피노자는 어떤 사람인가. 《에티카》의 수학적 형식이 뭔가를 말해준다. 니체가 보기에 정의, 공리, 정리, 증명 등 "청동 갑옷을 입히고 가면을 씌운 저 수학 형식"은 자신을 가리려는—그러나 바로 그렇기 때문에 자신을 드러내는—스피노자의 가면이고 술책이다. 《에티카》의 '수학 형식'은 그의 진리에 도전해보려는 "공격자의 용기를 위축"시킨다. 도대체 왜 이런 수학적 갑옷이 필요했는가. 니체는 그것이 은둔의 철학자인 스피노자의 '소심함 Schüchternheit'과 '심약함 Angreifbarkeit'을 보여준다고 말한다.[27)] 곧 스피노자는 수줍음이 많고 심약한 사람이었기에 '청동 갑옷'을 필요로 했다는 것이다.

에피쿠로스와 스토아주의자도 마찬가지다.※ 먼저 에피쿠로스의 경우.

23)《선악의 저편》, 5절.
24)《선악의 저편》, 11절.
25)《서광》, 서문, 3절.
26)《선악의 저편》, 11절.
27)《선악의 저편》, 5절.

우리는 플라톤을 향한 독설에서 에피쿠로스가 어떤 사람인지 읽어낼 수 있다.[29] 그는 플라톤을 '디오니시오콜라케스Dionysiokolakes'라 불렀는데, 말 그대로 보면 '디오니시오스 아첨꾼'이라는 뜻이다. 시칠리아 참주였던 디오니시오스에게 철인군주의 가능성을 타진한 플라톤을 조롱한 것이다. 그런데 이 조롱에는 또 다른 뜻이 담겨 있다. '디오니시오콜라케스'는 당시 배우를 지칭하던 말 '디오니소콜락스Dionysokolax'를 떠올리게 한다. 즉 에피쿠로스는 '디오니시오콜라케스'라는 말로 참주 디오니시오스에게 아첨하던 플라톤을 조롱했을 뿐 아니라, 플라톤이 대단한 배우라는 점을 지적한 셈이다. 플라톤은 대중의 비위를 맞추는 소피스테스를 경멸했지만 역설적이게도 그의 철학은 어마어마한 대중성을 획득했다. 에피쿠로스는 플라톤의 철학을 위선적이라 생각했고, 무엇보다 "플라톤과 그 제자들이 능통했던 대규모의 연

▩ 에피쿠로스학파와 스토아학파의 차이에 대해 니체는 매우 흥미로운 비유를 들어 설명했다. 요약하자면 에피쿠로스학파는 맛에 민감한 '좋은 혀'를 지녔고, 스토아학파는 어떤 음식이든 소화하는 '튼튼한 위장'을 지녔다. "스토아파와 에피쿠로스파.—에피쿠로스파는 극도로 민감한 자신의 지적 체질에 적합한 상황과 인물, 사건들만을 선별하고, 다른—대부분의—것은 포기해버린다. 왜냐하면 다른 모든 것들은 그에게 너무 질기고 부담되는 음식이기 때문이다. 반면에 스토아파는 돌과 벌레, 유리 조각과 전갈을 삼키고도 구역질을 하지 않는 훈련을 쌓는다. 실존의 우연성이 그에게 쏟아붓는 모든 것을 그의 위가 아무렇지도 않게 소화해내도록 만들려는 것이다. …… 운명의 즉흥성에 내맡겨진 사람들, 폭력적인 시대에 돌발적이고 변화무쌍한 인간들에 예속된 사람들에게 스토아주의는 매우 권할 만하다. 하지만 운명이 그에게 긴 실을 자아내도록 허용하고 있다는 것을 어느 정도 예견할 수 있는 사람은 에피쿠로스의 길을 따르는 것이 좋다. 정신적인 일을 하는 모든 사람들이 지금까지 이 길을 걸어왔다! 이들에게 가장 커다란 손실은 섬세한 민감성을 잃어버리고 그 대신 스토아적인 견고한 피부와 고슴도치의 바늘을 선물 받는 일일 것이다."[28]

28)《즐거운 지식》, 306절.
29)《선악의 저편》, 7절.

출 방식과 미장센Sich-in-Scene-Setzen", 곧 플라톤주의자들의 배우 재능에 자신이 밀린 데 분노했던 것 아닐까. 에피쿠로스의 독설은 그의 분노와 야심을 드러내기에 충분하지 않은가. 니체는 아테네의 정원에서 누구보다 평안한 마음을 강조한 에피쿠로스에게서 흥미롭게도 플라톤을 향한 적대감과 분노 그리고 플라톤을 이기고 싶어 하는 야망을 읽은 것이다.

스토아주의자는 어떤가. 잘 알려진 것처럼 스토아주의자는 자연의 법칙을 읽고 자연(본성)에 맞게 살아가기를 가르쳤던 사람들이다. 하지만 우리가 '자연에 따라 산다'고 한다면 굳이 스토아주의자들이 그들의 원리나 철학을 만들 필요가 있었을까. 스토아주의는 표면상으로는 '자연의 원리를 읽는다'고 하지만 실상은 그 반대, 다시 말해 자연에까지 자신들의 도덕과 이상을 부여하여 "자연이 '스토아 철학에 따른' 자연이기를" 원한 것이 아닐까. 그렇다면 스토아주의자는 자기 신념의 정반대 것을 연기하는 '기묘한 배우들'이다. 그들은 '자연을 따른다'고 하지만, 실상은 "자연을 …… 스토아적으로 보도록 강요"하기 때문이다.[30]

그러나 이런 폭군 같은 충동, 즉 "자신의 모습에 따라 세계를 창조"하려는 충동은 스토아주의자만의 것이 아니다. 오히려 그것은 철학의 아주 "오래된 이야기"며, 오늘날 철학자들에게도 해당하는 이야기다. 니체에 따르면 이런 충동은 철학에 고유한 것이다. "철학은 이러한 폭군 같은 충동 자체이며, 힘에 대한 가장 정신적인 의지이고, '세계를 창조하려는', 제1원인을 지향하는 가장 정신적인 의지"라고도 할 수 있을 것이다. 이것은 "하나의 철학이 자기 자신을 믿기 시작하면 바로 생겨난다".[31]

02

철학자들의 편견

63 니체는 제1장의 제목을 '철학자들의 편견에 대하여'라고 달았다. 여기서 '편견'이라고 옮긴 'Vorurteil'은 글자 그대로는 '선판단Vor-urteil', 즉 '판단 이전의 판단'이라는 뜻이다. 이것은 칸트가 생각한 법정보다 먼저 열리는 법정이고(법정 이전의 법정), 카프카 소설 제목으로 말하자면 '법 앞에서(법 이전에)'라고 할 수 있다. 니체가 철학을 문제 삼는 장소가 이곳이다. 니체는 철학자의 주장 이전에 철학자를 그런 주장으로 내몬 충동에 주목한다. 그리고 철학자의 주장이 근거하고 있는 부당한 전제를 드러낸다. 또한 철학자의 사유를 선험적으로 제약하는 언어, 철학자 자신도 모르게 물려받은 형이상학의 잔재와 관습적 오류 등을 지적한다.

30) 《선악의 저편》, 9절.

31) 《선악의 저편》, 9절.

참된 세계와 가상 세계

니체에 따르면 "오늘날 유럽 어디서나 사람들은 '참된 세계와 가상 세계(실재계와 현상계, der wirklichen und der scheinbaren Welt)'에 대해 생각하고 귀를 기울이도록 재촉한다".[32] 우리에게 나타난 세계는 가상이며, 참된 것과 실재적인 것은 가상 세계 너머에 존재한다는 편견이 현대 철학자들에게도 남아 있다는 것이다. 어떤 점에서 플라톤주의의 현대적 잔재 혹은 플라톤주의의 현대적 버전이라 할 수 있다.■ 현대 철학의 형이상학적 면모에 대한 니체의 비판을 살펴보자.

먼저, 칸트의 '선험적 종합판단'의 경우. 칸트는 교조주의에 빠진 형이상학을 비판하는 데 누구보다 적극적이었다. 그는 인식을 인간 경험의 한계 너머까지 확장할 수 있다고 믿는 형이상학자들을 비판했다. 그에 따르면 우리가 참된 인식을 가지는 경우는 우리가 경험하고 우리에게 현상하는 것들에 관해서뿐이다. 경험 세계에서 대상을 찾을 수 없는 신이나 불사, 자유 등은 이성을 통해 참된 인식을 얻을 수 없다. 칸트의 비판, 특히 그가 《순수이성비판》에서 수행한 작업은 이성(사변적 이성)의 사용 한계를 분명히 하는 일이었다. 달리 말하면 그의 형이상학 비판은 형이상학의 한계와 범위를 정하는 것, 이성의 월권적 사용을 막는 것을 의미했다. 그는 신앙이나 도덕을 이성의 언어로 입증하려던 형이상학자의 시도가 허망함

64

■ 진리를 향한 불타는 의지가 병적으로 표출되는 경우도 많다. "심지어 불확실한 그 무엇을 위해서보다는 확실한 허무를 위해 죽는 편이 낫다고 생각하는 양심을 지닌 청교도적 광신자들도 있다. 그러나 이것은 허무주의이며 절망하여 죽을 정도로 지쳐 있는 영혼의 징후(증상)이다."[33]

32) 《선악의 저편》, 10절.

33) 《선악의 저편》, 10절.

을 보이고, 경계선을 분명히 그음으로써 도덕 이론과 자연 이론이 각자의 자리를 지키도록 만들었다.※

잘 알려진 것처럼, 칸트는 《순수이성비판》에서 이성이 경험적 원리의 도움 없이 경험 세계에 대한 참된 인식을 가질 수 있는지를 다루었다. 그는 이를 '선험적 종합판단'의 문제라고 불렀다. 경험에 의존하지 않는 선험적(초월론적, transzendental) 판단이면서 인식의 확장을 가져오는 종합적 판단이※※ 어떻게 가능한가. 그런데 니체는 칸트의 물음과 답변이 동어반복이라고 지적했다. 왜냐하면 칸트는, 선험적 종합판단이 어떻게 가능하냐는 물음에 우리에게 그런 능력이 있다고 답하기 때문이다. 니체에 따르면 칸트의 답변은 딱 세 단어로 요약할 수 있다. "어떤 능력에 의해서 Vermöge eines Vermögens."[35] 물론 칸트는 이 '세 단어'로 말하지 않았다. 사람들이 좀처럼 이해할 수 없도록 아주 까다롭고 심오하게 말했다. 그러나 니체가 보기에 칸트의 물음과 답변은 비유컨대 이런 식이다. 아편은 어떻게 우리를 잠에 빠지게 하는가? 아편

※ 칸트에 따르면 사변 이성의 권한 남용을 막는 그의 비판은 윤리 이론의 자리를 확보해주는 것이기도 하다. "윤리 이론은 윤리 이론대로 자연 이론은 자연 이론대로 각기 자기 자리를 지키는 것이다."[34]

※※ 칸트는 당시 철학자들의 생각을 따라 우리 인식을 두 종류의 판단, 즉 분석판단과 종합판단으로 나누었다. 분석판단이란 우리가 이미 대상에 가진 개념들을 분해하는 것으로, 술어가 이미 주어에 포함된 경우이다(예컨대 '총각은 결혼하지 않은 남자이다'의 경우). 이 경우 우리는 경험의 도움 없이도 확실성을 인정할 수 있다. 그러나 이런 식으로 인식이 확장된 것은 아니다. 종합판단은 술어가 주어 개념에 포함되지 않은 경우이다(예컨대 '모든 물체는 무게를 갖는다'의 경우). 이처럼 주어의 개념에 술어가 포함되지 않은 경우, 우리 인식은 확장되지만 그 확실성은 경험에 의존해야 한다.

34) I. Kant, 백종현 옮김, 제2판 머리말, 《순수이성비판》 1, 아카넷, 2008, 190쪽.

35) 《선악의 저편》, 11절.

에 잠을 자게 하는 힘(성분)이 있기 때문이다.

하지만 니체가 정말로 지적하려는 것은 이런 동어반복이 아니다. 앞서 밝혔듯이 니체가 관심을 가진 것은 칸트 철학을 지배하는 충동이다. 그는 이렇게 말한다. “이제 마침내 ‘선험적 종합판단이 가능한가?’라는 칸트의 물음을 ‘왜 그러한 판단에 대한 믿음이 필요한가?’라는 물음으로 바꿔야만 할 때가 왔다.”[36] 사실 칸트 시대는 형이상학자의 망상이 승승장구하던 때가 아니었다. 오히려 위협적으로 등장한 것은 신앙과 도덕이 아니라, 경험과 감각을 중시하는 과학이었다. 이성의 왕국과 도덕의 왕국 사이에 그어놓은 칸트의 경계선은 과연 어느 왕국을 지키기 위한 장벽이었을까. 이성의 왕국인가, 신앙과 도덕의 왕국인가.

앞서 말한 것처럼 칸트의 답변은 유럽의 도덕주의자, 신비주의자, 예술가, 기독교인, 반계몽주의자를 흥분시켰다. 당시 유럽에 밀려든 “강력한 감각주의”, 곧 모든 인식과 지식이 경험적 감각에서 왔다는 생각과 맞설 해독제를 칸트에게서 찾은 것이다. 왜 칸트의 물음과 답변이 필요했던가. 니체의 대답은 이렇다. 생존을 위해서는 오류도 필요하듯, 어떤 시기 어떤 사람들에게는 선험적 종합판단이 진리라는 믿음이 필요했던 것이라고. 당시 독일인, 더 나아가 꽤 많은 유럽인에게는 ‘감각주의에 맞설’ 해독제 내지 수면제로서 칸트 철학이 필요했다고.

둘째, 원자론의 경우. 현대 철학자들은 고대의 원자론을 더 이상 진지하게 믿지 않는다. 어떤 ‘정지하고 있는 최후의 것’, 가장 기본적인 단단한 덩어리에 대한 형이상학적 믿음을 더 이상 갖고 있지 않다. 그렇다면 이 믿음은 완전히 사라졌는가. 그렇지 않다. 니체가 보기에 원자에 대한 믿음

36) 《선악의 저편》, 11절.

은 매우 은밀한 곳, 언뜻 보면 원자론의 적대자들(원자론의 후계자인 유물론에 적대적이었던 이들) 안에 보존되어 있다. 기독교의 '영혼 원자론Seelen-Atomistik'이 그것이다. 기독교인은 영혼을 육체와 달리 영원하고 불가분한 단자, 즉 원자라고 생각한다. 그런데 원자론에 담긴 형이상학적 욕구를 비판하는 자연주의자조차 이상하게 '영혼' 문제에 들어서면 학문적 미숙함을 드러낸다. 니체는 이런 믿음을 학문에서 추방해야 한다고 주장한다. 하지만 영혼 개념 자체를 버릴 필요는 없다. 오히려 영혼과 우리 심리 세계를 새롭게 파악할 개념이 '새로운 심리학자들'에 의해 만들어질 수 있기 때문이다. 니체는 '유한한(가멸적인, sterbliche) 영혼', '다수 주체(주체들의 복합체, Subjekts-Vielheit)인 영혼', '충동들과 정동들의 공동체Gesellschaftsbau der Triebe und Affekte로서 영혼' 등의 개념이 학문 세계에서 새로운 시민권을 얻을 것이라 말한다.[37]

셋째, 유기체(생명체)의 가장 기본적 본능으로서 '자기보존본능Selbsterhaltungstrieb'. 여기에도 형이상학적 잔재가 있다. 생리학자는 모든 유기체에 기본적으로 '자기보존본능'이 있다 말하곤 한다. 그리고 유기체의 모든 행동을 이 본능에 입각해 설명하려 한다. 그러나 니체가 보기에 "자기보존"은 유기체 행동의 '원인'이라기보다 "간접적이고 자주 나타나는 결과 중 하나일 뿐"이다. 생명은 그 자체로 '힘에의 의지Wille zur Macht'로서 힘의 발산이지, 또 다른 형이상학적 원리를 끌어들이면 안 된다. 니체는 여기서

37) 《선악의 저편》, 12절.

스피노자의 코나투스conatus를 떠올린다. 그는 목적론을 그토록

비판했던 스피노자가 자기보존본능, 즉 코나투스를 목적론적 원리로서 끌어들인 것을 안타깝게 생각한다. 스피노자가 "불필요한 목적론적 원리"를 끼워 넣었다는 것이다.※ 니체가 보기에 스피노자의 논리적 불철저성은 '원리들의 절약Principien-Sparsamkeit'(원리들은 가급적 하나로 일관되어야 하며 불필요한 원리를 추가하면 안 된다)이라는 방법론상 요구를 어긴 것이다[39](니체 방법의 철저성과 '힘에의 의지'는 다음 장에서 다루겠다).

넷째, 물리학(자연과학)의 확실성에 대한 믿음. 물리학은 '감각에 대한 믿음'에 기초해 성립한 것인데, 사람들은 이 믿음을 믿음이 아니라고 생각한다. 다시 말해 물리학은 세계에 대한 '해석Auslegung'이 아니라 '설명Erklärung'이라는 것이다. 물리학자는 '볼 수 있고 만질 수 있는 것'만을 명료하다 말하고 또한 그런 것으로 입증 가능해야만 설명되었다고 생각한다. 물론 "인간이 더 이상 볼 수도, 붙잡을 수도 없는 곳에는 탐구할 만한 것이 없다"라는 물리학자의 생각은 플라톤의 것과 다르다. 그러나 감각 또한 자극에 대한 하나의 해석임을 이해하지 못하는, 감각에 대한 물리학자의 순진한 믿음은 또 다른 신앙일 뿐이다. 비록 그것이 매우 큰 설득력을

※ 니체는 스피노자의 '코나투스'를 '목적론적 원리'라고 했지만 달리 볼 수도 있다. 우리는 코나투스를 부당하게 전제한 어떤 성향으로서가 아니라, '작동 중인 원인'이라는 스피노자의 독특한 인과율에서 도출할 수 있다. 예컨대 스피노자는 《지성교정론》에서 '선분의 회전운동'으로 '원'을 정의한 적이 있다. 하지만 따져보면 '원'이라는 결과는 '선분의 회전운동'이라는 원인이 취하는 구조일 뿐이다.[38] 마치 선풍기 날개가 도는 동안 원이 만들어지는 것처럼 그리고 운동이 멈추면 원도 사라지는 것처럼 말이다. 그런데 원인의 운동성은 그 운동을 방해하는 외적 영향에 맞서 자신을 관철하려는 경향을 갖는데, 이는 부당하게 전제된 성향 때문이 아니라 그것이 '운동 중에 있다'는 사실에서 나온다. 이처럼 자기를 관철하려는 사물의 현행적 본질이 '코나투스'인데, 인간의 경우에는 충동이나 의지, 욕망 등으로 나타난다. 이렇게 해석하면 스피노자의 코나투스를 니체의 '힘에의 의지'와 그리 멀지 않은 개념으로 볼 수도 있다.

38) A. Matheron, 김문수·김은주 옮김, 《스피노자 철학에서 개인과 공동체》, 그린비, 2008, 24~25쪽.

39) 《선악의 저편》, 13절.

가졌다 해도(우리의 믿음을 얻었다 해도), 니체는 "물리학도 단지 하나의 세계-해석Welt-Auslegung이고 세계-정리[배열, Welt-Zurechtlegung]일 뿐이지, 세계-설명Welt-Erklärung은 아니"라고 말한다.[40]

그러나 '감각'에 대한 순진한 믿음을 비판한다 해서 니체가 관념론자의 철학idealistischen Philosophie을 지지한다고 여기면 안 된다.[41] 관념론에 따르면 외부 세계란 우리의 감각기관이 만들어낸 '현상(가상, Erscheinungen)'이다. 하지만 이런 사고는 심각한 부조리를 낳는다. 따져보면 우리 감각기관도 외부 세계의 일부이기 때문이다. 만약 우리가 이 문제를 귀류법reductio ad absurdum 형식으로 다룬다면, 잘못된 전제로 부당한 결론에 이르렀으니 이제 전제를 부정해야 한다. 즉 외부 세계란 우리 감각기관이 만들어낸 가상이 아니라고. 그런데 재밌게도 니체는 이 마지막 결론, "외부 세계란 우리의 감각기관이 만들어낸 산물이 아니다"에 줄표를 긋고 의문부호를 붙여놓았다. 이 결론에도 의문을 제기한 것이다. 이는 니체가 외부 세계를 감각기관이 만들어낸 가상으로 보지도 않지만, 우리 감각과 무관한 외부 세계가 따로 존재한다고 생각하지도 않는다는 뜻이다(그가 물리학 이론을 세계에 대한 '설명'으로 받아들이지 않은 이유이기도 하다). 니체는 감각이 세계의 실재를 보여준다는 순진한 믿음을 갖지 않았고, 감각 너머에 참된 세계가 실재한다는 사고도 받아들이지 않았다. 결국 문제는 '퍼스펙티브적인 것'이다('퍼스펙티브적인 것'은 다음 절에서 다루겠다).

40) 《선악의 저편》, 14절.

41) 《선악의 저편》, 15절.

오래된 습관에서 생겨난 편견

니체는 철학자의 편견들 중에는 오랜 습관에서 나온 것도 많다는 걸 보여준다. 습관, 관습, 전통, 문화 속에서 우리는 어떤 것을 그 자체로 확실하고 자명한 것으로 판단하기 쉽다. 그러나 너무 당연해 증명할 필요가 없다고 생각하는 많은 것들은 나의 판단이기 이전에, 나를 지배하는 습관, 관습, 전통, 문화의 판단(내 판단 이전의 선판단)이다. 니체는 그중 몇 가지를 지적한다.

첫째, 데카르트의 '나는 생각한다'와 같은 '직접적 확실성unmittelbare Gewissheiten'에 대하여. 데카르트가 더 이상 의심할 수 없는 확실성으로 제시한 코기토cogito는 얼마나 확실할까. 니체가 보기에 데카르트는 '순진한 자기관찰자'에 불과하다.[42] 그의 '나는 생각한다, 고로 존재한다'가 철학의 자명한 제1원리가 되려면 다음과 같은 것들이 먼저 입증되어야 한다. 〈'나'는 생각하는 존재이다(생각하는 어떤 것, 그것이 나이다). '생각한다'고 하는 어떤 것이 존재해야만 한다(생각한다고 하는 활동 내지 작용이 존재함에 틀림없다). 생각은 원인으로 간주되는 어떤 것(어떤 주체)의 활동 내지 작용이다. '나'라고 하는 것이 존재한다. '생각하고 있음'을 알아볼 표시가 이미 존재한다(즉 나는 생각한다는 것이 무엇인지를 미리 알고 있다).〉

그런데 니체가 보기에는 이 전제들 모두가 입증되지 않았다. 게다가 내가 '생각'이 무엇인지를 미리 안다면(그래서 '나는 지금 먹고 있는 게 아니라 생각하고 있다'라고 확실하게 말하려면), 나는 '생각하는 것이 아닌 상태'에 대해서도 알고 있어야 한다. 그러므로 '나는 생각한다'가 확실성의 첫 번

42)《선악의 저편》, 16절.

째 원리여야 할 이유가 없다.

따라서 우리가 물어야 하는 것은 데카르트가 왜 이토록 증명하기 어려운 전제들을 그다지도 쉽게 넘어가 버렸는가 하는 점이다. 일반 대중이라면 모를까 철학자라면 따지지 않을 수 없는 문제들을 왜 간과했던 것일까. 왜 그토록 서둘렀을까. 여기서 우리는 데카르트의 철학을 지배했던 동기를 읽어낼 수 있을 것이다. 하지만 지금은 그도 벗어나지 못했던 습관적 오류를 지적하는 데에 논의를 한정하고자 한다.

니체는 데카르트의 코기토에서 '주체'와 '활동'에 대한 사람들의 습관적 편견을 확인한다. 데카르트는 이런 식으로 추론했다. 〈사유라는 활동이 이루어지고 있는데, 그것이 활동인 한 주체가 있어야 한다. 그 주체가 바로 나이다.〉 니체는 이런 추론이 언어 습관과 관련 있다고 말한다. 우리는 술어에 주어를 붙이는 습관이 있다. "사람들은 여기에서 문법적 습관에 따라 '사고라는 것은 하나의 활동이며, 모든 활동에는 활동하는 하나의 주체가 있다"고 생각한다.[43)]

《도덕의 계보》에서 니체는 '번개'를 예로 들어 이를 설명한 바 있다. 사람들은 '번개가 친다Es blitzt'라고 말한다. 우리는 'blitzt'를 어떤 것의 작용이라 생각해 주어 'Es'를 꼭 쓰려 한다(그냥 'blitzt'만 두지 못한다). 하지만 사실 우리는 '치는 것'과 '번개'를 구분할 수 없다. 언젠가 한 번은 '치는 것', 즉 '섬광'을 '번개'라 불렀고, 그 다음에 다시 섬광이 나타날 때는 '번개가 친다'라고 표현한다. 말

43)《선악의 저편》, 17절.

하자면 두 번의 섬광, 두 번의 활동이 있었을 뿐인데, 그것을 '번개가 친다'고, '번개'라는 주체의 '활동'으로 이른다. '활동의 활동'이라 불러야 하는 것을 '주체의 활동'으로 부르는 셈이다. 니체는 '나는 생각한다'도 마찬가지라고 이야기한다. 주어를 꼭 써야 했다면 차라리 "그것이 생각한다Es denkt"라고 했어야 한다. 그런데 데카르트는 '나Ich'라고 하는 검증되지 않은 가설로 '그것Es'을 대체했다.■ 데카르트 역시 주어를 쓰는 문법적 습관에서 벗어나지 못했고, 확실성에 대한 갈망 때문에 너무 성급했던 것이다.

둘째, '자유의지론'에 대하여. 우리는 우리의 행동이 자유의지에 따른 것이라는 통념을 갖고 있다. 사실 철학사에서 자유의지론은 "백 번이나 반박된 이론"이다. 그럼에도 자유의지론은 우리 곁에 존속하고 있다. 니체는 그 이유가 "치밀한 두뇌의 소유자들"로 하여금 자유의지론을 반박하게 함으로써 자신들의 힘을 느끼도록(자신들의 사유력에 자부심을 느끼도록) 만들기 위해서일 것이라고 조롱한다.[46] 펀치력을 키우기 위한 샌드백 같다고 할까.

통념상 '자유의지론'은 그럴듯해 보이지만 막상 따져보면 이것만큼 불확실한 것도 드물다. 무엇보다 우리가 자신의 '의지'에 따라 행동했다고 할 때, 그 '의지'라는 말로 일컫는 것이 너무나 '복합적인 것'이다. 거기에는 일련의 감정Gefühle이 포함되었고(내 감정에 따라 행동했다), 사고 작용

■ 니체는 "하나의 사상Gedanke은 '그er 사상'이 원할 때 오는 것이지 '내ich'가 원할 때 오는 것이 아니다"라고 말한다.[44] 참고로 니체의 'Es'와 'Ich'에 관한 생각은 프로이트S. Freud의 '이드(das Es, id)' 개념에도 일정한 영향을 미쳤다. 프로이트는 이 표현을 직접적으로는 게오르크 그로데크Georg Groddeck의 《이드에 관한 책*Das Buch vom Es*》에서 따왔다고 했다. 하지만 그는 그로데크가 니체에게서 그 표현을 가져왔음을 짐작하고 있었다.[45]

44) 《선악의 저편》, 17절.

45) S. Freud, 윤희기 · 박찬부 옮김, 〈자아와 이드 *Das Ich und das Es*〉, 《정신분석학의 근본 개념》, 열린책들, 2003, 362쪽, 각주 19.

46) 《선악의 저편》, 18절.

Denken도 들어 있으며(내 생각에 따라 행동했다), 정서들Affekte이 포함된다(자유롭다고 느낄 때 나는 어떤 우월 정서를 갖는다). 게다가 여기에는 주의 집중, 가치평가, 대상이 의지에 복종하리라는 확신 등이 담겨 있다. 그런데 우리는 이 모든 것을 '의지'라는 말로 뭉뚱그려 부른다.

이 '자유의지'에서도 우리는 습관을 확인할 수 있다. 사실 '자유의지'는 이중성을 은폐한다. 나의 행동이 나의 자유의지에 따른 것이라 말할 때, 우리는 의지하고 명령하는 자의 입장에서만 우리 자신을 바라본다. 하지만 우리의 의지를 관철하는 대상도 우리 자신 아닌가. 내가 의지하고 결심할 때 결심을 따르는 것도 결국 나라는 말이다. 즉 자유의지론은 우리 자신을 이루는 어떤 부분들의 복종 행위를 기대할 때만 성립한다. 그런데 우리는 '명령하는 자'와 '복종하는 자'라는 이중성을 '나'라는 종합개념을 통해 얼렁뚱땅 넘어간다. 사실 자유의지 느낌은 "지배계급이 자신과 공동체의 성취를 동일시하는 것"과 비슷하다. 자유의지 느낌은 어떤 지배 의지가 '영혼의 집합체'에서 다른 하위 의지들을 복종시키고, 집합체를 자기 자신과 동일시하면서 느끼는 쾌감 같은 것이다.[47]

셋째, 자기원인causa sui을 비롯한 철학에서의 몇 가지 관습적 개념들에 대하여.[48] 니체에 따르면 '자기원인' 개념은 '의지의 자유'를 극단화한 것이다. 자기 현존을 누구에게도 빚지지 않으려는(또는 누구에게도 그 책임을 묻지 않는) 열망이 이런 개념을 낳는

47) 《선악의 저편》, 19절.

48) 《선악의 저편》, 21절.

다. 하지만 이는 "스스로의 머리채를 휘어잡고 자신을 무의 수렁에서 현존으로 이끌어내려는 것"이다. 자유의지에 대한 극단적 열망이 낳은 일종의 자기모순이자 논리적 강요이고 부자연인 셈이다. 물론 그렇다 해서 '부자유의지론'이 옳다는 말은 아니다. 예컨대 자연과학자의 기계적 인과율은 '자유의지' 개념을 완전히 역전시킨 것이다. 자연과학자는 모든 사물의 운동을 밖에서 가해진 강제에 의한 것으로 간주한다. 그런 식으로 '원인과 결과'의 연쇄를 만들어낸다.■ 이들은 원인과 결과를 사물화해 한 사물의 원인을 외부에 있는 다른 사물로 생각한다.■■

니체는 원인이나 결과, 계기, 상호성, 상관성, 필연, 수, 법칙, 자유, 근거, 목적 등의 개념을 사물에 투사하고 혼합하면 안 된다고 말한다. 이 개념들은 우리가 세계를 기술하고 이해하기 위해 사용하는 '관습적 허구들conventioneller Fiktionen'인데, 이를 사물화하거나 이 개념들의 질서를 세계 질서로 삼거나 세계 질서에 대한 설명으로 간주하면 안 된다.[50] 관습적 허구임을 생각지 않으면 개념의 물신화 내지 신화화가 나타난다.■■■

끝으로, 우리는 철학 개념이 자의적으로 생겨난 것이 아님을 알아야 한다. 하나의 개념은 마치 "동물군이 전체의 계통에 속하는 것처럼", 어떤 하

■ 니체는 '부자유의지' 역시 신화라고 생각한다. 그는 '자유의지'와 '부자유의지'를 모두 반대하면서, 실제 삶에서 중요한 것은 '강한 의지'와 '약한 의지'라고 말한다. 그리고 일반적으로 '의지의 부자유'를 문제로 느끼는 사람들은 크게 두 부류인데, 한 부류는 허영심이 강해 희생을 감수하더라도 자신의 책임과 권리를 포기하지 않으려는 자들이고, 다른 부류는 스스로 아무런 책임을 지고 싶지 않아서 그 문제를 추상적인 사회구조 같은 것에 전가하려 드는 자들이다(이를테면 범죄자에 대한 사회주의적 동정).[49]

■■ 이런 인과율의 외적 연쇄는 운동의 첫 시발자로서 부동의 동자, 다른 것의 원인이면서 자신은 다른 원인을 갖지 않는, 또 다른 자기원인론의 빌미가 되기도 한다.

49)《선악의 저편》, 21절.

50)《선악의 저편》, 21절.

나의 사유 체계에서 생겨난다.[53] 특히 니체는 철학과 관련해 언어권의 중요성을 강조한다. '공통의 문법'을 가진 언어권의 사유는 매우 닮아 있다. 이를테면 인도, 그리스, 독일의 철학적 사유 사이에는 놀라울 정도의 '가족유사성FamilienÄhnlichkeit'이 있다. 개별 철학자는 자신만의 감각과 성찰을 통해 개념을 만들어내는 것 같지만 실제로 그의 감각과 성찰은 일정한 궤도 위에서 이루어진다. 언어가 그 궤도 역할을 한다. 어떤 점에서는 "철학 체계가 동일한 방식으로 전개되고 배열되도록 처음부터 모든 것이 준비되어" 있는 셈이다. 그리고 철학이 특정한 궤도 위에서 펼쳐진다는 것은, 다른 궤도에서 펼쳐지는 철학의 가능성, 즉 "세계 해석의 다른 가능성을 향한 길이 막"혀 있다는 뜻이기도 하다. "우랄알타이어 언어권에 속하는 철학자들은 아마도 인도 게르만족이나 이슬람교도와는 다르게 '세계'를 바라볼 것이고, 그들과는 다른 길을 찾게 될 것이다." 이처럼 개별 철학자의 감각이나 이성보다 그가 어느 언어공동체에서 자라났는가가 세계를 해석하고 개념을 생산하는 데 더 결정적 영향을 미친다.

■■■ 니체는 하나의 흐름 내지 복합이 있을 뿐 그것을 끊어내어 한쪽을 원인, 다른 쪽을 결과라 말할 수 없다고 했다. 원인과 결과는 우리의 사유 관습에서 나온 고안물이지 독립적 사물 같은 게 아니다. 그래서 니체는 "원인도 없고, 결과도 없다"라고 했다.[51] 또한 인과관계라 부르는 것은 사실 "계기적 관계(계기적으로 서로 이어서 나타나는 것, Nacheinander)가 아니라 상입적 관계(상대적으로 서로 맞물린 것, Ineinander), 즉 이어지는 개별적 계기들이 원인과 효과로서 서로를 규정함이 없는 과정"이라고 했다.[52]

51)《힘에의 의지》, 21절.

52)《힘에의 의지》, 19절.

53)《선악의 저편》, 20절.

03

퍼스펙티브적인 것
—이것은 해석이지, 텍스트가 아니다

우리는 특정한 조명 속에서 사물을 바라보고 세계를 해석한다. 생물학적, 시대적, 문화적, 언어적 등등의 조명 속에서만 세계는 우리에게 드러난다. 세계에 대한 해석 이전에 하나의 해석으로서 세계가 우리 앞에 펼쳐져 있으며, 우리는 우리에게 해석된, 다시 말해 우리에게 나타난 그 세계를 살아간다. 이 점에서 "퍼스펙티브-광학Perspektiven-Optik"[54]은 우리 삶의 방식이자 조건이다. 76

서문에서 니체는 플라톤주의를 '퍼스펙티브적인 것das Perspektivische'을 부인하는 독단적 철학이라고 했다. 플라톤이 추구한 이데아 세계는 말하자면 해석이 존재하지 않는 세계이다. 우리 세계에 해석이 존재하는 이유는 플라톤식으로 보자면 '이 세계'가 완전히 어둡지도, 충분히 밝지도 않기 때문이다. 완전히 어둡다면 아무것도 볼 수 없으니 해석이 존재하지 않을 것이고, 완전히 밝다면 모두가 하나의 실재, 하나의 진리를 볼 터이니 해석

54) 《선악의 저편》, 11절.

이 존재하지 않을 것이다.

그러나 니체에게는 보편적인 눈, 보편적인 조명이 존재하지 않는다. 그런 것은 보편화의 환상이며, 눈과 조명에 대한 오해이다. 모든 생명체는 어떤 눈을 가졌고, 어떤 조명 아래 사물을 본다. 예컨대 '개구리의 퍼스펙티브Frosch-Perspektiven'※를 생각해보자.[56] 개구리 눈에는 가까이 낮게 있는 사물이 크고 길어 보인다. 그리고 높이 멀어질수록 사물의 크기는 급격히 축소되고 희미해진다. 이런 퍼스펙티브에 따라 개구리는 연못 표면을 나는 곤충을 잡는다. 이것은 개구리 눈의 고유한 오류이면서 덕성이고 생존 조건이다. 개구리는 이 퍼스펙티브 덕분에 살고, 무엇보다 이런 퍼스펙티브로 파악된 세계를 살아간다(개구리에게는 다른 세계가 존재하지 않는다). 니체가 '퍼스펙티브적인 것'을 "모든 생명의 근본조건Grundbedingung alles Lebens"이라 부른 것은 이 때문이다.[57] 개구리가

※ 표면의 것을 크게 본다는 점에서 니체는 '개구리의 퍼스펙티브'를 피상적 사상가를 비판할 때 비유로 사용하곤 했다. 또한 문제를 그저 호기심 차원에서 포착하는 학자의 경우에도 개구리 비유를 들어 지적했다. 니체는 어떤 문제를 대할 때 사랑, 곧 자기의 고유한 고통, 고난, 환희, 정열 등이 없다면, 문제를 포착할fassen 수는 있지만 붙잡아둘halten 수는 없다고 했다. "모든 위대한 문제는 위대한 사랑grosse Liebe을 요구한다. 그리고 위대한 사랑의 능력은 오직 자기 자신을 확고히 지닌 강하고, 원숙하고, 굳건한 정신의 소유자만이 갖고 있다. 어떤 사상가가 자신의 문제에 인격적으로(자기의 고유한 문제로, persönlich) 마주하여 그 안에서 자신의 운명, 자신의 고통 그리고 자신의 최상의 행복을 지니고 있는가. 아니면 '비인격적으로(자신과 무관하게, unpersönlich)' 문제를 대하는가, 즉 냉정한 호기심의 더듬이로 사상을 더듬어 파악하는가. 이 둘 사이에는 현격한 차이가 있다. 후자의 경우에는 아무리 많은 것을 약속한다고 할지라도 아무 결과도 나오지 않는다. 왜냐하면 설사 그것이 포착할 수 있는 것이라 할지라도, 위대한 문제들은 개구리나 나약한 자들로서는 붙잡아둘 수 없기 때문이다."[55]

55) 《즐거운 지식》, 345절.

56) 《선악의 저편》, 2절.

57) 《선악의 저편》, 서문.

본 것은 플라톤이 생각한 실재가 아니지만 그렇다고 플라톤이 생각한 가상도 아니다. 그것은 개구리가 해석한 세계이고 개구리가 살아가는 세계이다.

이것은 개구리만의 문제가 아니다. 인간도 마찬가지다. 자연과학자가 자연을 바라보고 어떤 법칙을 말할 때 그가 특정한 퍼스펙티브 아래 있다는 사실은 변하지 않는다. 우리는 동일한 현상을 전혀 다른 시각으로 읽어낼 수도 있고, 똑같이 필연적인 법칙을 그 다른 시각에서 도출해낼 수도 있다. 왜냐하면 니체의 말처럼, "이것은 해석Interpretation이지, 텍스트가 아니"기 때문이다.[58)]

물론 우리는 니체의 철학도 결국 퍼스펙티브, 즉 해석이 아니냐고 물을 수 있다. 니체는 그것을 부인하지 않을 것이다. "이것도 해석이라고 한다면—그대들은 이것에 이의를 제기하는 데 충분한 열의가 있는가?—그렇다면 더욱 좋다."[59)] 니체는 퍼스펙티브적인 것을 부인하기는커녕 자신의 퍼스펙티브가 얼마나 독특한가를 보이려 할 것이다. 그런데 니체의 퍼스펙티비즘은 단지 우리가 특정한 퍼스펙티브를 통해 세계를 바라본다는 점을 지적하는 데 머물지 않는다. 이는 니체의 퍼스펙티브즘의 절반에만 해당하는 이야기다.

니체의 퍼스펙티비즘에는 개별 퍼스펙티브로 환원되지 않는, '퍼스펙티브들에 대한 태도', 이렇게 말해도 좋다면 '퍼스펙티브들에 대한 퍼스펙티브'의 차원이 존재한다. 니체가 문제 삼는 것은 개별 퍼스펙티브가 아니라 '퍼스펙티브들을 바라보는 퍼스펙티브'이다. 니체가 병들고 약한 자의 퍼스펙티브와 건강하고 강한 자의 퍼스펙티브를 구분하는 것은 개별 퍼스

58)《선악의 저편》, 22절.

59)《선악의 저편》, 22절.

펙티브에 대한 평가라기보다 퍼스펙티브들에 대한 퍼스펙티브의 차원이라고 해야 한다.

니체는 퍼스펙티브적인 것을 부인하는 이들, 그래서 진리와 확실성만을 추구하는 이들, 심지어 '허무'일지라도 확실하기만 하다면 그것을 위해 죽는 편이 낫다고 생각하는 이들을 병들었다고 생각한다. 말하자면 이런 태도는 "지쳐 있는 영혼의 징후"라는 것이다.[60] 이처럼 니체의 비평이 개입하는 것은 퍼스펙티브들을 대하는 태도 차원에서다. 그에 따르면 건강한 이들, "생동하는 생명을 갈망하는 사상가의 경우"에는 '퍼스펙티브적'이라는 말에 자부심을 갖는다. 이들은 오류조차 생명을 위해 기꺼이 활용한다. 이를테면 이들은 '현대적 이념'이 병적으로 확산되고 모두가 감각적 확실성을 숭배할 때, 여기서 벗어나고자 과거 퍼스펙티브들의 미덕을 활용하기도 한다. 삶에 필요하다면 '불멸의 영혼'이나 '낡은 신' 개념조차 다시 탈환할 것이다.[61]

니체는 이런 맥락에서 플라톤적 사유 방식의 고상한 면모를 부각하기도 한다. "볼 수 있고 만질 수 있는 것"만을 확실한 것으로 생각하고, 그런 문제에만 매달려온 이들을 플라톤은 "감각 천민 Sinnen-Pöbel"이라고 불렀다. 니체에 따르면 "플라톤적 사유 방식의 매력은 바로 감각 충족에 대한 반항에 있다". 플라톤은 감각에 휘둘리지 않고, 온갖 형형색색의 감각에 차가운 '개념 그물 Begriffs-Netze'을 던져 그것들을 지배하려 했다.[62]

고대의 사유가 현대 실증주의보다 더 낫다는 말을 하려는 것이

60)《선악의 저편》, 10절.

61)《선악의 저편》, 10절.

62)《선악의 저편》, 14절.

아니다. 니체가 말하고 싶은 바는 낡은 이념들로의 퇴행이 아니라, '현대적인 것'을 벗어나기 위해 고대적인 퍼스펙티브를 활용하는 것이다. 그는 오늘날 '반실재론자(반현실론자, Anti-Wirklichen)'에게 정당성을 부여할 필요가 있다고 말하면서 이런 이야기를 했다. "그들을 현대적 현실에서 떠나도록 만든 그들의 본능은 부정될 수 없다. 그들에게 중요한 것은 …… '회귀'하려는 것이 아니라, [현대적 현실에서] 떠나고 싶어 한다는 점이다. 조금 더 힘, 비상, 용기, 예술적 재능 같은 것이 있다면 그들은 바깥으로 나가기를 원한다."[63] 현대를 넘어서려는 자는 기꺼이 과거로 도약한다.

이처럼 니체의 퍼스펙티비즘은 각 철학이 저마다 퍼스펙티브를 가지고 있음을 지적하는 데 그치지 않는다. 니체의 퍼스펙티비즘에서 더 중요한 것은 '퍼스펙티브적인 것'에 대한 태도이다. 즉 다양한 퍼스펙티브에 어떤 태도를 취하는지, 그것들을 어떻게 긍정하는지가 중요하다. 니체의 가치 평가인 강자와 약자, 귀족과 노예 등은 특정 퍼스펙티브에 대한 것이 아니라, 퍼스펙티브들을 다루는 태도, 스타일과 관련이 있다.

누구보다 니체 자신이 그것을 보여주었다. 니체는 자신이 아팠을 때와 건강했을 때, 각 건강 상태에서만 가능했던 퍼스펙티브를 어떻게 활용했는지 자랑스럽게 언급한 적이 있다. 아팠을 때는 세상에서 빠져나와 건강한 이들이 보지 못한 것을 보고, 몸이 건강해지면 세상에 뛰어들어 거기서 가능한 통찰을 활용하는 것. 그는 자신이 아플 때도, 건강할 때도, 참으로 '건강한 삶'을 살았다고 자부했다(이것이 그의 '위대한 건강'이다).▩

니체가 서문에서 보여준 플라톤 비판을 이런 맥락에서 다시 음미할 필요가 있다. 반복해 말하지만 니체는 플라톤의 퍼스펙티브가 오류라고 비

63) 《선악의 저편》, 10절.

판하지 않았다. 문제 삼은 것은 '퍼스펙티브적인 것'에 대한 플라톤의 태도, 즉 플라톤의 '퍼스펙티브들에 대한 퍼스펙티브'였다. 플라톤의 개별 퍼스펙티브만 놓고 보면, 앞서 현대 실증주의자를 비판할 때처럼 오류까지 포함해 미덕으로 긍정할 대목이 있다. 실제로 니체는 서문에서 플라톤적 독단주의가 그 오류 덕분에 이룬 업적을 언급한 바 있다. 그에 따르면 철학적 독단주의는 "과거의 점성술처럼 수천 년을 뛰어넘은 앞으로의 약속"이었고 엄청난 "노동과 돈, 예지와 인내를 소모"했지만, 그럼에도 그 덕분에 "이집트의 위대한 건축양식"과 같은 것을 낳았다.[65]

그러므로 니체가 퍼스펙티비즘을 통해 묻고 싶은 바는 이런 것이라 할 수 있다. 당신은 얼마나 다양한 퍼스펙티브를 체험했는가. 당신은 몇 칸이나 되는 영혼의 사다리를 가지고 있는가. 당신은 얼마나 깊은 곳까지 내려가 보았고 얼마나 높은 곳까지 올라가 보았는가. 나는 니체의 이런 물음이 '진리가 무엇이냐'라는 물음보다 백배 천배 고상하다고 생각한다.

▩ 니체는 염세주의자 쇼펜하우어A. Schopenhauer를 자신의 교육자로서 간주하던 때를 언급하면서 그에게서도 어떤 덕성을 찾아낸 자신의 긍정의 정신을 강조했다. "쇼펜하우어에 대한 글(《반시대적 고찰》의 세 번째 글)―나는 그를 읽을 것을 특별히 추천합니다만―는 정력적이고 본능적인, 긍정의jasagend 정신이 염세주의자에게조차 가장 유익한 충동을 취하는 법을 알고 있음을 보여줍니다."[64] 참고로 우리는 비슷한 시기 니체가 쓴 《즐거운 지식》의 제2판 서문과 《인간적인 너무나 인간적인》 제2권의 서문에서도 그의 '위대한 건강'을 엿볼 수 있다.

64) 칼 크노르츠에게 보낸 편지(1888. 6. 21.).

65) 《선악의 저편》, 서문.

04

'어쩌면'
—도래하는 철학자의 부사

끝으로 니체가 제1장에서 사용하는 흥미로운 부사 하나를 언급해두고 자 한다. 니체는 '도래하는' 존재들, 이를테면 '새로운 종류의 철학자',[66] '새로운 심리학자',[67] 논리학자의 미신을 넘어선 '어느 날의 사람들'[68]을 지칭하면서, '어쩌면'이나 '혹시' 등으로 옮기는 부사 'vielleicht'를 계속 사용하고 있다.

특히 그는 2절에서 가치들의 대립에 대한 형이상학자의 믿음을 비판하면서, 가치를 구분 짓는 경계선에 대해 의심할 것을 촉구하며 이 부사를 부각했다. "**어쩌면**Vielleicht!—그러나 이러한 위험스러운 '어쩌면'에 마음을 쓰는 의지의 주체는 누구란 말인가! 우리는 이에 대해 새로운 종류의 철학자, 지금까지의 철학자와는 무엇인가 다른 반대의 취미와 성향을 지닌 그러한 철학자가 도래하기를 기다려야 한다.—이는 어떤 의미에서 이해하자면 위험한 가정의 철학자이다.—그리고 진지하게 말해서, 나는 그

66)《선악의 저편》, 2절.

67)《선악의 저편》, 12절.

68)《선악의 저편》, 17절.

러한 새로운 철학자가 출현하고 있다고 생각한다."[69] 위험한 가정과 의심의 부사 '어쩌면'! 가치들을 구분 짓는 '경계선'과 '도래하는 철학자'를 언급하며 니체가 이 단어를 사용했다는 것은 아주 의미심장하다. 이는 앞 장에서 언급한 '율법의 효력 정지'와 '메시아의 도래'를 떠올리게 하기 때문이다.※

흥미롭게도 니체는《인간적인 너무나 인간적인》에서 '죽어가는 현자'와 '살아 있는 바보'를 대비할 때도 이 부사를 사용했다. "**어쩌면** 이렇게 말할 때 각자에게는 더 즐거운 시간이 찾아올지도 모른다: '친구들이여, 친구란 없는 것이라네!' 죽어가는 현자가 그렇게 말했다; '적들이여, 적이란 없는 것이라네!' 살아 있는 바보인 내가 말했다."[72] 여기서 죽어가는 현자는 가치들의 대립에 대한 믿음을 표명하지만 살아 있는 바보는 그것의 허구성을 폭로한다. 현자는 대립하는 가치들의 경계선을 준수하지만(그는 율법의 준수자다), 바보는 그 경계선을 허문다.

현자와 바보. 철학자는 누구인가. 니체는 1886년에 쓴 유고에서도 이 문제를 제기했다.[73] 물론 '어쩌면'이라는 부사와 함께. "철학자: 그가 진실로 자신의 이름에 머문다면 그는 얼마나 한심한 존재인가! '지혜의 친구'라고 하지 않는, 단지 '현명한 사람들

※ 니체는 바리새주의Pharisäismus를 여러 곳에서 비판했다. 니체에게 바리새주의는 도덕적 인간('선한 인간')의 조건이었다.[70] 참고로 바리새Pharisee는 히브리어 '파르셰parush', 아람어 '파리사이오스pharisaios'를 그리스어로 옮긴 것으로, '분리되다', '구별되다'라는 뜻을 담고 있다. 바리새파는 기원전 1세기 말경에 팔레스타인 지배계급이 되는데 엄격한 율법 질서를 강조했다.[71]

69)《선악의 저편》, 2절.

70)《선악의 저편》, 135절.

71) G. Agamben, 강승훈 옮김,《남겨진 시간》, 코나투스, 2008, 83쪽.

72)《인간적인 너무나 인간적인》I, 376절.

73)《유고(1885년 가을~1887년 가을)》, 1886, 4[1].

(지혜로운 사람들)을 좋아하는 한 사람'일 뿐인, 이 늙은 문헌학자를 용서하라! 너희는 그리스적 의미Sinne와 말뜻Wortverstande에서의 철학자가 반드시 존재하기를 원하는가, 누구보다 먼저 너희의 '현명한 사람들'과 함께 말이다!-그러나 나의 친구들이여, 현명한 사람들이 존재한다 하더라도 우리는 결국 현명하지 않은 사람들을 더 사랑하는 것처럼 보이는데-? 그리고 어쩌면 그 안에, 바로 그 안에 더 많은 지혜가 들어 있는 것 아닌가? 어떻게 [그럴 수 있냐고]? 현자들 자체가-가까이서 보면, 어쩌면-결코 '철학자들Philosophen'일 수 없지 않나? 그들은 ['필로소펜'이 아니라] '필라소펜Philasophen'이 아닐까? 어리석음Narrheit의 친구들, 놀이꾼들Spielleute과 어리석은närrisches 민중들을 위한 선한 사교 모임? 그리고-자신을-위한 게 아닌?"

철학자는 누구인가. '어쩌면' 현자가 바보 같고 바보가 현자 같지 않은가. 니체는 진정한 철학자의 형상을 살아 있는 바보에게서 찾았다. "진정한 철학자는-우리에게는 이렇게 보이지 않는가, 나의 친구들이여?-'비철학적으로', '현명하지 못하게', 무엇보다 영리하지 못하게 살아가며, 삶의 수백 가지 시도와 유혹들에 대해 [기꺼이] 책임과 의무감을 느낀다: -그는 자신을 끊임없이 위험에 빠뜨리며, 힘든 게임을 [기꺼이] 한다."[74] 그런 철학자("필연적으로 내일과 모레의 인간이 될 수밖에 없는 철학자")는 "좀처럼 자신을 지혜의 친구로 느끼지 않고 불쾌한 바보나 위험한 의문부호로 느끼는"[75] 자들이다.

나는 예컨대 전태일 같은 이가 이런 사람이 아닐까 생각한다.※ 잘 알려진 것처럼 어떤 자각을 거친 후 그가 만든 모임의 이름은 '바보회'였다. 이

74)《선악의 저편》, 205절.

75)《선악의 저편》, 212절.

이름은 이중적 의미를 담고 있었다. 그중 하나는 ‘우리는 그동안 바보였다’라는 뜻이다. 물론 이 말은 ‘우리는 이제 더 이상 바보가 아니다’라는 뜻이기도 하다. 철학적 깨달음 내지 각성은 소크라테스가 그랬던 것처럼, 무지를 자각하면서 시작된다. 그런데 바보회에 담긴 또 다른 의미는 주변의 영리한 사람들, 즉 현자를 겨냥한 것이었다. 전태일이 모임을 만들었을 때 선배 재단사들은 그를 바보라고 불렀다. 선배들은 세상의 율법을 너무나 잘 아는 현자들이었다. 노동조합 결성은 성공하지 못할 것이고, 설령 성공할지라도 할 수 있는 일은 별로 없다는 것, 회사와 관청은 모두 한통속이라는 것 등등을 너무 잘 알고 있었다. 그러나 그들은 죽은 현자들이었다. 현재의 율법, 현재의 경계선만을 알기에 ‘내일과 모레’를 맞이할 수 없는, 단지 ‘오늘’과 함께 죽어가는 사람들이었다. 그런데 전태일은 살아 있는 바보였다. 그때 그는 마음속에 떠올리지 않았을까. 선배 재단사들이 옳을지도 모른다. 하지만 어쩌면 그렇지 않을지도 모른다. ‘어쩌면’….

▩ 루쉰의 〈총명한 사람, 바보, 종〉에서도 ‘현자’와 ‘바보’의 대비가 나타난다. 자신의 불행한 처지(이를테면 환기도 안 되는 낡은 집에 사는 처지)를 한탄하는 노예에게 현자는 ‘언젠가 좋은 날이 올 것’이라는 식으로 통증을 완화하는 진통제만을 투여한다. 반면 바보는 종의 집으로 가 답답한 벽을 부순다. 현자는 세계를 합리화하고 그것에 적응하게 한 반면 바보는 세계의 변혁을 시도했다. 루쉰은 이 바보의 행동을 긍정적으로 묘사한다. 하지만 바보는 어떻든 실패했다. 왜냐하면 당사자인 노예가 변혁을 거부했기 때문이다. 사실 이 소설에서는 현자와 바보 모두 외부적 인물이다. 루쉰은 노예가 노예성을 자각했을 때만 문제가 풀린다고 본 것 같다. 자각이 없다면 설사 바보를 말리지 않고 그를 추종했다 하더라도 섬기는 주인만 바꿀 뿐 노예의 처지에서 해방되지는 못할 것이기 때문이다.[76]

76) 루쉰, 한병곤·김하림·유세종·루쉰전집번역위원회 옮김, 〈총명한 사람, 바보, 종〉,《루쉰전집 3: 들풀·아침 꽃 저녁에 줍다·새로 쓴 옛날이야기》, 그린비, 2011.

니체의 '어쩌면'이라는 부사를 두고 데리다는 "아직 존재하지 않는 것 ce qui n'est pas encore 혹은 더 이상 존재하지 않는 것ce qui n'est plus"을 "완전히 현재적으로" 말하는 방식이라고 했다.[77] 즉 이미 결정된 것으로 보이는 과거를 다시 유동하게 하는 말이고, 아직 오지 않은 미래를 도래하도록 당기는 말이다. 그러므로 '어쩌면'이라는 부사는 '지금 여기'에 도래할 '사건'을 사유하게 하는, 도래하는 것을 맞이하는 실천적 단어다.

그러므로 '어쩌면'은 막연한 개연성을 가리키는 말도 아니고, 정교한 확률적 예측을 가리키는 말도 아니다. 이 말은 현재의 논리와 현재의 율법 속에서 관측된 빈곤한 가능성, 사건이 부재한 가운데 도달할 예견된 결과와는 정반대 의미를 갖는다. '어쩌면'은 '불가능'을 '가능'으로 바꾸어내는, 불가능이라는 결정을 깨뜨리는 '가능화possiblisation'의 단어라 해도 좋을 것이다. 바꾸어 말하면 '어쩌면'은 율법에 대한 의심이자 율법의 효력 정지다. 그러므로 이 단어는 참으로 도래하는 철학자를 수식하는 말이라 할 수 있다.

그런데 '어쩌면'에서 우리는 한 발 더 나아가야 하는지도 모른다.■ 이제 확실성 없는 세계로 기꺼이 나아가야 한다. 불가능을 규정한 율법을 깨뜨린 이상, 즉 불가능을 더 이상 불가능이 아닌 것으로 만든 이상 단호해지는 수밖에 없기 때문이다. 우리는 부정적 '의심'을 넘어 단호한 '긍정'

■ 니체는 《서광》에서 '어쩌면'이라는 말조차 넘어서야 할 것처럼 말했다. 목적이나 율법을 깨뜨리는 시도에 대한 더 강한 확신 그리고 세계의 무구함(목적이나 율법이 없는 세계)에 대한 더욱 단호한 긍정을 요구한 것이다. "어쩌면! 이 '어쩌면'을 넘어서기 위해 사람들은 지하 세계에서, 그리고 모든 표면적인 것들 너머에서 이미 손님이 되었어야만 할 것이다. 그리고 페르세포네의 탁자에서 그녀와 주사위를 던지며 내기를 했어야만 할 것이다."[78]

77) J. Derrida, *Politiques de l'amitié*, Galilée, 1994, p. 46.

78) 《서광》, 130절.

으로 넘어가야 한다. "우리는 …… 우리의 옛 땅으로부터 떨어져 나온 후에 내몰리고 있는 방향 '어디로?'를 알지 못한다. 그러나 이 땅 자체가 우리를 지금 먼 곳으로, 모험 속으로 몰아넣는 힘을 우리에게 길러주었다. …… 아니다, 너희는 그것을 더 잘 알고 있다. 나의 친구들이여! 너희 안에 감추어진 긍정은, 너희를 너희 시대와 더불어 병들게 하고 중독되게 만든 모든 부정과 어쩌면보다도 강하다. 그리고 너희가 바다에 나아가야 한다면, 하나의 신념이 너희를 그렇게 강제한다."[79]

니체에 따르면 우리는 이 '어쩌면'이라는 조각배에 올라타야 한다.▩ 그것이 어쩌면 광대한 허무로 넘어가는 길일지라도 말이다. "그래! 좋다! 이제 이를 강하게 악물자! 눈을 크게 뜨자! 손으로 키를 단단히 부여잡자!—우리는 바로 도덕을 넘어간다."[81]

79) 《유고(1885년 가을~1887년 가을)》, 1885, 2[207].

80) 《차라투스트라는 이렇게 말했다》, 낡은 서판과 새로운 서판에 대하여, 17절.

81) 《선악의 저편》, 23절.

▩ "저기 조각배가 떠 있다. 길은 아마도 저 너머 광대한 무Nichts로 나 있으리라. 그러나 그 누가 이 '어쩌면'이라는 것에 올라타려 하겠는가?"[80]

이제 이를

악물자!

우리는 바로

도덕을

넘어간다!

제2장

빛의 외투를 걸친 은둔자

01

철학자에게 건네는 충고

91 제1장에서 니체는 가치들의 대립에 대한 철학자의 편견을 지적했다. 선한 행동이 선한 동기에서만 나온다거나 참된 것이 참된 것과만 관계한다는 생각은 잘못되었다는 것이다. 사람들이 칭송하는 도덕적 행동도 얼마든지 부도덕한 동기에서 나올 수 있으며, 진리에 대한 열정도 무지나 오류 때문에 불타오를 수 있다. 여기서 한 발 더 나아가 니체는 진리만큼이나 오류도 가치 있다고 했다. 그에 따르면 우리 삶은 진리만큼이나 오류를 필요로 하며, 더 근본적으로는 우리의 체험 자체가 일종의 과장이며 축소이고 생략이다.

니체는 제2장의 첫 문장을 이에 대한 축복과 찬양으로 시작한다. "오, 성스러운 단순함이여O sancta Simplicitas! 인간은 얼마나 기묘한 단순화와 위조 속에서 살고 있는가! 이 경이로움을 한번 보고 나면 경탄을 멈추지 못할 것이다!"[1] 우리는 무지 덕분에 "자유롭고, 무분별하며, 경솔하고, 대담하며, 명랑할" 수 있다. 즉 우리는 우리의 생명을 즐길 수 있다(자유, 무분별, 경솔, 대담, 명랑 등이 아니라면 생명이 도대체 무엇이란 말인가). 우리의 학문은 진리와 동떨어져 보이는 "무지와 불확실, 허위의 의지"를 기반으로 자라난다. 그러나 이것은 불행이 아니라 축복이다. 우리 앞에 왜곡된 세계가 펼쳐지는 것은 우리가 살아 있기 때문이다. 왜곡과 변형이 있다는 것은 고유한 퍼스펙티브가 있다는 것이고, 생명이 있다는 것이다. 따라서 앎을 추구하면서 또한 오류를 사랑하는 것은 그만큼 건강하고 생생한 삶을 산다는 뜻이다.[2]

순교자가 되지 않도록 조심하라

니체는 이처럼 우리 삶과 인식의 조건으로서 오류를 찬양한 뒤 철학자들에게 진지한 충고를 건넨다. "즐거운 머리말을 했으니 한마디 진지하게 하는 말을 건성으로 듣지 않기 바란다."[3] 인식을 사랑하는 이들이 조심해야 하는 것이 있다. 어느 날 '진리를 위한 순교'의 충동이 닥칠지 모른다. 진리를 위해서라면 삶을 바쳐도 좋다는 충동 말이다. 이 충동은 그런 희생 속에서 쾌감을 느낀다. 그때 철학자는 붉은 천을 향해 돌진하는 우둔한 황소처럼 진리의 순교자가 되려 할 것이다. "철학자이자 인식의 친구인 그대들이여 …… 순교하지 않도록 조심하라!"[4]

진리를 위한 순교 충동 말고 조심해야 할 것이 또 있다. 어떤 철학자가 명백한 실력으로 압도할 수 없는 적대자를 마주했을 때, 싸움이 한없이 길

1) 《선악의 저편》, 24절.
2) 《선악의 저편》, 24절.
3) 《선악의 저편》, 25절.
4) 《선악의 저편》, 25절.

어질 때, 그에게는 오래된 성에 이끼가 끼듯 나쁜 것들이 자라난다. 철학자는 자신도 모르는 사이에 상대방에 대한 악의적 시기심과 복수심을 갖게 되고, 아주 교활해지며, 무엇보다 매우 "사적인 존재"로 전락하기 시작한다.

이런 위험에 직면할 때는 차라리 "옆길로 피해가"고 '가면'을 쓴 채 지내는 것이 낫다. 주위에 자신의 휴식이 되어줄 '정원 같은 사람'이 있다면 그곳에서 가벼운 고독을 유지하는 것도 좋다. 이것이 철학자에게 건네는 니체의 진지한 충고이다. 물론 이것은 쉽지 않다. 사람들에게 쫓겨났고 어떤 점에서는 기꺼이 고독을 선택했던 스피노자와 브루노G. Bruno를 보라. 니체는 '가장 정신적인 가면'을 쓴 이 고상한 철학자들조차 끝내 복수심을 떨치지 못했다고 말한다(니체는 특히 스피노자의 윤리학과 신학에서 복수심을 읽어낸다). 이렇게 되면 철학자에게 '유머'는 사라지고 오직 '순교'만 남는다. 철학자 안에 있는 분노한 '선동가'와 화려한 몸짓의 '배우'가 튀어나오는 것이다. 군중이 주변에 모이는 이유는 그것이 구경거리이기 때문이다. 하지만 철학자가 이렇게까지 퇴락한다면, 그의 겉모습은 비장할지 모르지만 그의 철학은 결국 하찮은 '익살극Satyrspiel' 내지 '소극(笑劇, Nachspiel-Farce)'일 뿐이다.[5]

철학자의 생애사에는 악취와 환멸의 징이 있어야 한다

5) 《선악의 저편》, 25절.

그래서 '선택된 인간auserlesene Mensch', 후각이 뛰어난 인간은 본능적으로 나쁜 냄새가 나는 곳을 피하려 든다. 다시 말해 군중에서 멀어지려 한다. 그는 군중을 경멸하고 스스로를 대단하게 여기면서 자신만의 은밀한 성에 들어앉는다. 그런데 니체는 아무리 고결한 자라도 자기만의 성에 숨어서는 진정한 인식자가 될 수 없다고 말한다. 진정한 인식자라면 성 '아래로' 내려가야 하고 사람들 '속으로' 들어가야 한다.

진정한 인식자라면 평범함을 기이함으로 보는 눈을 가져야 한다. 척도나 규칙, 평균에서 예외보다 더 큰 홍미를 느껴야 한다. 그러고는 가면을 쓰고 위장한 채 '불편한 교제' 속으로 들어가야 한다. 니체의 표현을 빌리자면 이것은 "모든 철학자 생애사에서 필수불가결한 장章"이다.[6] 즉 철학자의 생애에는 반드시 불편하고 악취 나는 곳에 뛰어든 시간이 있어야 한다. 자신만의 '은밀한 장소'로 퇴각해서는 철학자가 될 수 없다.

척도, 규칙, 평범을 연구할 때 운이 좋다면 철학자는 냉소주의자를 도우미로 만날 수 있다. 철학자라면 냉소주의의 "저속한 영혼 속에 스쳐가는 성실한 그 무언가"를 포착해야 한다. 니체에 따르면 냉소주의자는 평범이나 규칙의 비속함을 알아차리는 사람이다. 비록 냉소적이기는 하지만 말이다. '구역질 나는 것에 섞여든 매혹적인 것', '가장 지저분한 인간'에 깃든 '가장 깊이 있고 예리한 인간'을 읽어낼 줄 알아야 한다. "사람들이 인간에 대해 '나쁘게' 말할 때 …… 인식을 사랑하는 사람은 이 말에 세심하게 열심히 귀를 기울여야만 한다."[7]

그러나 니체는 '분노하는 인간'에게서는 얻어들을 만한 것이 별로 없다고 말한다. 사람들은 분노에 휩싸였을 때 인식에서 멀리 떨어진다. 물론 자신과 세계, 신을 물어뜯는 분노하는 인간이 도덕적으로는 더 높이 평가

6) 《선악의 저편》, 26절.
7) 《선악의 저편》, 26절.
8) 《선악의 저편》, 26절.

받을 수 있다. 하지만 인식하는 자의 입장에서 보면 분노한 이만큼 "범속하고 무심하며 배우지 않으려 드는" 사람도 없다. "분노한 사람보다 더 많은 거짓말을 하는 사람은 없다."[8] 분노에 휩싸인 인간은 쉽게 바보가 되거나 거짓말하는 자가 되기 때문이다. 정말로 무언가를 바꾸고 싶다면 더욱 냉정해져야 한다.

02

스타일, 템포, 뉘앙스

앞서 말했듯이 어떤 작가와 작품의 이해 여부가 내용에만 달린 것은 아니다. 어쩌면 그보다 더 중요한 것은 스타일(문체, Stil)이다. 니체는 "어떤 사람이 자신의 길을 걷고 있는지는 걸음걸이를 보면 알 수 있다"라고 했다. "내가 걷는 것을 보라. 자신의 목표에 다가가는 자는 춤을 춘다."[9]우리는 걸음걸이와 표정을 봄으로써 말보다 더 많은 것을 알아낼 수 있다. 반대로 말해도 좋다. 누군가의 스타일, 템포tempo, 뉘앙스nuances 등을 알아채지 못한다면 우리는 그에 대해 이해하는 것이 거의 없다고. 니체는 스타일과 템포를 모른 채 어떤 작품을 옮겼다면 제아무리 "충실하게 뜻을 옮긴 번역이라 하더라도 …… 거의 위작"이라고 했다.[10]

9) 《차라투스트라는 이렇게 말했다》, 보다 높은 인간에 대하여, 17절.

10) 《선악의 저편》, 28절.

스타일이 틀리면 내용이 옳아도 위작이다

스타일(문체)이란 기호(특히 기호의 속도)를 통해 '내적 긴장'을 전달하는 것이다.※ 니체는 글의 템포의 중요성을 강조하며 이런 비유를 들었다. 모두가 '거북이걸음kurmagati', 기껏해야 '개구리걸음mandeikagati'으로 걷는 곳에서, '갠지스강의 흐름gangastrotogati'으로 걷는 사람이 있다면, 사람들은 좀처럼 그를 알아보지 못할 것이다.[12] 그런데 니체에 따르면 이것이 독일인이 마키아벨리N. Machiavelli나 아리스토파네스Aristophanes를 잘 읽지 못하는 이유이다. 독일인에게 익숙한 문체는 "장중한 것, 용해하기 힘든 것, 엄숙하고 둔중한 모든 것, 느리고 지루한 온갖 종류"이다. 그런데 마키아벨리의 《군주론》은 '플로렌스의 건조하고 맑은 공기'를 반영하듯 "쾌속조allegrissimo"로 쓰였다. 말이 질주하는 듯한 빠른 속도, 짓궂은 장난기를 독일인들은 견딜 수가 없다. 아리스토파네스의 경우도 마찬가지다. 그의 희극 작품들은 '바람처럼 자유로운 걸음걸이'를 하고 있다. 니체에 따르면 아리스토파네스의 작품이 그리스 사회에서 갖는 가치가 여기에 있다. 아리스토파네스의 경쾌한 발걸음 덕분에 그리스인들은 "병들고 사악한 세계의

※ "기호의 속도를 포함해 그 기호를 통한 파토스의 내적 긴장 상태를 전달하는 것—이것이 스타일(문체)의 의미이다; 그리고 나의 내적 상태들이 특출나게 다양하다는 점을 고려해보면, 내게는 수많은 스타일의 가능성이 있다—나는 이제까지 한 인간이 가질 수 있는 가장 다양한 종류의 스타일을 가지고 있다. 내적 상태를 정말로 전달하는 문체, 기호와 기호의 속도와 제스처를 …… 잘못 파악하지 않는 스타일이 좋은 스타일이다."[11]

11) 《이 사람을 보라》, 나는 왜 이렇게 좋은 책들을 쓰는지, 4절.

12) 《선악의 저편》, 27절.

수렁", "'고대 세계'의 수렁"을 넘어섰다.■

스타일, 템포, 뉘앙스 등을 읽지 못하는 사람의 독서는 난폭하다. '뉘앙스의 기술Kunst der Nuance'을 갖추지 못한 젊은이들의 미숙한 독서가 대체로 그렇다.[14] 이들은 진리와 가상이 단지 "음영과 색조의 차이"일 수 있음을 모른다(진리와 가상은 순교자처럼 양자택일할 것이 아니다).[15] 미묘한 음영과 색조의 차이를 알지 못한 채, 사람이나 사물에 대해 '예 아니면 아니오'로 달려들면 나중에 반드시 대가를 치른다. 아마도 시간이 지나면 젊은이들도 점점 섬세한 '뉘앙스의 기술'로 표현된 다른 이의 감정을 읽어낼 것이고, 자신들도 이런 기술의 사용법을 익힐 것이다. 물론 젊은이들의 영혼은 그리 쉽게 진정되지 않는 법이어서 섬세한 기술 없이 분노와 불신을 표출하고, 결국 자기를 향해 난폭하게 날뛰는 일도 많을 것이다. 니체는 뉘앙스를 읽지 못한 젊은 영혼에 대해 이렇게 말한다. "그 영혼은 얼마나 초조해하며 자기 자신을 찢어놓을까." 그러나 또 시간이 많이 지나면 사람들은 "이 모든 것이 여전히—젊음이었음을 깨닫게 된다"![16]

작가는 스타일로 독자를 고른다

작가와 작품을 이해하기 위해서는 스타일을 읽어내야 하지만, 스타일은

■ 신플라톤주의자인 올림피오도루스Olympiodorus가 《알키비아데스》에 붙인 주석에 따르면, 플라톤은 임종 시 자신의 책도 아니고, 피타고라스의 책도 아니며, 성서나 이집트의 책도 아닌, 아리스토파네스의 책을 '임종의 베개 밑'에 두었다고 한다. 니체는 "플라톤의 비밀스러움"이 여기서 드러난다고 말한다. 삶을 부정했던 플라톤도 아리스토파네스 덕에 삶을 견뎠던 것이다. "플라톤 또한 삶을—그가 부정했던 그리스적인 삶을—어떻게 견딜 수 있었겠는가,—아리스토파네스가 없었다면 말이다!"[13]

13) 《선악의 저편》, 28절.

14) 《선악의 저편》, 31절.

15) 《선악의 저편》, 25절, 34절.

16) 《선악의 저편》, 31절.

이해를 가로막는 것이기도 하다. '스타일'이라는 말의 어원인 라틴어 '스틸루스stylus'는 밀랍판에 무언가를 새길 때 사용하는 뾰족한 침이었다. 그것은 한편으로는 대상을 찔러 흔적을 남기지만 다른 한편으로는 자신에게 달려드는 것에서 스스로를 지키는 장치이기도 하다(마치 범선의 '충각'처럼 말이다 ▩). 말하자면 문체란 저자가 펜으로 찔러 남긴 흔적이지만(우리는 이 흔적을 통해서만 저자를 알아본다), 독자가 저자에게 함부로 접근할 수 없게 만든 방어막이자 가면이다(독일인이 이해할 수 없던 마키아벨리처럼).

그러므로 스타일(문체)은 독자 내지 청중을 택하는 장치로 기능한다. 니체는 이 점을 잘 인식하고 있었다. 그는 《즐거운 지식》에서 말했다. "글을 쓸 때 사람들은 이해되기를 원하는 동시에, 이해되지 않는 것도 원한다. 누군가가 책을 이해하지 못한다는 것이 그 책에 문제가 있음을 의미하지는 않는다. 이것이 바로 저자의 의도였다면 말이다.—즉 저자는 '어느 누군가'에 의해 이해되기를 바라지 않았던 것이다. 모든 고귀한 정신과 취향은 자신을 전달하려 할 때, 청중도 선택한다. 그는 청중을 선택함으로써, '다른 사람들'에게는 차단기를 내린다. 문체의 모든 섬세한 법칙

▩ "문체에 관한 문제는 언제나 하나의 날카로운 사물에 대한 검토이며, 그 무게를 재는 것이다. 때로는 깃털[펜] 하나의 무게를 재는 것이다. 또한 비수나 단검의 무게를 재는 것이기도 하다. 이들의 도움으로 철학은 물질이나 모태라는 이름으로 불리는 것을 잔인하게 공격해서 어떤 표시를 하거나 어떤 자국, 형태를 남길 뿐 아니라, 위협적인 형태를 배척하고 거리를 유지하고 밀어내며 경계를 하게 된다. …… 문체는 그러므로 에쁘롱eperons, 돛을 단 범선의 충각처럼 돌출할 것이다. 튀어나온 모양, 앞으로 튀어나온 이 돌기는 반대 표면을 가르는 공격을 분쇄한다." 17)

17) J. Derrida, *Eperons*, 김다은 · 황순희 옮김, 《에쁘롱: 니체의 문체들》, 동문선, 1998, 33~34쪽.

들은 여기에 그 기원을 두고 있다. 이 법칙을 통해 멀리하고, 거리를 두고, '출입', 즉 이해를 금하는 것이다.—반면에 우리의 귀와 친족 간인 사람들에게는 귀를 열어준다."[18)]

니체는 《이 사람을 보라》에서도 비슷한 이야기를 했다. "훌륭한 문체는 항상 그것을 들을 만한 귀가 있다는 것, 즉 자기와 같은 파토스를 가질 수 있고 또 그 파토스에 적합한 사람들이 있다는 것, 자기 자신을 전달할 사람이 없지 않다는 것을 전제한다."[19)※] 이 때문에 한 작품은 그것을 "들을 만한 소질이 없거나 그렇게 예정되어 있지 않은 사람들의 귀에, 허용되지 않는 방식으로 들리게 되면, 마치 바보처럼, 상황에 따라서는 범죄처럼 들릴 수 있다.—또한 그렇게 들려야 한다".[20)] 문체는 작가의 독자에 대한 취향이며 동료에 대한 선택인 것이다.

※ 퍼스펙티비즘이 작가가 어떻게 바라보느냐와 관련한다면, 스타일(문체)은 작가가 어떻게 표현하느냐와 관계한다. 퍼스펙티비즘에서 그러했듯이 우리는 스타일에서도 다양성을 발견할 수 있다. 97쪽 각주를 참고하라.

03

철학자의 권리와 양심

101

지금까지 우리는 철학자에게 니체가 건네는 충고들을 살펴보았다. 인식하는 자로서 철학자가 빠지는 위험들, 즉 '진리를 위한 순교'와 '사적 존재로의 전락', '세상에서의 도피'를 보았고, 인식에 있어 스타일, 템포, 뉘앙스 등의 중요성도 들었다. 이제부터 할 이야기는 인식하는 자로서 철학자가 마땅히 가져야 할 '권리'와 '의무', '양심'에 대해서다.

'나쁜 성격'은 철학자의 권리이자 의무이다

니체는 세계가 '가상'일지 모른다는 철학자들의 의심과 '직접적 확실성'을 믿는 철학자들의 순진함은 문제이지만, 그럼에도 자기 앞에 나타난 것을 의심하고 "**정직한** 대답"을 간절히 원하는 태

18) 《즐거운 지식》, 381절.

19) 《이 사람을 보라》, 나는 왜 이렇게 좋은 책들을 쓰는지, 4절.

20) 《선악의 저편》, 30절.

도에는 뭔가 귀중한 것이 있다고 이야기한다.[21] 바꾸어 말하면 진리만을 떠받들고 가상의 중요성을 이해하지 못하는 그들의 도덕적 선입견에는 "엿구리를 쥐어박"아야 하지만,■ 불합리함을 절대로 인정하지 않겠다는 고집에는 감동적인 것이 있다. 관건은 고집이 '도덕'을 넘어서까지 꺾이지 않고 진행될 수 있느냐이다.■■

이 점에서 철학자에게는 그야말로 " '나쁜 성격'을 가질 **권리**Recht auf 'schlechten Charakter'가 있다".[24] 때로는 바보처럼, 때로는 악마처럼 보일지라도, 철학자에게는 "불신해야 할 **의무**가 있으며, 의심의 심연에서 가장 악의적인 곁눈질을 해야 할 의무가 있다". 니체는 《서광》에서도 '철학자'를 '임신부'에 비유하며 의무와 권리를 말한 바 있다. 자기 안에 무언가 새로운 것을 키우는 사람은 좋은 것과 좋지 않은 것을 가려야 할 의무가 있다(예컨대 임신부는 자신이 먹을 것에 대해 철저히 의심해야 한다). 그뿐 아니라 임신부는 종종 다른 사람이 이해하기 힘든 기묘한 행동을 하는데, 철학자들 역시 이런 권리를 가져야 하고 또 행사해야 한다. 철학자라면 "결과가 사악하고 위험한 것이 될지라도 생성하는 자[무언가를 자기 안에 키우고 있는 자]에 대한 외경심이라는 측면에서, 판사와 사형집행인도 임신부에게 손대지 못하게 하는 세상의 정의에 뒤처지지 않도록" 해야 한다.[25]

■ "퍼스펙티브적 평가와 가상성에 바탕을 두지 않는 한, 삶이란 것은 전혀 존립할 수 없을 것이다. 만일 우리가 많은 철학자들이 가진 도덕적인 감격과 우매함으로 '가상의 세계'를 완전히 없애 버리려 한다면, 이제 그대들이 이것을 할 수 있을 것이라고 가정해보면,—그러면 최소한 이때 그대들이 말하는 '진리'라는 것 역시 더 이상 남은 것이 아무것도 없을 것이다!" 22)
■■ "인간이 이것[진리탐구]을 너무 인간적으로 추진해나간다면—'오로지 선을 행하기 위해서만 진리를 추구한다.'—단언하건대, 그는 아무것도 발견하지 못한다!" 23)

철학 정신의 위대함은 진리를 어디까지 견디어내느냐에 있다

니체 같은 도덕 비판가가 '정직'과 '양심'을 강조하는 것이 의외일지 모르겠다. 그러나 니체는 정직의 중요성을 여러 차례 강조했다. 예컨대 그는 《차라투스트라》에서 기독교인(신성함을 떠받드는 이들)은 의심을 죄로 몰아붙이고 "가장 새로운 덕인 '정직'을 몹시 미워"하지만, 건강한 신체는 "정직하게" 말하며, 정직을 통해 "대지의 뜻"을 전해준다고 했다.[26]■ 말하자면 정직은 가장 젊은 덕이고 대지에 가장 충실한 덕이다. 니체는 정직을 끝까지, 설령 그 과정에서 도덕과 충돌하더라도 꺾이지 않고 끝까지 밀고 가는 것을 '방법의 양심Gewissen der Methode', '방법의 도덕Moral der Methode'이라 불렀다.[28]

철학자라면 악당이나 바보로 불릴지라도 꿋꿋하게 '진리'를 견뎌내야 한다. 정신의 위대함은 "얼마나 '진리'를 견뎌내느냐"에 달려 있다. 얼마나 많은 진리를 어디까지 견디어낼 수 있는가. 아마도 '진리'를 은폐하거나 부드럽게 만들려는 온갖 회유와 강압이 안팎에서 일어날 것이다. 그것을 어디까지 물리칠 수 있느냐로 우리는 정신의 강도를 잴 수 있다.[29] 니체의 표현을 빌리면 이

■ '정직'은 니체가 역사적 인물 '차라투스트라'를 자기 책의 제목으로 사용한 이유이기도 했다. 역사적 차라투스트라는 도덕적 세계관을 도출해낸 인물이지만 무엇보다 '정직'을 가르쳤던 사람이다. 니체는 자신이 차라투스트라를 통한 차라투스트라의 극복을 보여주려 했다고 말한다. 정직을 통해서 말이다. "정직에서 나오는 도덕의 자기극복, 도덕주의자들의 자기의 대립물로의 자기극복—내 안으로의 자기극복—, 이것이 내 입에서 나온 차라투스트라라는 이름이 의미하는 바이다."[27]

21) 《선악의 저편》, 3절.

22) 《선악의 저편》, 34절.

23) 《선악의 저편》, 35절.

24) 《선악의 저편》, 34절.

25) 《서광》, 552절.

26) 《차라투스트라는 이렇게 말했다》, 저편의 또 다른 세계를 신봉하고 있는 사람들에 대하여.

27) 《이 사람을 보라》, 왜 나는 하나의 운명인지, 3절.

28) 《선악의 저편》, 36절.

29) 《선악의 저편》, 39절.

것이야말로 '살아 있는 영혼의 시금석'이다.[30] 진리의 한 부분이라도 발견하려면, 철학자에게는 악마까지 자처하는 강한 정신이 필요하다. 그리고 이런 철학자※에게는 혹독한 환경이 더 유리할 것이다.[32] 그런 곳에서 더 잘 살아남고 눈에 더 잘 띄기 때문이다.

철학자가 정직하다는 것은 또한 사물을 냉정하게 본다는 뜻이기도 하다. 니체는 철학자라면 누구보다 현실을 환상 없이 냉정하게 볼 줄 아는 사람이어야 한다고 했다. 그는 스탕달Stendhal의 말을 인용한다. "훌륭한 철학자이기 위해서는 환상 없이 냉정하고 명석해야 한다. 재산을 모은 은행가는 철학적 발견을 위해 요구되는 성격의 한 부분을 가지고 있는데, 그것은 실상을 있는 그대로 명확히 보는 것이다."[33] 루쉰도 레오나르도 다빈치에 대해 니체와 비슷한 이야기를 한 적이 있다. "레오나르도 다빈치는 대단히 예민한 사람이었지만 사람이 죽음을 맞이할 때의 공포와 고민의 표정을 연구하기 위해 목을 베는 장면을 구경했다. 그러나 중국의 문학가들은 미친 듯이 외치지도 않지만 이렇게 냉정하지도 않다."[34]

절벽 앞일지라도 말고삐를 당기지 마라

그런데 철학자가 '진리'를 견디며 끝까지 나아가다 보면, 진리가 아니라 자기 자신을 견딜 수 없는 때가 온다. 말하자면 "인식하는 자의 자기파멸"이 있다.[35] 이것은 '진리를 위한 순교'와도 다르고, '기독교적 순종의

※ 니체는 여기서 자신이 사용한 '철학자'라는 말이 철학책이나 쓰는 부류를 말하는 게 아니고, '자유정신'을 가진 이라는 점을 덧붙인다.[31]

30)《선악의 저편》, 32절.

31)《선악의 저편》, 39절.

32)《선악의 저편》, 39절.

33)《선악의 저편》, 39절.

34) 루쉰, 이주노 · 박자영 · 루쉰전집번역위원회 옮김, 〈문득 생각나는 것 11〉, 《루쉰전집 4: 화개집 · 화개집속편》, 그린비, 2014.

35)《선악의 저편》, 39절.

원리'※와도 다르다. 진리를 위해 혹은 진리의 이름으로 자기를 불신하고 박해하는 것이 아니다. '인식하는 자의 파멸'이란 진리를 견디어가면서 자신을 끊임없이 극복해가는 것이다. 진리를 위한 순교나 기독교적 순종이 자기포기나 자기불신에서 나온 것인 반면, 이것은 자기극복과 자기변형의 힘이 자기 안에 있음을 긍정하는 데서 나온다.

푸코는 니체의 계보학을 다룬 중요한 논문에서 이 주제를 다룬 바 있다. 그는 니체의 '인식하는 자의 자기파멸'을 '주체의 죽음'과 연결 지었다.[37] 그에 따르면 니체는 한편으로 진리를 추구한다는 이유로 삶을 희생하는 철학자들의 열정을 비판했다. 하지만 다른 한편으로 이러한 희생을 "완전히 다른 목적을 위해" 재검토했다. 진리라는 이름으로 삶을 단죄하고 과거를 심판하는 게 아니라, '앎의 의지'의 끝없는 전개 과정에서 주체가 그 자신을 극복하는 것이다. 푸코는 이를 "자신으로부터 벗어나게 해주는 호기심"이라고 불렀다. 그리고 이것이야말로 "철학의 살아 있는 본체"라고 했다.※※ 《차라투스트라》에서의 니체 표현을 빌리자면, 창조하는 자들의 삶에는 "쓰디쓴 죽음이 허다하게 있어야 한다".[39]

※ 푸코에 따르면, 5~6세기 수도원 제도가 발전하면서 기독교에는 '순종의 원리'가 자리를 잡았는데, 이 원리에 따르면 개인은 결코 자기구원의 주체가 될 수 없다(그렇게 생각하는 것은 교만이다). 오히려 개인은 신을 두려워해야 하며 자기 자신을 악을 저지르기 쉬운 존재로 보고 끊임없이 감시해야 한다. 구원은 이러한 자기불신과 자기포기를 통해서만 가능하다.[36]

36) M. Foucault, *Le courage de la vérité*, Gallimard/Seuil, 2009, pp. 304~305.

37) M. Foucault, translated by D. F. Bouchard and S. Simon "Nietzsche, Genealogy, History", *Language, Counter-Memory, Practice*, Cornell University Press, 1977.

39)《차라투스트라는 이렇게 말했다》, 행복한 섬에서.

보라,
난 끊임없이 자신을
극복해야 하는
존재다

끝까지 정직할 수 있다면 우리는 우리를 한계 짓는 경계선을 넘어설 수 있다. 나를 극복하는 것은 나 자신이다. 이것이 니체가 이야기하는 삶의 법칙으로서 '자기극복'이다. "삶은 이 비밀도 내게 직접 말해주었다. 그는 말했다. '보라, 난 끊임없이 자신을 극복해야 하는 존재다'."[40] 누구보다 도덕을 강하게 비판한 니체는 도덕도 마찬가지라고 했다. 도덕도 도덕에 의해, 곧 '정직에 대한 요구' 속에서 극복될 것이라고. "도덕을 극복한다는 것은 어떻게 보면 도덕의 자기극복이기도 하다. …… 이것은 오늘날 가장 섬세하며 정직하고 또한 악의적이기도 한 양심에게, 살아 있는 영혼의 시금석으로 보존된 저 오랫동안의 비밀스러운 작업을 나타내는 이름이 될 수도 있을 것이다."[41] 관건은 우리가 어떤 절벽 앞에서도 굴하지 않고 계속 달릴 수 있는지, 달리는 말의 고삐를 당기지 않을 수 있는지이다.■■■

■■ "나를 충동질한 동기로 말하자면 그것은 아주 단순했다. …… 그것은 호기심인데, 어쨌든 유일하게 약간은 고집스럽게 실행될 만한 가치가 있을 그런 유의 호기심이다. 알아야만 하는 것을 제 것으로 만들고자 하는 호기심이 아니라 자기 자신으로부터 벗어날 수 있게 해주는 호기심, 앎에 대한 열정이 …… 아는 자의 일탈을 확실히 해주지 않는다면 무슨 소용이 있겠는가?" " '시도'—이것은 …… 진리놀이 속에서의 자기 자신의 변형의 시험이다—란 철학의 살아 있는 본체이다."[38]

■■■ 다음은《선악의 저편》제7장에 나오는 한 대목이다. "절제라는 것은 우리에게 낯선 것이다. 우리는 이것을 실토하자. 우리의 욕망은 바로 무한한 것, 한도 없는 것의 욕망이다. 우리는 숨 가쁘게 앞으로 달리는 말 위에 탄 기사처럼 무한한 것 앞에서 고삐를 놓아버리자. 우리 현대인들, 우리 반야만인들.—우리는 가장 심한—위험에 처하게 될 때, 그곳에서 비로소 우리 자신의 지복 속에 있게 된다."[42]

38) M. Foucault, 문경자·신은경 옮김,《성의 역사 2: 쾌락의 활용》, 나남, 1990, 22~23쪽.

40)《차라투스트라는 이렇게 말했다》, 자기극복에 대하여.

41)《선악의 저편》, 32절.

42)《선악의 저편》, 224절.

04

힘에의 의지

니체가 '힘에의 의지Wille zur Macht' 개념에 도달한 것도 이런 일관성을 통해서였다. 앞서 말한 '방법의 양심' 내지 '방법의 도덕'에 입각한 것이다.[43] 그는 "하나의 원인으로 [설명을] 충족하려는 시도가 그 한계(감히 말한다면 불합리한 상태)에 이르지 않는다면" 다른 원인을 끌어들여서는 안 된다고 했다. 즉 자신의 생각이 어떤 불합리에 부딪치지 않는 한, 설령 그것이 우리 도덕이나 법, 통념에 위배될지라도 계속 밀고 가야 한다는 것이다.

니체는 자신이 '힘에의 의지' 개념을 떠올린 과정을 예로 든다. 앞서 말했듯 그는 철학을 하나의 기호로서, 곧 배후의 충동이나 의지를 말해주는 기호로서 간주했다. 즉 철학을 읽어낸다는 것은 배후의 충동이나 의지를 읽어낸다는 뜻이다. 니체는 이런 시각을 인간을 넘어 유기체로까지 확대할 수 있는지, 더 나아가 아예 생명이 없는 사물의 움직임에까지 확대할 수 있는지를 타진한다.[44] 과연 일반 유기체의 삶, 심지어 생명 없는 사

43)《선악의 저편》, 36절.

44)《선악의 저편》, 36절.

물의 운동까지를 충동을 통해 이해하는 것이 가능할까. 우리의 실재가 "충동들의 실재Realität 외에 다른 것이 아니라면", 이런 실재를 인간이 아닌 다른 존재까지 확대할 수 있을까. 어떤 불합리에 부딪치지 않는다면 그것을 밀고 나가는 것이 정직하고 양심적일 터.

니체에 따르면 유기체의 자기조절, 동화, 영양 섭취, 배설, 신진대사 등의 기능은 '충동의 삶Triebleben'으로 이해할 수 있다. 고등생명체는 물론이고 아메바와 같은 단순 생명체의 경우에도 그들의 움직임을 충동에 따른 것이라 주장해도 불합리한 것은 아니다. 이를테면 아메바가 영양분을 흡수할 때 식욕에 따른 것이라 말해도 불합리하지 않다는 뜻이다. 게다가 생명체의 다양한 기능은 각각 분화된 충동들로 이해할 수 있으며(입을 말하거나 먹는 욕구, 항문을 배설하는 욕구와 관련짓는 식), 이 충동들이 원래는 하나의 통일된 충동(이를테면 삶의 충동)에서 비롯했다고 생각해도 불합리한 것은 아니다.

힘 개념은 불충분하다

니체는 한 발 더 나아가 이것을 무생물의 세계, 기계적이고 물질적인 세계를 설명하는 원리로까지 진행할 수 있는지를 검토한다.[43] 여기서 니체는 세계를 일종의 '작용'으로 이해하는 한에서 물리학자가 내놓은 '힘Kraft' 개념은 불충분하다고 말한다.[44]

1885년에 작성한 니체의 유고에는 다음과 같은 대목이 있다.

"'힘Kraft'이라는 우쭐한 개념－이 개념으로 우리의 물리학자는 세계에서 신을 창조했는데－은 여전히 보완될 필요가 있다. 그것[힘 개념]은, 내가 '힘에의 의지'로서, 즉 힘(능력, Macht)의 표명에 따른 지치지 않는 요청으로, 혹은 힘Macht의 사용이나 실행으로, 창조적 충동 등으로 표현하는, 내적 세계에 배당되어야 한다. 물리학자들은 '원격작용Wirkung in die Ferne'을 자신들의 원리에서 제거할 수 없다: 반발력(혹은 견인력)도 마찬가지다. 그것은 별 도움이 되지 않는다: 우리는 모든 운동, 모든 '현상', 모든 '법칙'을 단지 어떤 내적 사건의 징후Symptome eines innerlichen Geschehens로서 파악할 수밖에 없으며, 종국적으로는 인간의 유비Analogie를 이용할 수밖에 없다. 동물에 있어서 그 모든 충동들을 힘에의 의지로부터 이끌어내는 일은 가능하다: 유기체적 생명의 모든 기능을 이러한 하나의 원천에서 끌어내는 것도 마찬가지다."[46]

사실 물리학적 '힘Kraft'은 그 자체로 매우 형이상학적 개념이다. 물리학자들은 종종 '힘'을 물리적 현상의 '원인'으로서 제시하지만, '힘'은 현상

■ 프로이트는 니체의 이런 생각을 더 발전시킨 것처럼 보인다. 그는 충동을 인간을 넘어선 세계까지 적용했다(어떤 점에서 그에게 세계는 충동들의 세계이다). 예컨대 생명을 지향하는 충동으로서 '에로스'와 물질을 지향하는 '죽음 충동'을 통해 생명현상을 이해하려 했다.[45]

■■ 여기서 니체가 비판한 물리학자의 '힘Kraft' 개념과 '힘에의 의지'에서 사용된 '힘Macht' 개념은 다르다. 나는 후자가 '능력' 내지 '역량(고정된 현실 양으로서가 아니라 잠재력으로서)'에 가깝다고 이해한다. 불행히도 우리는 니체가 섬세하게 구분하는 두 단어를 모두 '힘'이라는 말 하나로 옮기고 있다. '권력에의 의지'는 '힘에의 의지'만큼이나 많이 유통된 번역어인데, 'Macht'가 '정치적 권력'으로 오해될 여지가 있어 마땅한 번역어가 아니다. 지금으로서는 일단 '힘에의 의지' 개념을 사용하지만, 이것이 '물리적 힘', '역학적 힘'과 구분해(일종의 보완으로서) 나온 개념임을 잊지 말아야 한다.

45) S. Freud, 윤희기·박찬부 옮김, 〈쾌락 원칙을 넘어서〉, 《정신분석학의 근본 개념》, 열린책들, 2003.

46) 《힘에의 의지》, 619절; 《유고(1884년 가을~1885년 가을)》, 1885, 36[31].

에 대한 기술이지 현상의 원인이 아니다. "힘이 한 번이라도 증명되었던가? 아니다. 아주 낯선 언어로 번역된 작용들(효과들, Wirkungen)이 있었을 뿐이다."[47] 사과가 왜 떨어졌는가라는 물음에 '어떤 힘(중력)'이 당겼기 때문이라 한다면 우스꽝스러운 답변이 될 것이다. 그 힘(중력)은 특정한 질량을 가진 사과가 어떤 속도(가속도)로 떨어진 현상의 기술이지 원인의 기술이 아니다. 설령 그렇게 측정한 힘을 다시 원인처럼 말하더라도('중력이 당겨서'라고 말하더라도), 이는 '번개가 친다'라는 말처럼 동어반복일 뿐이다. 두 번의 번쩍임 중 첫 번째를 '번개'라고 명명한 뒤 두 번째를 주체의 활동으로 생각하는 것처럼 말이다.

과학이란 세계에 대한 설명이 아니라 세계에 대한 하나의 해석이다. 과학은 단지 세계를 '표상 가능하게vorstellbar' 만들 뿐이다. 즉 물리적 '힘'은 기술이고 해석이지 원인이 아니다. 게다가 우리는 역학적 인력이나 척력을 상상할 수는 있지만, 독립적으로 존재하는 주체로서 '힘'이라는 것을 따로 상상할 수 없다. 니체는 이런 개념에는 결코 "학문적 시민권을 부여해서는 안 된다"고 주장한다.[48] 인력이든 척력이든, 이런 힘들은 현상이고, 작용이며, 파생물이다. 일차적인 것이 아니며, 이 힘들을 품기도 하고 발산하기도 하는 어떤 것Etwas을 전제한다.[49]

47) 《힘에의 의지》, 620절; 《유고(1884년 가을~1885년 가을)》, 1885, 2[159].

48) 《힘에의 의지》, 621절; 《유고(1884년 가을~1885년 가을)》, 1885, 2[88].

49) 《힘에의 의지》, 622절; 《유고(1884년 가을~1885년 가을)》, 1885, 2[105].

힘에의 의지 외엔 아무것도 아니다

여기서 니체는 '어떤 것Etwas'이라 말했지만 엄밀히 말해 그것은 어떤 '사물'이 아니다. 니체는 그것을 '사건'이라 부른다. 힘의 발산은 안에서 어떤 일이 일어났기 때문에 이뤄진다. 위에서 길게 인용한 유고 속 표현을 빌리자면, 물리학자들이 측정하는 다양한 '힘'은 "어떤 내적 사건의 징후"로 받아들여야 한다.[50] 니체는 힘으로 표상되는(그래서 우리가 힘을 통해 읽어내야 하는) 이 '내적 사건'을 힘의 발생 원리라 부르며, '힘에의 의지'라는 이름을 붙였다. 요컨대 힘들은 '힘에의 의지'를 나타내는 기호이자 증상이고 징후이다.

니체가 물리적 현상에까지 '의지'라는 말을 붙인 것은 니체 스스로 말했듯이 '인간의 유비'이다. 하지만 이때 '의지' 개념을 인간적인 것으로 이해하면 안 된다. 사물을 의인화해 인간적 정신 작용이 사물에게도 일어난다는 식으로 받아들이면 안 된다는 것이다. '힘에의 의지'는 힘들 안에서 일어나는 사건이지, 힘 바깥에서 힘들을 규율하는 독자적 실체가 아니다. 인간의 다양한 인식과 활동을 인간 내면의 사건(우리가 '충동'이나 '의지'라고 부르는 사건)의 표현으로 볼 수 있듯이,※ 물리적 세계의 힘들 관계에서도 힘 내부에서 일어나고 힘으로 발산되는 '사건'을 가리키기 위해 비유적으로 '의지'나 '충동'이란 말로 쓴 것이다.

※ 충동, 의지, 욕망, 정서 등은 모두 '힘에의 의지'의 다른 이름들이다. 그리고 이것들은 모두 우리 내면에서 일어난 사건을 가리킨다. 무언가를 먹고 싶든, 누군가를 사랑하든 우리 안에서 어떤 일이 일어난 것이다.

50) 《힘에의 의지》, 619절; 《유고(1884년 가을~1885년 가을)》, 1885, 36[31].

51) 《선악의 저편》, 36절.

지금까지 '힘에의 의지' 개념을 설명하면서 이야기가 너무 길어지고 말았지만, 앞 절의 논의와 이어보자면 니체가 말하려는 바는 이것이다. 하나의 가설을 세우고 설명을 시도할 때 우리는 멈추지 말고 끝까지 가야 한다. "이것은 …이며, 그 외에 아무것도 아니다"라고 단호하게 말할 수 있도록 말이다. 이렇게 말하는 니체처럼. "이것은 '힘에의 의지'이며 그 외에 아무것도 아니다."[51]

05

도래할 소수를 위하여

니체가 제2장의 제목으로 잡은 '자유정신'은 이처럼 끝까지 밀고 가는 정신과 관계한다. 그는 자신이 말하는 '자유정신'의 소유자와 유럽과 미국의 소위 '자유사상가(libres penseurs, libripensatori, Freidenker)'를 혼동하지 말라고 했다.[52] 그에 따르면 '자유사상가'가 표방하는 자유의 이미지란 기껏해야 저 푸른 초원의 행복("푸른 목장의 행복")에 불과하다. 모두가 자유를 노래하지만 그것은 지극히 평범하고 대중적이고 다수적인 것, 모든 사람이 떠받들어대는 것들, 이를테면 명예, 돈, 관직, 관능 등을 '자유롭게' 추구하는 것에 지나지 않는다. 114

그러나 '자유정신'의 소유자는 이와 반대다.■ 이들은 오히려 '고독한

■ "유럽적이고도 미국적인 '자유사상가' 유형은 모두 오늘날까지도 내게는 가장 낯설고 나와 가장 덜 유사하다. '현대적 이념'을 가진 교정 불가능한 멍청이와 어릿광대인 그들과 나 사이에는 그들과 그들의 여타 대립자 사이에 놓인 간격보다 더 깊은 간격이 가로놓여 있다."[53]

52) 《선악의 저편》, 44절.

53) 《이 사람을 보라》, 반시대적 고찰, 2절.

인간', '침묵하는 인간', '묵묵히 걸어가는 인간'이다. 자기 생각을 묵묵히 끝까지 밀고 가보는 것. 자신의 사고실험을 자기멸망을 초래할 위험이 있는 곳까지 밀고 가보는 것. 자유정신의 소유자는 한마디로 자신을 실험하는 사람이다. 이 시도가 "사람들이 할 수 있는 놀이 가운데 가장 위험한 놀이일지라도" 말이다.[54] 니체는 '미래의 철학자'의 또 다른 이름이 '시도하는 자Versucher'라고 했다.[55] '미래의 철학자', '도래하는 철학자'란 '미래에서 온 사람'이라기보다 '미래를 열어가는 사람'이기 때문일 것이다. 서장에서 '선지자'와 '메시아'의 수렴을 말한 것처럼, '미래에서 온다'와 '미래를 연다'는 서로 수렴한다.

나를 극복함으로써 나의 독특성에 이른다

중요한 것은 '자기멸망'을 초래할지 모르는 이러한 시도가 '자기보존'과 결합되어야 한다는 점이다. 말하자면 '자기멸망'이 단순한 '자기부정'과 '자기파괴'가 아니라 '자기강화', '자기극복'이어야 한다. 그래서 니체는 우리가 어딘가에 매여 자신을 희생하고 있지 않은지 살피라고 말한다. 누군가에게 의존하는 것은 아닌지(사람은 사람에게 "감옥이며 후미진 구석이다"), 국가에 매달리는 것은 아닌지, 특정 학문에 의지하는 것은 아닌지, 심지어 나 자신의 해방에 목매는 것은 아닌지, 낯선 세계에 대한 동경에 시달리는 것은 아닌지, 나는 나 자신에게 물어야 한다. 스스로를 잃고

54) 《선악의 저편》, 41절.

55) 《선악의 저편》, 42절, 44절.

'손님을 후대하듯' 자기를 다 써버려서는 안 된다. 만약 그렇게 되면 우리는 그런 덕의 희생물이 될 것이다.[56] 그러므로 우리는 나를 되찾는 방식으로, 나를 강화하는 방식으로, 나의 멸망을 시도해야 한다.

나의 죽음이 나의 극복이 되도록 해야 한다. 내가 새라면, 내가 정신의 비행사라면, 어디까지 날아갈 수 있는지, 나를 한정 짓는 '사유의 경계석들'을 얼마나 더 멀리 옮겨놓을 수 있는지 시험해야 한다.[57] 나를 극복한 곳이 나를 드러내는 곳이다. 다시 말해 나를 극복한 곳에서 나의 특이성, 나의 독특성이 드러난다. 그때만이 우리는 "나의 판단은 나의 판단이다"라고 말할 수 있다.[58] 이러한 특이성과 독특성은 제1장에서 본 것처럼 독단성의 반대다. 독단성이 자기 퍼스펙티브를 모두의 퍼스펙티브로 만들려는 시도라면(독단성은 일반성과 관계한다), 특이성은 자신만이 도달할 수 있는 퍼스펙티브에 이르는 것이다(특이성은 차라리 고독과 관계한다).

황태자를 위한 고전 — 귀한 것은 귀한 사람을 위해 있다

니체의 자유정신은 강자, 소수자가 수렴하는 곳이기도 하다. "독립적으로 존재한다는 것unabhängig zu sein은 극소수의 문제Sache der Wenigsten다:— 그것은 강자의 특권이다."[59] 《즐거운 지식》에서 니체는 자유정신이란 무엇보다 '명령하는 자'의 정신이라고 했다. 제아무리 강한 확신을 가졌다 해도 누구에게 '명령을 받아서는' 기껏해야 '신도'가 될 뿐이다.* 자유정신을 결정하는 것은 신념의 확고함이 아니다. 더 중요한 것은 명령하는 자의 정신, 강자의 정신이다. 그리고 자유는 스스로 획득해야 한다. 말하자면 사람은 자신의 힘으로 자유로워져야 한다.■■ 자유정신이 자기 자신을 되찾는 일과 같다는 것은 이런 의미에서다.■■■

그런데 니체는 이것을 '극소수의 문제'라고 했다. 나는 이 말을 사람 수의 문제라고 생각지 않는다. 니체가 말한 극소수, 즉 '매우 드문 이들'이란 오히려 '독특성' 내지 '특이성'과 관계한다. 이와 관련해 들뢰즈G. Deleuze와 가타리F. Guattari의 '소수성' 정의를 참조해보자.[63] 둘은 '소수성'을 숫자의 문제가 아니라 한 사회를 지배하는 척도와의 거리로 정의했다. 숫자가 얼마냐에 상관없이 우리 사회를 지배하는 척도, 이를테면 남성, 백인, 기독교, 이성애 등등에서 얼마나 많이, 얼마나 멀리 떨어졌느냐에 따라 소수성이 정해진다는 것이다. 니체의 자유정신도 마찬가지다. 그것은 척도, 평균, 다수, 소란 등등과의 거리이다. '독립적으로 존재'한다는 것은 이러한 거리의 다른 말이고, 이 거리가 독특성과 소수성을 정의한다.

56) 《선악의 저편》, 41절.

57) 《서광》, 575절.

58) 《선악의 저편》, 43절.

59) 《선악의 저편》, 29절.

■ "자신이 명령받아야 한다는 근본신념에 다다르면 그는 '신자gläubig'가 된다. 그런데 이와 반대로 자기결정Selbstbestimmung의 힘과 쾌감, 모든 신앙과 확실성에 대한 소망에 결별을 고하는 의지의 자유, 마치 그 자신은 약한 줄과 가능성 위에 설 수 있고 [심지어] 심연 위에서 춤까지 출 수 있다는 그런 정신. 바로 그 정신이 무엇보다 자유정신이다."[60]

■■ "자유로운 인간은 선할 수도 악할 수도 있다. 그러나 자유롭지 못한 인간은 자연의 수치이며, 하늘의 위안도 지상의 위안도 얻지 못한 것이다. 결국 자유롭게 되고자 하는 모든 인간은 자기 자신을 통해 그렇게 되어야만 한다. 자유는 그 누구에게도 기적의 선물처럼 하늘에서 떨어지지 않는다."[61]

■■■ "자유정신은 스스로 자기 자신을 다시 소유하는 자유롭게 된 정신이다."[62]

60) 《즐거운 지식》, 347절.

61) 《즐거운 지식》, 99절.

62) 《이 사람을 보라》, 나는 왜 이렇게 좋은 책들을 쓰는지—인간적인 너무나 인간적인, 1절.

63) G. Deleuze and F. Guattari, 김재인 옮김, 《천 개의 고원》, 새물결, 2001, 897쪽.

모든 귀한
것은
귀한 사람을
위해
있다

니체는 소수에 대한 기다림이 고귀한 자에 대한 기다림이라는 것을 문헌학자의 작업에 빗대 말하기도 했다. "문헌학은 가치 있는 책들을 제대로 이용할 줄 아는 사람이 극히 드물지만 없지는 않다는 것을 (비록 사람들이 그를 알아보지는 못할지라도) 전제한다. 이런 사람은 아마도 그런 책들을 스스로 저술하거나, 저술할 수 있는 자일 것이다. 내가 말하려는 바는 문헌학은 지금은 존재하지 않지만 미래에 언제라도 '도래할' 소수의 사람들을 위해 엄청난 양의 까다롭고 심지어 더럽기까지 한 일을 미리 행한다는 고귀한 믿음을 전제한다는 것이다. 이 모든 것은 '황태자를 위한 고전 usum Delphinorum'을 만드는 작업이라 할 수 있다."[64]

문헌학자와 황태자. 선지자와 메시아. 자유정신가와 미래의 철학자. 후자를 기다리며 전자는 작업하고 시도한다. 그러면서 한없이 후자에 다가간다. 강력한 호기심과 대단한 소화력, 예민한 감각과 섬세한 손가락으로 자신만의 진리, 소수의 진리, 독특한 진리를 세공한다.※ "모든 귀한 것은 귀한 사람을 위해 있다."[66] 그는 귀한 것을 만들면서 귀한 사람이 되어간다.

※ "우리는 심지어 궁핍이나 자주 변하며 엄습하는 병에 대해서조차 감사하다. 왜냐하면 그것은 항상 우리를 어떤 규칙이나 '선입견'에서 해방시켜주기 때문이다. 우리 안에 있는 신, 악마, 양, 벌레에게 감사하며 악덕에까지 호기심을 갖게 되고 잔인할 정도로 몰두하는 탐구자가 된다. 포착할 수 없는 것을 아무 생각 없이 모색하는 손가락을 가졌고 소화할 수 없는 것을 소화해내려는 이와 위를 가졌다. 이것은 이미 날카로운 통찰력과 예민한 감각을 요구하는 수공업적 작업이 되며, 넘치는 '자유의지' 덕분에 어떤 모험도 맞이할 준비가 되어 있다."[65]

64) 《즐거운 지식》, 102절.

65) 《선악의 저편》, 44절.

66) 《선악의 저편》, 43절.

푸른 이끼가 많이 낀 낡은 포도주통처럼

그런데 왜 넘치는 자유정신을 가진 자가 은둔자의 형상을 취하는 걸까. 왜 그는 표면에 나타난 영혼과 다른 영혼을 배후에 감추고 있는가.[67] 니체는 어떤 수줍음 때문이라 말한다.[68] 사람들은 교활함Arglist 때문에만 가면을 쓰는 게 아니라 수줍음 때문에도 가면을 쓴다. 무엇보다 자기 안에서 무언가가 무르익고 있음을 느끼는 존재, 아직 미숙하지만 숙성을 향해 나아가는 존재는 사람들과 거리를 유지하려 한다. 니체는 이를 푸른 이끼가 낀 포도주통에 비유했다. "귀중하고 손상되기 쉬운 어떤 것을 숨기고 있어야 할 사람은 무거운 쇠테가 박히고 푸른 이끼가 많이 낀 낡은 포도주통처럼 평생을 투박하게 둥글둥글 굴러다닌다."[69] "자기 내부에서 …… 미래가 분투하는 자들", 항아리 속에서 무언가가 익어가며 거품을 내고 있는데 아직은 다 무르익지 못한 자들, 뛰어오르기는 하지만 아직 도약에는 성공하지 못한 호랑이들[70]이 있다. 이 '시도하는 자'는 부끄러움과 수줍음 때문에 가면을 쓴다.

이런 '심오한 정신'이 쓴 가면은 이를 오해하는 자들 때문에 더욱 자라기도 한다.[71] 하지만 오해받는 것이 꼭 나쁜 일은 아니다. '우리 이해하기 어려운 자들', 니체는 자부심을 담아 그렇게 말했다.■ 앞으로 멀리 뛰기

■ "우리 이해하기 어려운 자들.─우리가 우리를 오해하고 오인하고 혼동하고 폄훼하고 잘못 듣고 흘려듣는 것에 대해 한탄한 적이 있던가? 바로 이것이 우리의 운명이다. …… ─이것은 또한 우리의 탁월함이기도 하다. …… 사람들은 우리를 혼동한다.─우리가 성장하고, 지속적으로 변화하며, 낡은 껍질을 벗어버리기 때문이다. 우리는 매년 봄마다 새 껍질을 입으며, 점점 더 젊어지고, 미래적으로 되고 높아지고 강해진다."[72]

67) 《선악의 저편》, 44절.

68) 《선악의 저편》, 40절.

69) 《선악의 저편》, 40절.

70) 《차라투스트라는 이렇게 말했다》, 보다 높은 인간에 대하여, 14절, 15절.

71) 《선악의 저편》, 40절.

72) 《즐거운 지식》, 371절.

73) 《선악의 저편》, 44절.

위해 뒤로 멀리 물러난 이들, 가장 먼 곳을 겨냥하기 위해 활시위를 반대 방향으로 가장 멀리 당긴 이들, 누구보다 멀리 나아간 '전경'과 깊이 들어간 '후경'을 가진 이들, 가장 많은 시도 속에 가장 많이 축적한 이들, 가장 낭비하는 듯하지만 가장 많이 수집한 이들, 가장 밝은 곳에 가장 깊은 어둠을, 대낮에 한밤을 감추어 둔 이들. 니체는 이들 "빛의 외투 안에 숨어 있는 은둔자"를 또한 자유정신이라 했다. 그리고 이 자유정신을 가진 이들에게 도래할 새로운 철학자들 또한 같은 존재라고 했다. "그대 다가오는 존재들이여, 아마 그대들 또한 이와 같은 존재가 아닌가, 그대 다가오는 존재들이여? 그대 새로운 철학자들이여?"[73] 그러니 결국 자유정신이란 서로 같은 존재의 만남, 다가서는 나와 다가오는 나의 만남, 나 자신에 대한 나의 기다림이 아니고 무엇이겠는가.

제3장

악순환인 신

01

십자가에 매달린 신

125 제3장에서 우리가 다룰 주제는 종교이다. 그런데 니체는 장의 제목을 '종교의 본질'이 아니라 '종교적 본질(종교적 존재, Das religiöse Wesen)'이라고 달았다. 종교의 본질을 파헤치는 것이 아니라 인간의 종교적 본질 내지 본성을 다루겠다는 뜻이다. 바꾸어 말하면 니체는 종교적 존재로서 인간, 즉 '종교적 인간homines religiosi'을 다루려 한다. 종교적 존재로서 인간은 어떤 내적 체험을 지녔는가(특히 기독교와 관련하여). 인간 영혼은 얼마나 높이, 얼마나 깊이, 얼마나 멀리까지 체험해보았는가. 그리고 인간 영혼에는 어떤 가능성이 아직 남아 있는가.[1] 요컨대 니체는 이 장에서 종교적 존재로서 인간 영혼의 역사와 가능성을 다룬다.

1) 《선악의 저편》, 45절

높이,

얼마나 깊이,

멀리까지

체험해보았는가

위대한 문제는 위대한 사랑을 요구한다

니체는 이 분야야말로 엄청난 사냥감들이 즐비한 수렵장이라 말한다. 여기서 무언가를 붙잡기 위해서는 "수백 명의 몰이꾼과 예민하게 훈련된 사냥개"가 필요하다. 용감하고 현명하며 예민한 감각을 가진 많은 이가 뛰어들어야 한다는 말이다. 그런데 니체는 이 '큰 사냥'에 학자는 별 쓸모가 없다고 했다.[2] 단지 홍미 혹은 습관 때문에 지식을 쌓는 사람은 문제를 파악할 수 없다. 인식을 통한 자기파멸의 각오가 없는 사람, 진리 때문에 한없이 깊은 상처를 입어본 적이 없는 사람, 진리 때문에 한없이 기뻐 날뛰어 본 적이 없는 사람, 문제를 자신과 무관하게 다루는 사람, 그들은 문제를 포착할 수는 있어도 붙잡을 수는 없다. 니체에 따르면 "모든 위대한 문제는 위대한 사랑grosse Liebe을 요구한다".[3] 문제 때문에 상처 입고 전율하며 환희에 빠진 체험이 있어야 한다. 달리 말하면 진리라는 이름의 칼로 살을 베어본 체험이 있어야 한다.※ 이것이 진리를 사랑하는 자의 태도이다. 마치 기독교 신앙 안에서 진리를 견뎌야 했던 "파스칼의 지적 양심intellektuelle Gewissen이 그랬던 것처럼".[6]

2)《선악의 저편》, 45절.

3)《즐거운 지식》, 345절.

4)《서광》, 460절.

5)《서광》, 490절.

6)《선악의 저편》, 45절.

※ 니체는 《서광》에서도 학자들의 홍미 혹은 습관에 따른 연구를 비판하며 "진리가 칼로 우리의 살을 베어내지 않는 한" 이런 태도는 고쳐지지 않을 것이라 지적했다.[4] 또한 학자들의 체험 없는 지식에 비판을 가하기도 했다. "그대들은 이 모든 것을 알고 있다. 그러나 그대들은 그것을 체험하지 않았다. 나는 그대들의 증언을 수용하지 않는다. 이 '보잘것없는 진리들'!―진리들이 그대들에게 대단치 않게 생각되는 것은 그것들을 위해 그대들이 피로 대가를 치르지 않았기 때문이다."[5]

그런데 자기파멸을 각오하는 고통의 체험이 끝나면 또 하나의 정신이 필요하다. 이 고통의 체험을 "위에서 내려다보고 정리하고 형식화할 수 있는 밝고 악의에 찬 정신"이다. 지상의 체험을 다른 조명으로 비추는 "드넓게 펼쳐진 하늘"이 있어야 한다. 단지 상처 입고 피 흘리고 전율하는 것을 넘어 체험들을 배치하고 의미를 부여하며, 무엇보다 그것의 새로운 용법(과거 경험 때문에 새로운 용법이 어떤 악마성으로 비춰질지라도)을 찾아내는 강력한 정신을 갖추어야 한다는 뜻이다. 이 정신은 고통으로 깊어진 것만큼이나 이제는 드높아져야 하고 무엇보다 가벼워져야 한다. 니체가 제3장 첫 절의 마지막 문장을 기독교의 주기도문을 패러디해 쓴 것은 그런 이유에서가 아닐까 싶다. "진리에 대한 사랑은 그 보답을 하늘에서와 같이 땅에서도 얻으리라."[7)]

최상급의 잔인성

이제 기독교 이야기로 들어가 보자. 기독교적 인간, 기독교적 영혼은 어떻게 탄생했는가 그리고 어떤 역사를 겪었는가. 니체에 따르면 사실 초기 기독교가 요구한 신앙과 로마제국의 교육적 영향 아래 자라난 신앙은 부드러우면서도 섬세하고 때로는 양심을 가진 신앙이었다. 수 세기에 걸쳐 여러 학파와 경쟁하며 자라난 '남부의 신앙'은 루터M. Luther나 크롬웰O. Cromwell로 대표되는 "순진하고 투박한" '북부의 신앙'과는 달랐다. 하지만 이런 차이에도 불구하고 어디서나 "기독교적 신앙은 처음부터 희생"이었던 게 사실이다. 남부의 신앙이라는 것도 "이성의 지속적 자살"이고, 인간 정

7) 《선악의 저편》, 45절.

신의 "자기조소"이자 "자기훼손"이었다.[8] 파스칼이 그랬듯이,※ 한편으로는 이성적 의심을 멈추지 않으면서도 다른 한편으로는 그런 자신에 죄의식을 갖는 신앙이었다.

그러나 인간 정신이 스스로 자유와 긍지를 버리고, 확실성을 포기하며 의심을 멈춘다는 것은 습속상 자연스러운 일이 아니다. 정신이 스스로 노예가 되고 자신을 훼손한다는 것은 생각하기 힘들다. 그렇다면 어떻게 기독교와 같은 부조리한 신앙이 인간 정신을 지배할 수 있었을까. 기독교 신앙에 엄청난 잔인성이 필요했던 이유가 여기에 있다고 니체는 말한다. 이 잔인성의 대표적 상징이 '십자가에 매달린 신Gott am Kreuze'이다. 신을 십자가에 매달다니! 고대인들은 이처럼 기괴하고 잔인한 장면은 결코 떠올릴 수 없었다.※※ "기독교의 모든 명명법에 무감한 현대인은, '십자가에 매달린 신'이라는 형식의 역설에서 고대의 취향이 느낀 그런 '최상급 전율das Schauerlich-Superlativische'을 더 이상 느끼지 못한다."[13]

※ 파스칼은 한편으로 이성적 이해를 시도하면서도 다른 한편으로는 그런 자신이 죄인일 수 있다고 생각했다.[9] 아는 자의 '오만'도 죄이고, 무지한 자의 '절망'도 죄이다. 그에 따르면 "자기의 비참에 관한 지식이 없이 신을 아는 것은 오만을 낳는다. 신에 관한 지식이 없이 자기의 비참을 아는 것은 절망을 낳는다".[10] 이것은 그의 '숨은 신' 개념과도 통한다. "신께서 부분적으로 숨어 계시고 부분적으로 드러나 계신다." "기독교는 사람들에게 두 가지의 진리를 가르칩니다. 즉 인간들이 알 수 없는 신이 존재한다는 것 그리고 인간의 본성 속에는 인간들이 신을 알 자격이 없도록 만드는 타락이 존재한다는 것."[11]

※※ "'십자가에 매달린 신'이라는 저 전율할 만한 역설에, 인간을 구원하기 위해 신 스스로 십자가에 못 박힌다는 저 상상할 수 없는 마지막 극단적 잔인함의 신비에 견줄 만한 것이 있을까?"[12]

8) 《선악의 저편》, 46절.

9) 《유고(1885년 가을~1887년 가을)》, 1885, 2[144].

10) B. Pascal, 김형길 옮김, 《팡세》, 서울대학교 출판부, 2005, 225절.

11) B. Pascal, 김형길 옮김, 《팡세》, 서울대학교 출판부, 2005, 690절.

12) 《도덕의 계보》 I, 8절.

13) 《선악의 저편》, 46절.

노예의 반란과 고통에 대한 감각

십자가에 매달린 신. 니체에 따르면 "지금까지 단 한 번도 그 어느 곳에서도 이 정식Formel처럼 전도된 대담성, 그만큼 무서운 것, 그만큼 미심쩍은 것, 그만큼 의혹이 가는 것은 존재하지 않았다". 이것은 고대적 가치의 전도였다. 니체는 이를 도덕에서의 '노예의 반란Sklaven-Aufstand'이라고도 부른다.[14] 그에 따르면 이것은 동방 노예들, 즉 유대인의 신앙이 로마에 거둔 승리였고, "로마에 대한 기독교의 복수"였다.[15] 로마 대 기독교. 로마 대 유대인Rom gegen Judäa.[16] 니체가 볼 때 이것은 서구 정신의 역사에서 매우 중요한 대립 구도이다.

로마 시대 기독교의 탄생은 완전히 이질적인 구원관의 탄생이었다. 로마를 지배했던 철학들은 한결같이 미래에 대한 쓸데없는 두려움, 특히 죽음에 대한 공포를 제거하려 했다. 예컨대 에피쿠로스는 말했다. "[죽음을 두려워할 필요가 없는 이유는] 우리가 존재하는 한 죽음은 우리와 함께 있지 않으며, 죽음이 오면 우리는 이미 존재하지 않기 때문이다."[17] 로마 시대 철학자들이 걱정했던 것은 미래에 대한 두려움으로 지금의 삶을 망치는 것이었다. 그들은 외적인 것의 영향—원한, 분노, 탐욕 등등—아래 자기 삶을 방치하지 말라고 했다. 외적인 것에 휘둘리지 않는 마음의 평정, 외적인 것에 예속될 필요 없는 주권적 삶, 이것이 그들이 생각한 '구원'이었다.※ 그들에게 '구원'이란 평생에 걸친 단련과 수련을 통해 얻는 자율적이고 주권적 삶이었지, 이승과 저승, 죄와 심판, 천국과 지옥, 불멸 같은 극적 사건과는 아무런 상관도 없었다.

하지만 기독교는 전혀 다른 구원관을 만들어냈다. 니체는《안티크리스트》에서 이를 '에피쿠로스'와 '바울'의 대결로 압축해 설명한 바 있다. 니체에 따르면 에피쿠로스는 인간 영혼이 죄와 벌, 불멸 개념 등에 의해 타락하는 것을 막으려 했다("불멸을 부정하는 것이 당시에 이미 진정한 구원이었다"). 어찌 보면 그는 기독교가 출현하기 전에 기독교적인 것에 맞서 싸운 인물이다. "에피쿠로스가 이겼을 수도 있다. 로마제국의 존경할 만한 사람은 전부 에피쿠로스주의자였기에. 그런데 그때 바울이 등장했다." 니체에 따르면 바울의 천재성은 사람들의 원한과 복수심을 '구세주Heilande'와 결합시킨 데 있다. 바울은 '십자가에 매달린 신'이라는 상징을 활용했다. 이 상징을 통해 구원을 원한과 복수, 불멸, 심판, 피안, 지옥 등의 장치와 결합했다. 그리하여 로마인들에게 피안의 세계를 상상하게 했으며, 영원한 처벌의 공포를 불어넣었다.

로마와 유대 기독교의 대립 그리고 기독교적 영혼의 탄생. 니체는 여기서 고통에 대한 감각과 태도가 중요한 역할을 수행했다고 보는 것 같다. 앞서 말한 것처럼 로마의 철학자들은 고통에 초연해질 것을, 한 발 더 나아가 고통을 자신을 단련하는 수단으로

14)《선악의 저편》, 46절, 195절;《도덕의 계보》I, 8절, 10절.

15)《서광》, 71절.

16)《도덕의 계보》I, 16절.

17) Epicurus, 오유석 옮김, 〈메노이케우스에게 보내는 편지〉,《쾌락》, 문학과지성사, 1998, 43~44쪽.

※ 푸코에 따르면 '구원sôtêria'은 헬레니즘-로마 시대에 철학의 장에서 중요하게 작동했던 철학 개념이다. 우리에게 익숙한 기독교적 구원은 생과 사, 유한과 불멸, 이승과 저승 사이에 놓인 극적 사건이고, 거기에는 죄, 타락, 개종, 예수의 재림 같은 요소들이 포함되어 있지만, 헬레니즘-로마 시대에서 그것은 '이 세계'에서의 평정과 주권적 삶을 의미했다. 후자의 구원은 평생에 걸친 수련과 단련을 통해서만 이룩될 수 있었다.[18]

18) M. Foucault, 심세광 옮김,《주체의 해석학》, 동문선, 2007, 213~218쪽.

삼고자 했다. 고통의 불로 기꺼이 자신을 달구고 또 '맛있게' 익히고자 했다.※ 단련을 통해 그들은 무엇도 자신들을 위협하거나 회유할 수 없을 만큼 강해지려 했다. 하지만 노예들은 이를 이해할 수도, 받아들일 수도 없었다. 한마디로 고통에 대한 퍼스펙티브가 달랐다. 노예는 고통을 죄와 복수, 원한 등 삶의 부정적 형상과 결합했고, 고통에서 벗어난 행복한 세계, 피안의 세계를 상상했다. 그들은 고통을 미워하면서 그만큼 고통에 집착하고 빠져들었다. 니체에 따르면, '노예의 반란'(프랑스혁명까지 포함하여) 이란 "병이 될 때까지" 고통에 물들어버린 노예들이 고통을 부정하는 듯한 '고귀한 취향'에 격분해 일으킨 사건이었다.[21]

종교적 신경증과 성자

앞서 니체는 기독교 신앙의 전제가 되는 정신의 복종과 희생은 반발을 불러올 수밖에 없고, 그 때문에 기독교는 최상급의 전율을 동원했다고 했다. 그렇다면 종교 세계에서 인간 정신의 복종은 어디까지 성공할 수 있을까. 회의와 열정을 억누르고 영혼으로 하여금 속죄하고 참회하게 하는 일

※ 니체는 《서광》에서 이 철학자들을 인간을 맛있게 만들기 위해 불에 태우는 '숭고한 식인종'이라 불렀다. "시뻘겋게 타고 있는 석탄 위에 1분 동안 올려놓고 약간 태우는 것은 인간에게든 밤에게든 아무런 해가 되지 않는다! 이러한 약간의 쓰라림과 곤경을 통해서만 우리는 그 핵심이 얼마나 달콤하고 부드러운지 맛볼 수 있다. 그렇다! …… 그대들 숭고한 식인종이여!"[19] 참고로 1세기 로마에서 활약했던 디온 크리소스토모스Dion Chrysostomos는 견유주의자 디오게네스Diogenes를 칭송하며 말했다. "진실한 인간은 온갖 고난들을 기꺼이 환영한다. 추위와 두려움과 싸우고 갈증을 이겨내며, 채찍이나 칼, 불을 사용한다 해도 굴복하지 않는다. 굶주림, 추방, 사회적 낙인 등에는 무관심하다. 철학자는 마치 아이들이 주사위나 색깔 공으로 놀듯이 이런 문제들을 가지고 논다."[20]

은 어디까지 가능할까. 프로이트는 종교(특히 종교적 의례들)를 일종의 '강박신경증'으로 보았는데,※ 니체는 이러한 프로이트의 연구를 어느 정도 선취한 듯하다. 니체는 속죄와 구원이라는 미명하에 금욕주의적 조치가 이루어진 곳, 특히 금욕적 죄악설이 지배하는 곳에서는 발작적으로 '종교적 신경증religiöse Neurose'이 나타난다고 했다. 그에 따르면 중세도시에 출몰했던 '죽음의 춤'이라는 '무도병', '마녀 히스테리' 등은 모두 종교적 신경증의 표출이었다.[22]

왜 금욕주의적 조치들이 강하게 시행된 곳에서 인간 영혼은 발작을 일으키는가. 왜 그곳에서는 '갑작스러운 방탕'과 '참회의 경련'이 교차하는 '종교적 신경증'이 나타나는가.[23] 니체는 도덕적 가치의 대립을 믿는 전통 심리학자는 이 인과관계를 이해하지 못할 것이라 했다. 이들은 대립하는 두 개의 가치, 즉 방탕과 참회가 직접 연결될 수 없다고 생각하기 때문이다. 그러나 엄밀히 따져

19) 《서광》, 402절.

20) Dio Chrysostom, translated and edited by Robert Dobbin, "Oration 6", *The Cynic Philosophers: From Diogenes to Julian*, Penguin Books, iBooks. http://itun.es/us/pmn7H.l

21) 《선악의 저편》, 46절.

22) 《도덕의 계보》 III, 21절.

23) 《선악의 저편》, 47절.

※ 프로이트는 종교의 다양한 금제와 의례가 강박신경증 환자의 일상적 의례와 깊은 유사성을 갖는다고 지적했다. 강박신경증 환자는 자기 안에서 일어난 충동과 유혹을 누르기 위해 혹은 그것을 예견하고 방지하기 위해 강한 금제를 설정하고 어떤 행위들을 의례적으로 엄격히 수행하는데, 이것이 종교 의례와 매우 흡사하다는 것이다. 강박신경증 환자는 대립하는 감정들이 교차적으로 이어지는 사람이다. 이를테면 부도덕한 충동과 그것에 대한 강한 부정이 교차로 나온다. 프로이트에 따르면 종교적으로 경건한 사람은 죄악으로 완전한 타락에 빠지는 일이 많은데 이것이 '참회'라고 하는 종교 활동의 형태를 만들어낸다고도 했다. 이는 '종교적 신경증'과 '성자'의 유형을 연결한 니체의 주장과 매우 흡사하다. 강박신경증과 종교의 관계에 관해서는 S. Freud, 이윤기 옮김, 〈강박행동과 종교행위〉, 《종교의 기원》, 열린책들, 2003을 참고하라(이 논문 외에도 종교와 신경증의 관계를 조금씩 언급하는 논문들이 이 책에 들어 있다).

보면 상반된 두 개의 감정은 인과관계를 맺지 않는다. 오히려 하나의 병, 말하자면 종교적 신경증 혹은 간질병의 전형적 증상에 불과하기 때문이다. 상반된 두 개의 가치, 두 개의 감정이 연이어 표출되는 것은 영혼이 앓고 있는 하나의 병이다.

흥미롭게도 니체는 당시 철학자들의 중요한 화두였던 '성자das Heilige'를 종교적 신경증의 관점에서 이해했다. 종래의 악하고 방탕했던 인간이 어떻게 성자로 거듭나는가. 니체에 따르면 이것이 쇼펜하우어를 철학으로 몰고 갔던 문제였고, 바그너의 필생의 작품이 도달하고자 했던 문제였다.[24] 많은 이가 '악한 인간'이 '선한 인간'으로 뒤바뀌는 '성자'라는 주제에 관심을 가졌던 이유는 '외관상의 기적' 때문이다. 영혼에서 일어난, 상반된 가치로의 전환과 '연속되는 모순'이 사람들의 관심을 끌었다. 그러나 정신과 의사라면 이 상황을 어렵지 않게 이해할 것이다. 그것은 앞서 말한 '종교적 신경증'의 발현이고, 인간 영혼의 '종교적 본질'과 관련된 문제이기 때문이다. 사람들은 '성자'라는 모순을 이해하기 위해 '기적'을 믿었다. 그러나 니체는 이렇게 말한다. " '기적'은 해석의 한 오류에 불과한 것이 아닐까?"[25]

참고로 '성자'에 대한 관심과 존경이 기독교 세계에서만 이루어진 것은 아니다. 니체에 따르면 고대 권력자들 역시 강력한 금욕적 삶을 살아가는 성자를 존경하고 그 앞에서 머리를 숙였다.[26] 그러나 '기적'을 보았기 때문이 아니었다. 고대 강자들은 성직자에게 나타난 외관상의 기적이 아니라, 내면에서 일어나는 어떤 시험을 떠올렸다. 성자는 비록 '쇠약하고 가련한 모습'을 하고 있지만 내면에서는 자기 힘을 시험하는 무서운 싸움을

24)《선악의 저편》, 47절.
25)《선악의 저편》, 47절.
26)《선악의 저편》, 51절.

벌이고 있을 것이다. 성자의 금욕적 삶은 자기 본성의 제압을 의미했다. 매우 위험할 뿐 아니라 힘든 일이었다. 그런데도 성자는 그것을 기꺼이 수행하는 힘과 의지의 소유자이다. 고대 강자들은 자신이 지닌 것, 어쩌면 그보다 더 큰 '힘에의 의지'를 성자가 지녔다고 생각했다. 그래서 그들은 성자를 두려워하고 또 존경했다.

02

기독교라는 독특한 정신 유형

니체는 유럽의 기독교를 크게 남과 북, 두 유형으로 나누었다. 로마를 중심으로 하는 남부의 기독교[가톨릭]에서는 상당히 섬세하고 복잡하고 까다로운 신앙이 지배한다. 이곳 라틴민족의 기독교는 기독교 일반보다 훨씬 더 "내면적"이다. 바꾸어 말하면 라틴민족은 '종교적 본성'이 더 강하다. "가톨릭 국가에서 신을 믿지 않는다는 것은 …… 민족정신에 대한 일종의 반역을 의미한다." 이들은 기이할 정도로 경건하며 매우 사색적이고 어떤 경우에는 허무주의적이기까지 하다. 니체는 르낭의 말을 다음과 같이 인용한다. "인간은 종교적일수록, 무한한 운명을 확신할수록, 더욱더 진실해진다. …… 인간은 선할 때 미덕이 영원한 질서와 조응되기를 바라며, 초연하게 사물을 관조할 때 죽음이 불쾌하고 부조리하다는 것을 깨닫는다."[27] 니체에 따르면 르낭의 말은 '뒤집힌 진리'이자 '종교적 어리석음'에 해당하지만,※ 어떻든 내면적이고 경건하며 사색적인 남부 기독교의 특징을 잘 보여준다.

북부 기독교는 완전히 반대다. 루터식 프로테스탄티즘은 남부 기독교와 달리 아주 "순진하고 투박하며 뻔뻔하다". 남부식 섬세함은 도저히 찾아볼 수 없다. 그것은 사색적이기보다 정열적이며, 경건하기보다 관능적이다. 여기에는 일종의 "동양적 몰아Aussersichsein"가 있고, "소년 소녀의 사춘기로 가장해" 나타나기도 하는 "신비하고 육체적인 합일unio mystica et physica을 갈망하는 여성적 애정과 욕정"이 있다.[30]

한편 니체는 기독교의 종교성Religiosität이 고대의 종교성과는 매우 다른 것임을 짧게 언급한다. 고대인의 종교성이란 기본적으로 "억제하기 힘들 정도로 풍부한 감사"의 표현이다.[31] 고대 민족들은 자신이 가진 힘을 종교로 표현하고 싶어 했다. 즉 종교란 민족 자긍심의 표현이었다. 유대인의 경우에도 마찬가지였다. 니체에 따르면, 고대 "이스라엘의 야훼는 힘-의식에 대한 표현이었고, 기쁨 그 자체에 대한 표현이었으며, 그들 자신에 대한 희망의 표현이었다: 야훼 안에서 이스라엘 사람들은 승리와 구원을 기대하고, 야훼와 함께 자연을 자기들에게 필요한 것으로서-특히 비를

※ 르낭의 말은 니체가 앞서 인용한 볼테르의 "선을 행하기 위해서만 진리를 추구한다"라는 말을 떠올리게 한다. 니체는 볼테르와 마찬가지로 르낭도 어리석다고 공격했다. 인간 영혼이 도덕적으로 선할수록, 더욱 종교적일수록 진실에 다가가는 것은 아니기 때문이다. 니체는 오히려 거꾸로라고 말한다("거꾸로 뒤집힌 진리를 담은 이 문장"[28]). 도덕과 종교의 진실에 다가가려면 우리에게는 차라리 '악의에 찬 정신'[29]이 필요하기 때문이다.

27) 《선악의 저편》, 48절.

28) 《선악의 저편》, 48절

29) 《선악의 저편》, 45절.

30) 《선악의 저편》, 50절.

31) 《선악의 저편》, 49절.

주는 것으로서 신뢰했다. 야훼는 이스라엘의 신이고, 바로 그렇기 때문에 정의의 신이다: [이것이] 힘과 그에 대한 양심gutes Gewissen을 가진 모든 민족의 논리다".[32] 요컨대 야훼는 유대인의 자기긍정이자 힘의 과시였다. 이것은 기독교에서는 도저히 찾아볼 수 없는 면모이다.

니체는 이 점에서 두 개의 성서, 즉《구약성서》와《신약성서》는 하나의 책이 될 수 없다고 말한다. 서로 다른 두 개의 정신, 두 개의 종교성이 지배하기 때문이다. "신적 정의正義에 대해 말하는 유대인의《구약성서》안에는 거대한 스타일의 인간과 사물, 말이 존재하는데, 이는 그리스와 인도의 문헌에는 그에 비견할 만한 것이 없을 정도다." 이에 비하면 "《신약성서》에는 정말로 애정은 깊지만 음침한 거짓 신자Betbrüder의 냄새와 왜소한 영혼 냄새가 잔뜩 들어 있다".[33]

뒤섞을 수 없는 두 개의 취향이다. "전율과 외경을 불러일으키는" 거대한(위대한) 책으로서《구약성서》와 "유약하고 온순"하며 왜소한 책으로서《신약성서》. 각 책에 대한 취향을 니체는 정신의 '거대함(위대함)'과 '왜소함'을 판단하는 시금석으로 쓸 수 있다고 말한다. 그런데 현대 유럽인들("아시아에서 돌출된 반도인 유럽")은 고대 아시아(고대 유대인)에서 현대 유럽(현대 기독교인)으로의 이행을 '인간의 진보'라 착각한다. 심지어 기독교인들은 "신약성서와 구약성서를 묶어 하나의 책으로, '성서Bibel'로, 말하자면 '책 자체'로 만들어버렸다". 이렇게 해서 니체에 따르면, "문학적 유럽의 양심"은 "최대의 파렴치"를 자행했다.[34]

03

오늘날 종교적 인간은 무엇을 의미하는가

139 오늘날 종교적 인간, 기독교적 인간은 어떻게 존재하는가. 우리는 기독교가 더 이상 진지하게 체험되고 있지 않다는 징후를 곳곳에서 발견한다. '십자가에 매달린 신'이 일으키는 공포와 긴장은 신앙이 안정화되면서 역설적이게도 그 위력을 상실했다.* 그것은 상징성이 퇴색한 상징이 되고 말았다.

32) 《안티크리스트》, 25절.

33) 《선악의 저편》, 52절.

34) 《선악의 저편》, 52절.

35) 《유고(1885년 가을~1887년 가을)》, 1885, 2[144].

* 참고로 니체는 기독교 신앙이 안정화되면서 '두려움에 의한 논증'을 대체하는 '쾌락에 의한 논증'이 등장했다며 그 예를 '파스칼의 내기'에서 찾는다. 파스칼은 기독교 신앙에 대한 반증이 참일 가능성을 물리치기 위해 '내기'를 제시했다. 그에 따르면 우리는 기독교 신앙이 참이라는 쪽에 거는 편이 유리하다. 파스칼의 해법은 옳고 그름을 떠나 신앙의 논증을 도박으로 접근했다는 점에서 놀랍다. "이제 사람들은 '십자가에 매달린 신'이라는 저 끔찍한 해법을 필요로 하지 않는다. 그렇기 때문에 유럽 곳곳에서 불교는 조용히 발전하고 있다."35)

무신론자의 경우—신앙의 쇠퇴인가, 신앙의 자기극복인가

오히려 현대 유럽에서 부상한 것은 무신론Atheismus이다.[36] 많은 현대인이 '아버지 신'이니 '심판자'니 하는 말을 더 이상 진지하게 받아들이지 않으며, 인간과 신을 둘러싼 신비한 이야기들을 신뢰하지 않는다. 한마디로 유럽에서 '유신론'은 몰락하는 중이다. 하지만 무신론이 종교적 본능의 쇠퇴를 의미하는가. 니체에 따르면 종교적 본능은 결코 쇠퇴하지 않았다. 도리어 왕성하게 성장했으며, 무신론이란 종교적 본능에서 나온 불신이다.[37] 종교적 본능이 성장하는 가운데 나타난 신에 대한 불신. 니체는 여기서 어떤 희망을 보는 듯하다. 무신론 자체가 희망이라는 뜻은 아니다. 만약 무신론이 종교적 본능의 쇠퇴에 따른 냉소라면 기대할 것이 없다. 하지만 신에 대한 불신이 신앙의 자기극복 결과라면 이야기가 달라진다.

이것은 니체 사유의 중요한 면모이다. 제2장에서 우리는 '인식하는 자의 파멸'을 다루며 동일한 면모를 본 적이 있다. 인식하는 자의 파멸이 '진리를 위한 순교'라면, 즉 자기 외부의 초월적인 것에 헌신하기 위한 자기포기라면 그것은 어리석음과 병들었음의 표시이다. 그러나 인식하는 자의 파멸이 진리를 견디는 과정에서 일어난 '자기극복'이라면 그것은 건강한 자의 모험이며 자기강화이다.

기독교도 마찬가지다. 기독교 신앙의 쇠퇴가 신앙에 대한 진지한 체험과 긴장의 사라짐을 의미한다면, 그래서 종교 생활이 온순한 자들의 사교생활에 불과하다면, 우리는 그것을 완만하게 진행되는 자살이라 불러도 좋을 것이다. 하지만 기독교 신앙에 대한 불신이 강력한 종교적 본능과 진지한 체험의 결과라면, 심지어 신 자체를 십자가에 매달아서라도 신앙적

36)《선악의 저편》, 53절.

37)《선악의 저편》, 53절.

만족을 구하고자 했던 충동이 자신을 끝까지 밀어붙인 결과라면,[38] 그것은 기독교의 자기극복이라 부를 수 있다.

과연 어느 쪽일까. 니체는 점을 치는 사람이 아니다. 그는 현재적 사건 안에 이미 들어와 있는 미래적 힘, 도래하는 존재를 발굴하고 또 암시한다. 사실《선악의 저편》대부분의 장이 이런 구성을 취한다. 각 장의 끝으로 다가갈수록 우리는 도래하는 어떤 것의 기운을 느낄 수 있다.

무신론만이 아니다. 우리는 니체의 현대 철학(근대 철학) 비판 역시 마찬가지 맥락에서 이해할 수 있다. 그에 따르면 데카르트 이래 현대 철학은 기독교적 "낡은 영혼 개념을 암살"해왔다. 비록 기독교적 영혼 암살 시도를 노골적으로 표출할 수는 없었기에 "주어 개념과 술어 개념의 비판이라는 외형적 모습"을 취했지만 말이다. 니체는 주어(주체) 속에 낡은 영혼 개념이 잔존한다고 지적했지만, 이제는 반대 시각에서, 기독교적 영혼 개념이 어떻든 사라지는 중이라 말한다. 현대 철학은 이런 점에서 일종의 무신론이다. 그러나 그것을 종교적 본능의 쇠퇴라 부를 필요는 없다. "인식론적 회의에서 출발한 현대 철학은 숨겨져 있든 드러나 있든, 반기독교적이다: 비록 그렇다 하더라도, 예민한 귀를 가진 사람을 위해 말하자면, 이는 결코 반종교적인 것은 아니다."[39]

니체는 칸트에 대해서도 뉘앙스가 달라진 언급을 한다. 앞선 장들에서는 칸트 철학의 숨겨진 의도나 한계를 지적했지만, 여기서는 칸트 철학이 지닌 가능성을 살짝 드러낸다. 칸트는 '나'라는

38)《선악의 저편》, 55절.

39)《선악의 저편》, 54절.

주체(주어)가 '생각한다'라는 사유 활동[술어]에 의해 '만들어진 종합'에 불과한 것은 아닌지 의심했다. 사람들이 '영혼'과 동일시하는 '생각하는 나', 심지어 생각 작용 바깥에 실체로서 존재하는 '나'를 칸트는 일종의 오류 추리Paralogismus라고 했다. '나는 생각한다'라는 말은 철저히 경험적 명제인데, 이를 마치 경험적 조건 바깥에서도 추론 가능하듯이 생각하는 것은, 사유라는 적극적 지성의 '원리'를 '실체'로서 잘못 간주한 것이다.■ 우리는 경험적 사고 작용과 무관한 실체로서의 영혼을 경험할 수 없기에, 영혼 존재에 대한 우리의 추론은 참/거짓을 따질 수 없는 쓸데없는 것이 되고 만다.■■

물론 칸트가 실체로서의 영혼은 입증 불가능한 것이라 말했다고 해서 그가 영혼을 존재하지 않는 것이라 단언했다는 뜻은 아니다. 칸트는 영혼의 존재를 입증할 수 없는 것으로 만들었지만 반대로 영혼의 비존재 또한 입증할 수 없게 함으로써, 비판의 칼날로부터 영혼을 보호하는 울타리를 세웠다고도 볼 수 있다. 그러나 니체는 어떻든 이것이 가진 가능성을 적극적으로 읽어낸다. 즉 칸트는 주체(영혼)가 "가상적 실존Scheinexistenz"일 수

■ 칸트는 영혼을 실체화하는 오류뿐 아니라 영혼의 실체화에서 도출된 단순성이나 인격성에 대한 사고(영혼은 수적으로 '하나'이며, 따라서 인격성을 가진다는 사고)도 비판했으며, 사유하는 실체를 물질 안의 생명 원리로 간주하는 사고도 강하게 비판했다('이성적 영혼론에 대한 비판'). 그러나 칸트의 비판은 니체가 자주 지적하듯 불철저했다(사실 이 불철저함이야말로 그의 신앙심을 가장 잘 보여주는 대목이기도 하다). 칸트는 실체로서의 영혼을 부정하긴 했지만 인식 영역에서는 '자아의 질적 동일성'을 확보해야 했고, 그것을 '선험적 통각의 동일성'으로 상정함으로써 해결하려 했다.

■■ 칸트는 그럼에도 실체로서의 영혼에 대한 오류 추리는 사라지지 않을 것이라 말한다. 그것은 영원성을 향한 종교적 열망에서 나오는 것이기 때문이다. 말하자면 "완전히 절멸이 되어버릴 영혼의 무상함을 저지하려는 시도"에서 나온다.[40]

40) I. Kant, 백종현 옮김, 《순수이성비판》 2, 아카넷, 2008, 611쪽.

있다는 생각을 열어주었다.[41] 만약 그가 베단타 철학이 그렇듯이 자신의 비판을 정직하게 계속 밀고 갔다면 어찌되었을까. '아시아적인 초아시아적 눈'으로 바닥을 꿰뚫고 그 아래를 본 적이 있는 부처처럼[42] 선과 악의 저편에 설 수도 있지 않았을까.

학자의 경우—바쁜 노동자 혹은 오만한 난쟁이

오늘날 종교 생활의 또 다른 면모는 노동 문화에서 찾아볼 수 있다. 진정한 종교 생활을 위해서는 여가가 필요하지만 현대인은 너무 바쁘다. 현대는 노동의 시대이고 근면의 시대이다. 한마디로 빨리빨리 뭔가를 해치우는 시대다.※ 니체는 "현대적이고 소란스럽고 시간을 모조리 써버리면서도 자부심에 차 있는, 어리석은 자부심을 가진 근면"이 오늘날 '신앙 없는 자'를 준비시키고 또 길러낸다고 말한다. 니체는 무신론이 종교적 본능이 성장한 결과일 수 있다고 했지만, 노동 문화(근면을 미덕으로 생각하는 현대 문화)는 "종교적 본능을 해체"하는 것이라 비판한다.[44] 노동 문화 아래 현대인은 "많은 일을 처리하듯" 종교적 문제를 처리해버린다. 이들은 종교가 왜 필요한지 알지 못하며, 그저 종교가 있음을 알 뿐이다. 이들의 신앙에는 생기가 없다. 종교적 의례나 관습에

41) 《선악의 저편》, 54절.

42) 《선악의 저편》, 56절.

43) 《서광》, 1886년 서문, 5절.

44) 《선악의 저편》, 58절.

※ "오늘날은 '노동'의 시대, 즉 모든 것을 곧바로 '해치우고', 오래된 책이든 새로운 책이든 성급하고 품위 없이, 비지땀을 흘리며 곧장 해치우는 속전속결의 시대다."[43]

열정적으로 참여하지도 않지만 그것에 반대한다고 볼 수도 없다. 그들은 그런 것에 관심을 갖기에는 너무 바쁘다.

니체는 누구보다 현대 학자들에게서 이런 경향을 볼 수 있다고 말한다. 이들("근면한 학자와 모든 대학의 관계자들", 일종의 정신노동자, 정신수공업자)은 더 이상 종교 문제를 진지하게 다루지 않는다. 이들이 종교 문제를 진지하게 생각하려면 대단한 의지와 결심이 필요할 것이다. 이들에게 신앙생활이란 쓸데없는 일에 신경 쓰는 한가한 사람의 일과 같다. 설령 종교에 호의를 보일 때조차 '가벼운 경멸'을 섞는다. 이들은 "종교적 인간을 자신보다 저급하고 낮은 유형으로 취급하며, 자신은 이 유형보다 더 위로 성장한 것으로 본다". 니체는 현대 학자들을 "왜소하고 오만한 난쟁이이자 천민"이라고 부른다.[45] 그들은 스스로를 능가하고 그러므로 또한 자신을 극복하게 하는 고귀한 것, 마땅히 두려움과 존경을 품어야 하는 무언가를 알아보는 눈이 없다.

이런 점에서라면 니체는 민중이 교양인보다 훨씬 낫다고 말한다. 부끄러움도 모른 채 "모든 것을 만져보고 핥아보고 쓰다듬는" 교양인의 학식과 교양이 아니라, 성스럽고 고귀한 것 앞에 외경심을 품고 스스로 삼가는 민중의 마음과 태도에서 인간성 상승의 가능성을 더 기대할 수 있기 때문이다.[46]

예술가의 경우 — 화상을 입은 어린아이

우리는 예술가에게서 무신론자나 학자의 경우와는 다른 유형의 종교적

45) 《선악의 저편》, 58절.

46) 《선악의 저편》, 263절.

태도를 찾을 수 있다.[47] 특히 니체가 주목하는 이는 표면적인 것을 가르치고 그것에 열정을 품는 사람들이다. 만약 누군가 "표면적인 것, 색채적인 것"에 몰입하고 있다면, 그는 '심층'을 본 사람일 수 있다. 마치 "화상을 입은 어린아이"처럼 무언가를 보았고 그에 대한 두려움 때문에 표면을 고집한다는 것이다. 이들은 삶의 모습을 위조하고 희석함으로써만 즐거움을 얻는 사람들이다. 느낀 고통이 클수록 위조의 폭이 커진다.

사실 '종교적 인간'은 이런 예술가의 전형이기도 하다. 종교적 인간이란 진실에 대한 두려움 때문에 삶을 위조하는 예술가라 볼 수도 있다. 종교적 인간은 "충분히 예술가가 되기 전에", 즉 진리를 충분히 위장하고 희석할 재능을 익히기 전에, 진리를 획득하게 되는 것은 아닌지 두려워한다. 이 경우 '신 안에서의 삶'이란 "진리에 대한 두려움의 가장 섬세하고 최종적인 소산"이다. 바꾸어 말하면 경건한 신앙생활이 그의 예술품이라 할 수 있다. 경건함을 통해 스스로를 선한 존재로 만들어낼 수 있기 때문에, 다시 말해 자기 자신을 미화할 수 있기 때문에, 그는 더 이상 고통스러워할 필요가 없다.[48]

이 같은 태도는 인간 자신의 진실과 대면할 수 없는 인간, 인간을 그 자체로 도저히 사랑할 수 없는 인간의 경우에 잘 나타난다. 자기 내면의 무서운 충동들, 자기 심연의 무서운 괴물들을 본 적이 있거나 그것을 예감하는 이들은 인간을 사랑하기 위해 신을 필요로 한다. '신의 의지를 위해(신의 의지 때문에) 인간을 사랑한다

47) 《선악의 저편》, 59절.

48) 《선악의 저편》, 59절.

는 것Den Menschen zu lieben um Gottes Willen', 니체는 이것이야말로 "지금까지 인간이 도달한 가장 고상하고 가장 멀리 떨어진 감정"이라고 말한다. 이 감정은 분명 인간을 어리석음이나 동물성에서 벗어나게 하는 아주 고차적 성향이고, 이런 감정을 체험한 인간은 매우 '성스러운 인물'로 우리에게 남아 있다.[49)]

그런데 이 고상함은 방금 말했듯이 인간 자신을 있는 그대로 볼 수 없기에 나타난 것일 수 있다. 니체가 다른 곳에서 쓴 표현을 빌리자면, '열대인간'을 본 '온대인간'(화상을 입은 어린아이)의 책략일 수 있다.[50)] '신의 의지를 위해 인간을 사랑'하는 고상한 인물이 가진 '한 줌의 소금'과 '용연향'은 위험한 인간 혹은 인간의 위험한 진실이 풍기는 냄새를 지우기 위해 사용된다.[51)] 용연향이 퍼지면, 다시 말해 이 세계 너머의 '다른 세계', 아주 경건하고 고상한 세계의 향기가 퍼지면, 사람들은 이 세계 인간들의 모습을 기꺼이 견딜 수 있게 된다. 그렇게 해서 사람들은 다시 신앙심을 회복한다. 그러나 이런 신앙심과 경건성은 두려움의 산물이다.[52)]

04

종교의 고귀한 용법
―도래하는 철학자의 경우

종교적 인간에게 다른 가능성이 있는가. 도래하는 철학자의 경우는 어떤가. "우리가 이해하는 철학자", "우리 자유정신―인류의 총체적 발전에 양심을 지닌, 가장 포괄적 책임을 진 인간"의 경우는 어떤가. 니체는 여기서 종교적 인간의 새로운 가능성, 바꾸어 말하면 인간의 '종교적 본질'에서 나올 수 있는 긍정적 가능성을 탐색한다. 도래하는 철학자, 자유정신의 철학자에게 종교는 어떤 의미를 갖는가. 그는 종교적 열정에 자신을 바치는 사람도 아니고 종교에 냉소적 경멸을 보내는 사람도 아니다. 그는 자기 삶을 위해 종교를 활용한다. 도래하는 철학자에게는 종교의 고귀한 용법이 존재한다. 무엇보다 "이러한 철학자는 …… 인류를 육성하고 교육시키는 사업에 종교를 이용한다". 그런데 니체에 따르면 종교의 용법은 인간의 유형 내지 위계에 따라 아주 달라진

49) 《선악의 저편》, 60절.

50) 《선악의 저편》, 197절.

51) 《선악의 저편》, 60절, 198절.

52) 《선악의 저편》, 198절.

다.[53] 각 유형에 따라 종교를 활용하는 방법이 매우 다른 것이다.

종교는 여러 용법을 가진 수단이다

먼저 "강자, 독립적인 자, 명령하도록 준비되거나 예정된 자"의 경우. 다시 말해 "지배 종족의 이성과 기술을 구현하고 있는 자"의 경우. 이들에게 종교는 효과적인 지배 수단, 아니 그 이상이다. 종교는 지배자와 피지배자를 묶어주는 끈이 되며, 복종에서 벗어나고 싶어 하는 피지배자의 은밀한 속마음을 지배자에게 알려주는 역할을 한다. 또 인도의 브라만처럼 지배 종족에 속한 이들이 통치 문제를 왕에게 넘기고 자신은 더 높은 정신세계로 나아갈 경우(그래서 아주 정교한 지배라 할 정신적 지배력만을 행사할 경우), 종교는 정치에 수반되기 마련인 소란이나 더러움에서 벗어나게 해주는 수단이 된다.

다음으로 기존 정치 질서를 뛰어넘어 자신을 명령하는 자로 만들고자 하는 경우. 이때 종교는 지배받던 사람들에게도 명령하는 자가 될 기회와 가르침을 준다. "서서히 올라오고 있는 계급과 신분들"을 위한 종교의 용법이다. 이들에게 종교는 "더 높은 정신성의 길을 가도록, 위대한 자기극복, 침묵, 고독의 감정을 시험하는 충분한 자극과 위험을 제공"한다. "언젠가 지배권을 획득"하고자 한다면, 자신을 단련할 "금욕주의와 청교도주의"가 필요불가결한 수단이 된다.

마지막으로 평범한 인간들, 그저 봉사하고 지배당하고 거기서 만족하고 마는 사람들의 경우. 이들에게 종교는 "자기 자신의 모습을 견딜 수 있게 해주는" '태양' 내지 아편 같은 것이다. 종교는 참혹한 현실에 만족하며 살게 만든다. '고통'에 대한 강자의 해석이 있듯이 약자의 해석도 있다. 종교는 고통을 자기단련을 위해 활용하거나 직시할 용기가 없는 이들, 그렇다고 고통의 원인을 제거하지도 못하는 이들에게, 통증을 완화할 마취제 내지 진정제로서 기능한다.※

53)《선악의 저편》, 61절.

종교를 목적으로 받아들이지 마라

종교를 어떤 용법으로 사용할지는 우리가 스스로를 누구라고 생각하느냐에 달려 있다. 말하자면 종교는 우리가 누구냐에 따라 전혀 다르게 쓸 수 있는 수단이다. 니체는 종교가 수단인 점을 특별히 더 강조한다. "만일 종교가 다른 수단들과 함께 있는 수단이 아니라 그 자체로 궁극적인 목적이고자 한다면 언제나 비싸고 무서운 대가를 치러야 한다."[55]

이와 관련해 니체는 우리가 언뜻 받아들이기 쉽지 않은 독한 말들을 내뱉는다. 종교가 그 자체로 목적이 되어서, 우리 안에 '실패한 것', '나약한 것', '몰락했어야 할 것'을 보존하려 드는 것이 문제라고 했다. "절대 권한을 가진 종교들"이 "몰락했어야 할

※ "그[금욕주의 성직자]가 싸우는 것은 단지 고통 자체일 뿐이며 고통받는 자의 불쾌일 뿐이지 그 원인이나 진정한 병과 싸우는 것은 아니다. …… 고통을 완화하는 것, 모든 종류의 '위로' — 이것이야말로 그의 천재성 자체를 증명하는 것이다. …… 특히 기독교는 영민한 위로 수단의 거대한 보물창고라고 불릴 수 있다. 그 안에는 많은 청량제, 진정제, 마취제가 쌓여 있는 것이다."[54]

54)《도덕의 계보》 III, 17절.

55)《선악의 저편》, 62절.

것을 너무 많이 보존했"기 때문에 "'인간 유형'의 발전이 낮은 단계에 머"문다고도 했다. 종교가 병든 자, 억압받는 자, 내면적으로 파산한 자를 보호하고 보존함으로써 "유럽 종족의 열등화"를 가져왔다는 것이다. 모두가 우생학을 신봉하는 극단적 인종주의자나 할 법한 말이다.

하지만 우리는 니체의 비판을 얼마든지 인종주의와 다른 시각에서 읽어낼 수 있다. 니체는 《도덕의 계보》에서 성직자를 이상한 '의사'에 비유했다. 이들은 "고통을 가라앉히면서 동시에 상처에 독을 뿌린다". 치료하는 게 아니라 견디게 만들어 병을 유지하고, 병자를 계속 병자로 남겨둔다. 이것이 니체가 성직자를 병든 무리를 병든 무리로서 지켜내는 '기묘한 목자seltsame Hirt'라 부른 이유이다.[56] 이들은 병든 자를 개선했다 말하지만 니체는 "병자의 병을 더 깊게 만들면서" 이루어진 일이라고 했다.[57]

'장애인 탈시설 운동'을 벌이는 활동가라면 니체 말의 의미를 이해할 것이다. '장애인 수용 시설'에 수용된 많은 장애인이 소위 '시설병'을 앓는다.[58] 시설병이란 장기간 시설에 수용된 장애인에게 나타나는 일종의 무기력증이다. 전반적으로 삶의 의욕(힘에의 의지) 자체가 꺾여, 끔찍한 폭력을 당하고도 저항하지 않음은 물론이고 시설에서 나오는 것 자체를 두려워하는 경우가 많다. 어떻게 장기간 시설 생활에서 삶의 의지가 꺾이고 자율적 삶에 대한 욕망이 사라진 것일까. 시설 안에서 이루어진 폭행과 무시, 획일적 삶에 대한 강요의 결과만은 아니다. 폭행이 만들어낸 무기력만큼이나 연민과 동정이 만들어낸 무기력도 크게 작용한다. 어떤 점에서 연민과 동정 자체가 삶에 대한 폭력이다. 연민과 동정은 '세련된 경멸'이기도 하지만, 더 근본적으로는 연민 대상의 '포기된 삶'을 영속화하면서 예

56) 《도덕의 계보》 III, 15절.

57) 《도덕의 계보》 III, 21절.

58) 고병권, 〈탈시설, 그 '함께-삶'을 위하여〉, 《살아가겠다》, 삶창, 2014, 79~80쪽.

속을 더욱 심화하기 때문이다.※ 병을 깊게 하면서 병을 돌보는 것, 소위 '좋은 시설'에서도 시설병이 나타나는 이유이다.

전도된 가치를 다시 전도시킬 것

니체는 '착한 성직자들', 이를테면 기독교 성직자들이 유럽에서 자행한 일에 격분했다. 이 '착한 성직자들'은 고통받은 이들에게 위로를 건넸고 절망한 이들에게 용기를 주었으며 홀로 독립하지 못하는 이들의 지팡이가 되어주었다. 무엇보다 이 모든 이를 수용 시설로, 즉 '수도원Klöster'과 '감화원(영혼 교도소, seelische Zuchthäuser)'으로 이끌었다. 성직자의 선한 표정에 수많은 강자의 의지가 꺾였다. 성직자는 사람들을 동정받을 존재, 스스로를 부끄러워해야만 하는 존재로 만들었다. 니체는 이를 "유럽 종족의 열등화"라고 부른다.[60]

이런 일은 "가치평가의 전도"라는 전제를 필요로 한다. 성직자들은 좋은 것과 나쁜 것, 고귀한 것과 저급한 것의 기준을 완전히

※ 노들장애인야학 교사 홍은전은 한 칼럼에서 시설에 갇힌 이들의 고통을 덜면서 동시에 고통을 지속하는 성직자의 헌신적 사랑 문제를 다음과 같이 지적했다. "소록도 100주년을 맞아 전남 고흥군이 40여 년간 한센인들을 돌보았던 마리안느와 마가렛 수녀를 노벨평화상에 추천한다고 한다. 한센병력으로 인해 격리된 사람들의 섬 소록도는 오랜 세월 차별과 폭력, 단종과 학살이 자행된 인권의 사각지대이자 침묵의 땅이었다. 수녀님과 같은 이들이 있어 갇힌 사람들은 고통을 덜었을 것이나, 덕분에 그 고통은 100년이나 지속되었다. 그 지속 가능함은 분명 어떤 평화에 기여했을 것이나, 그것은 실상 갇힌 사람들이 아니라 가둔 사람들, 소록도가 아니라 소록도에서 바라본 육지의 것이 아니었던가. 오래전에 깨어지는 게 더 좋았을 '당신들의 평화' 말이다."[59]

59) 홍은전, 〈당신들의 평화〉, 《한겨레신문》, 2016년 1월 25일.

60) 《선악의 저편》, 62절.

뒤바꾸어버렸다. "강한 사람을 부서지게 만들고, 커다란 희망을 병들게 하고, 아름다움에 깃든 행복에 의문을 품게 하고, 모든 주권적인 것, 남성적인 것, 정복적인 것, 지배하고자 하는 것, '인간'이라는 최고로 성공한 유형에 고유한 모든 본능을 불확실성, 양심의 궁핍함, 자기파괴로 꺾이게 하는 것, 지상적인 것에 대한 대지를 지배하고자 하는 모든 사랑을 대지와 지상적인 것에 대한 증오로 역전시키는 것 – 이것을 교회는 스스로의 과제로 제기했고 또한 제기할 수밖에 없었다. …… '탈세속화Entweltlichung', '탈관능화Entsinnlichung', '보다 높은 인간höherer Mensch' 등이 모두 하나의 감정으로 융합될 때까지 말이다."[61]

그래서 교회는 사람들의 낙담과 무기력, 자신과 세상을 향한 저주 등을 모두 고상한 인간의 품성, 저 세계(천국)로 구원될 자질인 것처럼 포장해버렸다. 이처럼 삶의 욕망을 제거하고 이 세상에서의 삶을 포기하는 것이 고귀한 인간이 되는 길인 양 말하는 것을 니체는 "인간에게서 하나의 숭고한 기형아를 만들려는 의지"라고 비꼬았다.[62]

그렇다면 우리가 진실로 해야 하는 일은 무엇인가. 인간의 무기력을 선하다고 평가해온 그 뒤집힌 가치평가를 다시 뒤집는 것이다. 돌을 사랑하는 위대한 조각가는 망치를 든다. 그는 쳐내야 할 것과 끄집어내야 할 것을 잘 아는 사람이다. "오 그대 바보들이여, 그대 오만하고 불쌍한 바보들이여, 그대들이 여기에서 무엇을 했단 말인가! …… 그대들은 어떻게 나의 가장 아름다운 돌을 잘못 잘라 망쳐놓았던가! 그대들은 그대들에게서 무엇을 끄집어냈던가!" 위대한 조각가는 인간에게 있는 위대한 형상을 끄집어내는 사람이다. 인간에게는 자신을 넘어서는 형상이 들어 있다. 인간 안

61) 《선악의 저편》, 62절.
62) 《선악의 저편》, 62절.
63) 《선악의 저편》, 62절.

에는 위버멘쉬가 들어 있다. 각자에게 담긴 자기극복의 요소를 꺼내야 한다. 그러나 니체는 이 장에서 아직은 아니라고 말한다. 아직은 "인간을 예술가로 조형하기에 인간은 충분히 고귀하지도 준엄하지도 않"기 때문이다.[63] 우리는 도래하는 예술가를 기다려야 한다.

05

영원히 돌아오고 영원히 태어나다

끝으로 우리가 읽은 제3장에서 '십자가에 매달린 신' 너머로 어떤 신 하나가 고개를 내밀었으므로 소개하려 한다. 니체는 그를 '악순환인 신 ciruculus vitiosus deus'이라고 불렀다.[64] 아마도 니체 스스로 사도를 자처했던 '디오니소스Dionysus'일 것이다. 니체는 디오니소스를 통해 '신의 죽음'과 '영원회귀' 개념을 살짝 내비친다.

신의 죽음 – 디오니소스 vs. 십자가에 매달린 자

니체가 '악순환인 신'을 언급한 것은 56절에서인데, 55절에서 먼저 '신의 죽음' 이야기를 꺼냈다. 그는 '신의 죽음'이 종교적 잔인성의 최종 발전 단계인 것처럼 말했다.[65] 니체에 따르면 종교적 잔인성의 첫 단계는 신에게 '장자'를 바치는 것이다. "일찍이 사람들은 신에게 자신이 가장 사랑했

64) 《선악의 저편》, 56절.

65) 《선악의 저편》, 55절.

던 사람들을 희생물로 바쳤다." 이것이 선사시대 종교에서 곧잘 나타나는 '장자 희생'이다. 종교적 잔인성의 두 번째 단계는 신에게 인간 자신의 자연(본성)을 바치는 것이다. 일종의 강력한 금욕주의가 생겨난 것이다. 그리고 종교적 잔인성의 세 번째 단계에서 인류가 찾아낸 희생물은 바로 신 자신이다. 인간에게 남은 최후의 소중한 것, 모든 희망, 모든 믿음, 다시 말해 자신들이 떠받드는 '신'을 희생물로 바치는 것이다. 이것이 바로 '십자가에 매달린 신'이다.

그런데 니체는 이 종교적 잔인성의 마지막 단계에 '역설적 신비paradoxe Mysterium'가 있다고 말한다.[66] 도래하는 이들, "이제 막 나타나고 있는 세대"를 위해 남겨진 역설적 신비. 니체는 '신의 죽음'이 갖는 다른 의미, 다른 가능성을 말하려는 듯하다. 그는 '신의 죽음'이 한편으로는 기독교 감정의 최고 형태이지만 역설적이게도 "반대되는 이상에 눈을 뜨게" 해준다고 했다. 말하자면 '신의 죽음'은 심판의 죽음이고, 죄의 소멸을 의미할 수 있지 않은가. 즉 '신의 죽음'은 '대지의 무구함'을 알려주는 복음일 수 있다. '신의 죽음'과 더불어 우리는 도덕적 속박의 저편, 선악의 저편으로 갈 수 있지 않은가.

니체는 이때 인간은 "가장 대담하고 생명력 넘치며 세계를 긍정하는 자신의 이상에 눈을 뜨게" 된다고 이야기한다. 이런 인간은 "과거에도 그렇게 존재했고, 현재도 그렇게 존재하는 방식대로 그것을 다시 갖고자" 하며, "영원을 넘어 지치지 않고 다시 한

66) 《선악의 저편》, 55절.

영원을 넘어
지치지 않고
다시 한 번!

번da capo을" 외치게 된다.[67] 뒤에 더 자세히 다루겠지만, 니체에게 '신의 죽음'은 '영원회귀'와 연결된다. 두 개념은 모두 '세계의 무구함'에 대한 긍정을 의미하기 때문이다. 즉 신의 죽음과 영원회귀는 모두 세계를 심판할 심판자와 법정이 사라졌다는 것, 세계는 그 자체로 아무런 목적을 갖지 않는 무구한 것이라는 복음을 전한다.

그러므로 완전히 다른 두 가지 '신의 죽음'이 있는 셈이다. 한 신의 죽음, 즉 '십자가에 매달린 자'는 인류 전체를 죄의식에 빠뜨린 전율과 공포의 사건인 반면, 다른 신의 죽음, 즉 '디오니소스'의 죽음은 삶과 세계의 무구함을 긍정하는 사건이라 할 수 있다.

'디오니소스 대 십자가에 매달린 자'. 니체는 상반된 신의 두 죽음을 그렇게 정식화했다. 그는 《이 사람을 보라》의 마지막 아포리즘을 이렇게 썼다. "사람들은 나를 이해했던가?—디오니소스 대 십자가에 못 박힌 자Dionysos gegen den Gekreuzigten를…."[68] 1888년에 쓴 '두 가지 유형: 디오니소스와 십자가에 매달린 자'라는 유고에도 이 정식이 등장한다. "디오니소스 대 '십자가에 매달린 자': 여기서 너희는 대립을 갖는다. 순교와 순교 아님이 아니라,—순교가 다른 의미를 갖는 것이다. 디오니소스에게서는 삶 자체가, 삶의 영원한 풍요로움과 회귀가, 고통과 파괴와 절멸에의 의지의 조건이 된다… 두 번째 경우['십자가에 매달린 자']에서는 고통이, '죄 없는 자로서 십자가에 매달린 자'가 삶에 대한 이의 제기로서, 이 삶에 대한 단죄 형식으로 간주된다."[69]

67) 《선악의 저편》, 56절.

68) 《이 사람을 보라》, 왜 나는 하나의 운명인지, 9절.

69) 《유고(1888년 초~1889년 1월 초)》, 1888, 14[89].

'십자가에 매달린 자'와 상반된다 해서, 디오니소스의 죽음에 잔인성이나 고통이 없는 것은 아니다. 신화에 따르면 디오니소스는 타이탄들에 의해 사지가 갈기갈기 찢겨 죽는다. 둘을 가르는 차이는 고통의 유무나 크기가 아니다. 결정적 차이는 고통과 죽음에 대한 퍼스펙티브에 있다. '십자가에 매달린 자'의 고통과 죽음은 죄의식을 심어준다. 그리고 그의 부활은 죄에 대한 심판을 수반한다. 그러나 디오니소스의 고통과 죽음은 세계와 삶의 무구함을 긍정하는 데 필요한 단련이자 파괴이다. 그리고 그의 부활은 무구한 세계와 삶에 대한 영원한 약속이다.

"비극적 인간(디오니소스적 인간)은 가장 쓴 고통도 긍정한다: 그럴 수 있을 정도로 그는 충분히 강하고 충만하며 신격화되어 있다. [그러나] 기독교적 인간은 지상에서의 가장 행복한 운명도 여전히 부정한다: 그는 …… 삶 때문에 고통받을 만큼 약하며 가난하고 가진 것이 없다. '십자가에 달린 신'은 삶에 대한 저주이다. [그의 죽음은] 삶으로부터 구원받으리라는 표시이다. [반면] 토막으로 잘린 디오니소스는 삶에 대한 약속이다: 영원히 다시 태어나고 파괴로부터 되돌아온다."[70]

동일한 것의 영원회귀

과연 우리는 이 삶과 세계를 '존재하는 그대로' 긍정할 수 있는가. 우리는 이 삶과 세계의 영원한 돌아옴, 영원한 '다시 한 번'을 의욕할 수 있는가. 우리는 영원한 '악순환', 다시 말해 영원회귀를 의욕하는가. 동일한 것의 영원회귀Die Ewige Wiederkunft des Gleichen. 동일한 것이 영원히 되돌아온다고? 과거에 존재했던 그대로, 현재가 존재하는 그대로? 그렇다. 당신은 그것을 견딜 수 있는가? 이것은 니체가 《즐거운 지식》에서 한 악령(다이몬)의 입을 빌려 던진 물음이다.

70) 《유고(1888년 초~1889년 1월 초)》, 1888, 14[89].

"최대의 무게—어느 날 낮 혹은 어느 날 밤에 한 악령이 너의 가장 깊은 고독 속으로 살며시 찾아들어 이렇게 말한다면 그대는 어떻게 하겠는가: '네가 지금 살고 있고, 살아왔던 이 삶을 너는 다시 한 번 살아야만 하고, 또 무수히 반복해 살아야만 할 것이다; 거기에 새로운 것이란 없으며, 모든 고통, 모든 쾌락, 모든 사상과 탄식, 네 삶에서 이루 말할 수 없이 크고 작은 모든 것들이 네게 다시 찾아올 것이다. 모든 것이 같은 차례와 순서로'."[71] 《차라투스트라》에도 비슷한 물음이 나온다. 이번에는 난쟁이가 차라투스트라에게 던진 것이다. "너는 너 자신에게 떨어져 너를 쳐 죽이게 되어 있는 그 돌을 멀리도 던졌다. 그러나 그것은 네 머리 위로 떨어지고 말리라!"[72]

모든 것이 똑같이 돌아온다고? 심지어 순서까지 똑같이? 의욕은 고사하고 믿을 수나 있는 것인가? 우리가 경험하는 것은 매일 다른 날이 아닌가? 여기서 주의할 점이 있다. 《즐거운 지식》과 《차라투스트라》에서 물음을 던진 이는 악령과 난쟁이였다는 것이다. 둘은 차라투스트라(우리)를 시험하기 위해 물음을 던졌다. 그것은 무척이나 영원회귀를 닮은 물음이지만 그만큼 영원회귀를 오해하기 쉽게 만드는 물음이기도 하다.

니체가 '동일한 것의 영원회귀'라는 말로 의미하고자 했던 바

71) 《즐거운 지식》, 341절.

72) 《차라투스트라는 이렇게 말했다》, 환영과 수수께끼에 대하여, 1절.

는 동일한 궤도의 순환이 아니었다. 오히려 정반대의 것 즉 '탈선'을 뜻한다.[73] 세계는 파도치는 바다처럼 확정된 양으로 이루어졌다 해도 계속 다른 형상으로 밀려온다. '동일한 것'으로서의 세계는 어떤 누락도 없다는 의미에서 동일한 것이다. 지금의 나에게 현재화된 정체성만이 아니라, 현재화되지 않은 모든 가능성들을 하나도 누락하지 않은 채로, '동일한 것'이 나에게 밀어닥치는 것이다. 과거에도 그렇고 지금도 그러하듯이, 앞으로도 그럴 것이다. 지금 내가 가진 현재의 정체성이란 나에게 돌아온 무한한 가능성들 중 일부만이 특정한 방식으로 실현된 것뿐이다. 그러므로 니체가 '동일한 것의 영원회귀'에서 말한 '동일한 것'은 "가능성들 전체"라고 해야 한다.[74]■ 니체가 《서광》에서 사용한 비유를 들자면 우리는 동일한 텍스트에 매번 다른 해석, 다른 주석을 다는 셈이다.[78] 그러므로 누락 없는 모든 가능성을 긍정한다는 뜻으로서 '동일한 것의 영원회귀'는 동일성이 아니라 차이를 낳는다. 말하자면 영원회귀란 현재적 동일성, 현재적 정체성을 깨뜨리는 차이 생성의 원리이다.

■ 참고로 니체의 이런 생각은 헬레니즘 시대의 철학, 특히 스토아주의와 비교할 만하다. 스토아주의자는 과거에 일어난 일 모두를 자신이 그렇게 일어나기를 원했던 일로 받아들이는 사유 훈련을 했다. 이를테면 세네카는 이렇게 말했다. "네게 무슨 일이 일어나든 그것이 네가 일어나기를 간절히 바랐던 그런 일인 것처럼 받아들여라."[75] 이는 운명을 체념하는 태도가 아니다. 오히려 어떤 일이 닥치더라도 그것에 휘둘리지 않는 삶을 살기 위한 단련이고 무장이라 할 수 있다. 즉 스토아주의자는 어떤 미래에도 휘둘리지 않기 위해(부질없는 희망이나 근거 없는 공포에 휘둘리지 않기 위해), 과거 전체를 자신이 원했던 것으로 그리고 지금도 원하고 있는 것으로 긍정했다.[76] 니체도 비슷한 말을 했다. 그는 "모든 '그랬다Es war'를, 의지가 '내가 그러기를 원했노라!' 또는 '앞으로도 그러기를 바라노라!'라고 말할 때까지 변형시키라"라고 했다. 그리고 그것만을 구원이라 부른다고 했다.[77] 하지만 이 말은 스토아주의와는 조금 다른 의미를 갖는다. 니체는 과거를 모두 긍정하지만 과거를 그대로 받아들인다는 것이 아니라, 나의 현재적 시도가 과거 사건의 의미를 새롭게 만든다는 뜻이기도 하다.

73) P. Klossowski, 조성천 옮김, 《니체와 악순환》, 그린비, 2009, 88쪽.

74) P. Klossowski, 위의 책, 89쪽.

75) Seneca, translated by J. Clarke, *Naturales Quaestiones*, Book III, Pref. http://naturalesquaestiones.blogspot.kr/2009/08/book-iii-tr-john-clarke.html

76) M. Foucault, 심세광 옮김, 《주체의 해석학》, 동문선, 2007, 349쪽, 498쪽 참고.

내가 나에게 도래한다

동일한 것의 영원회귀. 과거에도 그랬고 지금도 그렇다. 그렇다면 우리는 이런 세계, 이런 삶을 의지할will 수 있는가? 그러나 하나의 문제가 더 남았다. 영원회귀를 '내가' 의지한다는 것이 가능한가? 왜냐하면 의지하는 '나' 역시 영원회귀의 순환 안에 들어 있기 때문이다. 나는 영원회귀 바깥에서 영원회귀를 의욕할 수 없다. 그런데 영원회귀, 즉 악순환은 '나'를 탈선시킬 것이다. 피에르 클로소프스키P. Klossowski가 이 문제를 잘 제기했다. 그러고는 이렇게 말했다. "악순환의 기호 아래 본질적으로 변화하는 것은 (인간적 의지와는 독립적으로) 실존의 본성 자체이다."[79] 즉 영원회귀를 의지한다는 것은 현재의 내가 꿈꾸는 미래(이 미래는 사실 현재의 반영일 뿐이다)에 대한 것이 아니다. 영원회귀를 의지하는 것은 지금의 나와는 다른 나, 곧 지금과 다른 실존을 의지하는 것이다. 그것은 다른 실존에 대한 시도이다. 이 시도는 그 자체로 "가능성들 전체"에 대한 긍정을 전제한다(이는 목적론의 부정이기도 하다).

그러므로 영원회귀를 의지한다는 것은 주체의 자유의지 같은 것이 될 수 없다. 영원회귀에는 (주체의 자기극복이라는 의미에서) '주체의 죽음'이 담겨 있기 때문이다. 영원회귀를 의지한다는 것은 따라서 위험을 감수하는 일종의 모험이고 시도이다. 내 안에 들어 있는 다른 실존의 가능성, 내 정체성과 다른 어떤 타자성들

77) 《차라투스트라는 이렇게 말했다》, 낡은 서판과 새로운 서판에 대하여, 3절.

78) 《서광》, 119절.

79) P. Klossowski, 앞의 책, 101쪽.

을 현실화하기 위한 시도이며, 제1장에서 언급한 바 있는, '어쩌면vielleicht' 이라는 단어를 긍정하는 실천이다. 종교적으로 말하자면 그것은 나와 세계에 대한 무구한 믿음이다.

영원한 어린아이

니체가 영원회귀를 의지하는 자, 악순환을 긍정하는 자의 형상으로 어린아이를 제시하는 것은 흥미롭다. 어린아이는 가능성, 무구함, 반복을 모두 결합한 존재이다. 《차라투스트라》에서 니체는 어린아이를 "천진난만이요, 망각이며, 새로운 시작, 놀이, 스스로의 힘에 의해 돌아가는 바퀴, 최초의 운동, 거룩한 긍정"이라고 불렀다.[80] 우리는 이 형상을 《선악의 저편》 57절에서도 만난다. "정신의 눈으로 예리함과 통찰력을 단련해온 모든 것은 아마 자신을 훈련시키기 위한 계기에 불과할 것이며, 하나의 놀이, 어린아이나 어린아이 같은 자들을 위한 그 무엇에 불과했을 뿐이다." 그런데 인류에게는 "영원한 어린아이"가 들어 있다.■ 그렇다면 그것에 희망을 걸어야 하지 않을까. 언젠가는 "마치 나이 든 사람에게 어린아이의

■ '영원한 어린아이'라는 표현은 니체가 젊은 문헌학자 시절 '헤라클레이토스적 세계관'을 다룬 글의 다음 표현을 떠올리게 한다. "세계는 제우스의 유희이다." 세계의 어린아이 제우스. "생성과 소멸, 건축과 파괴는 아무런 도덕적 책임도 없이 영원히 동일한 무구의 상태가 있으며, 이 세계에서는 오직 예술가와 어린아이의 유희만이 있을 뿐이다. 어린아이와 예술가가 놀이를 하듯 영원히 생동하는 불은 순진하게 놀이를 하면서 세웠다가 부순다.—영원의 시간 에온은 자기 자신과 이 놀이를 한다. 마치 아이가 바닷가에서 모래성을 쌓듯이 그는 물과 흙으로 변신하면서 높이 쌓았다가 부수곤 한다. 이따금 그는 놀이를 새로 시작한다."[81]

놀이 도구나 고통이 그렇듯이, '신'이나 '죄' 같은 개념들도 우리에게 중요하지 않은 것처럼 보일 것"이라고.[82)]

80) 《차라투스트라는 이렇게 말했다》, 세 단계의 변화에 대하여.

81) 《유고(1870년~1873년)》, 그리스 비극시대의 철학, 6절, 7절.

82) 《선악의 저편》, 57절.

제4장

간주곡

―이행을 준비하며 잠시 머물기

01

간주곡으로 울려 퍼지는 경구들

167

제4장은 매우 독특한 형식의 장이다. 125개의* 짧은 경구가 음악극의 간주곡처럼 책 중간에 배열되어 있다.** 니체는 음악적 구성을 염두에 두면서 책 전체를 작곡하듯 썼음에 틀림없다. '미래 철학을 위한 서곡'이라는 이 책의 부제, 맨 마지막에 덧붙인 '후곡', 책 중간에 넣어둔 '간주곡' 등이 그것을 말해준다.

* 아포리즘 번호로는 63번에서 185번까지 123개이지만, 65번과 73번의 경우 각각 다른 두 개의 아포리즘에 동일한 번호가 붙어 있다. 그러므로 제4장의 아포리즘은 모두 125개이다. 아울러 제7장 237절의 경우에도 두 개의 아포리즘에 동일한 번호가 붙어 있다.

** 니체는 쾨젤리츠Heinrich Köselitz에게 보낸 편지에서, 음악과 음악가에 대한 판단과 평가를 함께 갖기를 당부하면서 아포리즘 책을 음악에 비유했다. 그는 아포리즘들은 함께 어울리면서도 각각 독특하고 분명한 소리를 내야 한다고 했다.[1]

1) 하인리히 쾨젤리츠에게 보낸 편지(1887. 6. 22.).

간주곡 – 휴식으로서

책 전체로 보면 제4장(간주곡)은 중간 휴식의 느낌을 준다. '간주곡'은 말 그대로 음악극의 주요 장들 사이에 연주되는 곡이다. 간주곡이 연주되는 동안 스태프는 무대장치를 설치하고 의상을 준비한다. 그리고 배우와 청중은 잠시 휴식을 취한다. 이 책 전체가 정상으로의 등정이라면 제4장은 잠시 머무는 산허리가 아닐까 싶다. 메시아를 기다리며 메시아에 한없이 다가가는 선지자는 이곳에서 잠시 휴식을 취한다. 그는 아래를 내려다보기도 하고 위를 올려다보기도 할 것이다. 저 아래서는 그가 걸어온 길을 훑으며 바람이 시원스레 올라오고, 저 높은 곳에서는 그를 기다리는 신의 눈짓인 양 섬광이 번쩍이고 신의 웃음소리인 양 천둥소리가 울린다.

간주곡 – 예고로서

간주곡은 형식상 책의 전반부와 후반부를 나누고 있다. 아캄포라C. D. Acampora와 안셀–피어슨K. Ansell-Pearson은 저급한 취향에서 귀족적인 고급 취향으로의 이행이라는 관점에서 제4장을 일종의 퍼포먼스로 볼 수 있다고 했다. 둘에 따르면 제4장은 단순한 간주곡이 아니라 취향의 이행을 위한 일종의 준비 작업이며, 따라서 이 장에는 이행 중인 존재로서의 현대인, 반쯤 야만인이고semi-barbarous, 혼성적인hybrid 존재로서 현대 유럽인이 들어 있다고 했다.[2)]

그러나 이 책 전체를 고귀함(제9장 '고귀함이란 무엇인가')을 향한 고양 내

2) Christa Davis Acampora and Keith Ansell-Pearson, *Nietzsche's 'Beyond Good and Evil': A Reader's Guide*, Continuum, 2011, p. 108.

지 등정으로 읽는다 해서, 제4장을 기준점으로 철학과 종교를 다룬 제1~3장의 내용이 저급하고, 도덕과 정치 등을 다룬 제5~8장의 내용이 고급하다는 뜻은 아니다. 전체적으로 후반부로 갈수록 니체가 생각하는 고귀함의 의미가 더 선명해지는 것은 사실이지만, 정신의 고양은 각각의 장을 읽어나가는 동안 독자에게 반복적으로 일어나는 체험의 결과이지 특정한 장(이를테면 제5장)부터 시작되는 운동이 아니다.

그럼에도 제4장이 어떤 '나눔'의 역할을 하는 것은 사실이다. 한편으로 제4장은 '구분한다'라는 의미에서 앞 장과 뒤 장을 나눈다. 전체적으로 볼 때 제5장부터 경사가 급해지면서 고귀한 것과 저급한 것의 위계가 더 선명해지고 전면화한다. 시선도 바뀐다. 대체로 앞서의 장이 아래서 정상을 향해 올려다보는 느낌을 준다면, 뒤의 장은 위에서 아래를 내려다보는 느낌을 준다.※ 그러나 다른 한편으로 제4장은 '공유한다'라는 의미에서 앞 장과 뒤 장의

※ 예컨대 '진리를 위한 순교'의 비극성과 희극성을 다룬 25절, 150절, 294절의 어조를 비교해보라. 25절에서 니체는 철학이 발생에서는 비극이었지만 끝에서는 비극이 끝났음을, 즉 하나의 '익살극Satyrspiel' 내지 '소극Nachspiel-Farce'만을 보게 될 것이라고 했다. 150절에서는 여기에 신의 시각을 끌어들인다. "영웅을 둘러싼 모든 것은 비극이 되며, 반신을 둘러싼 모든 것은 익살극이 된다. [그렇다면] 신을 둘러싼 모든 것은 어찌될까? 어쩌면 '세계'가 되는 것일까?" 그리고 294절에서는 '철학자-신'의 시선이 명백하게 드러난다. "만약 신들도 철학을 한다면 …… 모든 진지한 것들을 희생해서라도 - 위버멘쉬적이고 새로운 방식으로 웃을 수 있다는 사실을 나는 의심치 않는다! 신들은 …… 신성한 행위를 할 때조차 웃음을 멈출 수 없는 것처럼 보인다." 인간의 올려다보는 관점에서 비극적이었던 모든 것이 신의 내려다보는 관점에서는 희극적인 것이 된다. (참고로 램퍼트L. Lampert는 중복된 아포리즘 수를 고려하여 《선악의 저편》의 중간이라는 점에서 150절에 각별한 중요성을 부여한다.3))

3) Laurence Lampert, *Nietzsche's Task: An Interpretation of BEYOND GOOD AND EVIL*, Yale University Press, 2001, p. 142.

이야기들을 함께 나눈다. 다시 들려주기와 미리 들려주기가 공존하는 셈이다. 그래서 간주곡의 몇몇 경구는 이전 장의 내용을 돌아보게 한다. 인식, 충동, 부끄러움, 자유정신 등 '이미' 앞서 만난 주제들이 계곡을 타고 온 바람처럼 다시 울려 퍼진다. 또 몇몇 경구는 우리가 '아직' 만나지 않은 이국적인 소리와 색깔을 지니고 있다. 야만적 인간, 매혹하는 여성, 광기에 휩싸인 민족, 악마이자 위대한 철학자인 신 등 우리를 조금은 두렵게 만들고 조금은 들뜨게 하는 소리들이 높은 곳에서 내려온다. 독자로서는 전반부의 연주를 재음미하고 후반부의 연주를 기대하면서 제4장을 읽어 나갈 수 있다.

간주곡 — 훈련으로서

간주곡의 경구들이 휴식과 예고로서만 주어진 것은 아니다. 제4장은 앞으로 더 가팔라지는 길을 대비하며 독자가 사유를 연습하고 훈련하는 장소이기도 하다. 여기에 실은 경구 대부분은 1882년 여름에서 가을 사이에 쓴 445개의 경구 중에서 니체가 고른 것이다.[4] 이때 그는《즐거운 지식》을 마무리 짓고《차라투스트라》를 준비하고 있었다. 그리고 루 폰 살로메Lou von Salomé를 만나 사랑에 빠져 있기도 했다. 니체는 살로메와 2주 정도의 시간을 보낼 때 많은 경구를 썼고, 심지어 몇 개는 그녀 앞에서 적었다고 한다.[5)■]

당시 니체는 살로메에게 '스타일에 대한 가르침Zur Lehre vom Stil'이라는 제목으로 10개의 경구를 적어 보냈는데 마지막 경구가 아주 흥미롭다.[7]

4) 《유고(1882년 7월 ~1883/84년 겨울)》, 1882, 3[1].

5) Laurence Lampert, 앞의 책 p. 137.

7) 루 폰 살로메에게 보낸 편지(1882. 8. 24.).

"독자들한테서 손쉬운 반대(이의 제기)를 미리 박탈하는 것은 예의 바르지도 현명하지도 못한 짓입니다. 독자들이 우리 지혜의 최후의 정수Quintessenz를 스스로 외칠 수 있도록 해주는 것이 예의 바르고 현명한 행동이지요."[8] 말하자면 경구들을 해석해 자기의 사유로 만들어내는 것은 독자의 몫이라는 뜻이다.

니체는 독자가 경구를 단지 읽지만 말고 체험하고 체득하기를, 그래서 피로서 그것들을 받아들이기를 바랐다.** 그러므로 중요한 것은 경구를 해독한 정보를 얻는 것이 아니라 직접 경구를 해석할 기술과 능력을 키우는 것이다. 니체는 《도덕의 계보》에서도 비슷한 말을 했다. "아포리즘은 읽는다고 해도 '해독되는entziffert' 것이 아니다. 오히려 이제 비로소 그 해석Auslegung이 시작되어야 하며 거기에는 해석의 기술이 필요하다."[10]

니체에 따르면 모든 경구는 봉우리이다. 산줄기에서 가장 짧은 길은 봉우리에서 봉우리를 잇는 것이다. 그런데 그런 길을 걸을 수 있으려면 긴 다리, 크고 우람한 체구를 가져야 한다.[11] 제4장 간주곡이 바로 그런 힘을 다지는 장소다. 경구 하나를 오르는 것은 봉우리 하나를 오르는 것이며, 경구에서 경구로 나아가는 것은

6) 《유고(1882년 7월 ~1883/84년 겨울)》,1882.1.

8) 《유고(1882년 7월 ~1883/84년 겨울)》, 1882, 1882, 1[109].

9) 《차라투스트라는 이렇게 말했다》, 읽기와 쓰기에 대하여.

10) 《도덕의 계보》, 서문, 8절.

11) 《차라투스트라는 이렇게 말했다》, 읽기와 쓰기에 대하여.

■ 참고로 니체는 이때 작성한 여러 경구를 살로메에게 직접 편지로 보냈다. 이 경구들은 '루 폰 살로메를 위한 타우텐부르크 메모들(1882년 7~8월)Tautenburger Aufzeichnungen für Lou von Salomé. Juli~August 1882'이라는 이름으로 유고에 실려 있다.[6]

■■ "피와 경구들로 글을 쓰는 사람은 그저 읽히기를 바라는 것이 아니라 암송되기(체득하기, auswendig)를 바란다."[9]

봉우리에서 봉우리로 건너가는 것이다. 이곳에서 독자는 사유의 근육을 충분히 단련할 필요가 있다. 따라서 경구들을 직접 읽어야 한다. 나는 여기서 이것들을 소개하지도 해석하지도 않는다. 다음 32개의 경구는 니체의 경구들을 읽고 떠오른 생각을 답례로서, 말하자면 니체가 쓴 간주곡에 대한 변주곡으로서 쓴 것이다.

02

변주곡

—Tribute to Nietzsche

1. 보편적 인간—어떤 박애적 인간도 연애할 때는 보편적 인간을 찾지 않는다. 저만의 성분도, 내용도 없는 인간에게 어떤 매력이 있단 말인가. 가치중립과 객관성 앞에서 내가 하품하는 이유.

2. 짜디짠 진리—"바다 한가운데서 갈증이 나 죽는다는 것은 무서운 일이다."[12] 물이 넘쳐나는 곳에서 내가 마실 물이 한 방울도 없다는 것. 어쩌면 진리에 대한 가장 중요한 물음은 이것이리라: 이 많은 진리가 도대체 '내게' 무엇이란 말인가!

3. 학자와 철학자—보고 듣고 냄새 맡고 더듬고 기억하는 것. 사람들은 노동할 때나 사랑할 때나 비슷한 행동을 한다. 그런데 그런 행동을 하면서 얼굴이 빨개지고 가슴이 뛴다면 당신은 사랑

12) 《선악의 저편》, 81절.

을 하는 것이다. 더욱이 사랑하는 대상 안에 숨은 위대함을 알아보고, 그것을 꺼내기 위해 망치까지 쳐들 수 있다면 당신은 위대한 사랑을 하는 것이다. 앎이라고 다를까.

4. "우리가 원하는 건, 도둑질을 했는데 용서해달라는 게 아니라, 우리는 죄지은 게 하나도 없다는 걸 인정하라는 거예요."[13)]

5. 당신의 착각—나는 죄인이 아니고 당신도 재판관이 아니잖아요.

6. 저들이 죄인인 이유—"저들은 저들이 하는 짓을 모르나이다."

7. 오해—그는 억울했다. 그는 주동자가 아니었다. 그러나 권력자가 그를 처형대에 올렸을 때, 사람들은 그를 외경의 눈빛으로 보았고 어떤 이들은 그의 이름을 부르며 흐느끼기까지 했다. 생애 처음으로 주인공이 된 그는 기꺼이 배역을 맡았다. "혁명 만세!"

8. 허영심—자부심이 높은 어느 원숭이가 밤새 괴로워했다. 그는 자신에게 화가 나서 한숨도 잘 수가 없었다. 그런데 애초에 그는 자신을 무엇이라고 생각했던 것일까.

9. 전환—처음에는 괴로워 울부짖었다. 그에게는 어떤 학대도 충분치 않아 보였다. 그는 양심의 고문대 위에 스스로를 올려놓고 한참을 두들겨

13) 신해철, 1996년 〈N.E.X.T is Alive〉 공연 중 '동성동본금혼법'에 대하여.

패고 물어뜯었다. 마침내 그는 악을 벌하는 자신이 대견했다.

10. "만일 아끼는 척하면서 죽이는 손을 본 적이 없다면, 인생을 제대로 본 것이 아니다."[14]

11. 부드러운 칼로 조금씩 목을 베면 언젠가 그 사람도 알지 못한 사이 목이 떨어져 나간다고 한다(루쉰이 들려준 이야기).

12. 진리는 나의 빛. 하지만 누가 저 진리에 불을 켜줄까.

13. 그 뱀에게는 분별력은 있었으나 긍지가 없었다.—그가 신이 될 수 없었던 이유.

14. 마지막 계단은 네 머리다. 너를 내려다볼 수 있을 때 너는 성장한 것이다.

15. 그는 완고하게 과거를 향해 나아갔다. 먼 미래를 원했기 때문이다. 하지만 사람들은 그를 퇴행적이라고 비난했다. 그가 궁수임을 몰랐던 것이다.

16. 경고—낚시꾼은 고기를 낚기 위해 미끼를 단다. 하지만 바다는 그를 낚기 위해 고기를 풀어놓는다. 낚싯대를 드리운 자여,

14) 《선악의 저편》, 69절.

네가 미끼를 걸고 있을 때 바다는 이미 너의 입질을 느낀다. 저 심연의 낚시꾼은 네 자아를 거의 다 잡았다고 벌써부터 흥분하고 있다.

17. 모래주머니를 바깥으로 던져 떠오르는 기구처럼 누군가에게 사랑이든 증오든 내던져야 떠오를 수 있는 무겁고 우울한 인간들이 있다.

18. 상냥한 이유—어떻게 그렇게 모든 사람에게 상냥할 수 있느냐는 물음에 그는 답했다. "난 그들에게 아무런 관심도 없기 때문이오. 어쩌면 나 자신에게도…."

19. 고귀한 자가 두려워하면서 존경하는 이유—어떤 고귀한 자를 보았기에.

고귀한 자가 허영심을 싫어하는 이유—어떻게 자신이 갖고 있지도 않은 것을 자랑할 수 있는가.

20. 그는 불행을 겪지 않은 사람이 아니라 그것을 불행으로서 겪지 않은 사람이다.

21. 고귀한 자는 좋은 것을 보았을 때 신발을 벗고 옷깃을 여미지만, 저속한 자는 좋은 것을 보았을 때 사진 찍고 만져보고 핥아보기까지 한다.

22. 한 충동이 다른 충동에게 "옥좌를 비워라"라고 말할 때 우리 귀에는

그것이 이렇게 들린다. “마음을 비우자.”

23. 유혹하려면 비밀의 방을 가져야 한다. 거기에 비밀을 넣어 둘 필요는 없다. 문만 잠가두는 것으로 충분하다. 그리고 상대방의 추측에 반쯤 끄덕이고 반쯤 가로저으라.

24. 삶과 이별할 때 위대한 인간은 모든 힘을 입꼬리에 모은다고 한다. 그 옅은 미소로 삶에서 거둔 승리를 기념하는 것이다.

25. 아담을 위해 신은 별 수 없이 뱀이 되어야 했다. 지혜란 율법에 대한 의구심에서 시작하고, 성숙은 떠남으로써만 가능하다는 걸 알려주기 위해서.

26. 爲無爲 – 일곱째 날에도 신은 무언가를 하셨다. 즉 그는 안식을 ‘하셨다’. 앞서의 여섯 날처럼 그는 일곱째 날에도 창조주였다. 그날에 그는 자신의 안식, 자신의 부재를 창조하셨다. 그것이 피조물들에게 꼭 필요했기 때문이다. 신의 부재(사람들은 그것을 악마라고 불렀다) 덕분에, 즉 오류, 거짓, 교활, 탐욕, 금지된 것에 대한 호기심 덕분에 피조물들은 번성할 수가 있었다.

27. 여성에 관한 일곱 개의 경구

여성은 당신이 옳은 사람이기보다 매력적인 사람이기를 원한다.

학문은 여성에게 무례하거나 따분하다.

미궁에 이르는 붉은 실을 준 것도, 미궁에 앉아 있던 괴물도, 모두 여성이었다.

"여성에게 가거든 채찍을 가져가시오." 그것 없이 여성은 당신에게 아무것도 주지 않을 것이오(무용수를 위한 가르침).

말할 수 없는 것에 대해서는 침묵하라. 그것은 여성이 '여성 자신'에 대해 말하려 할 때도 해당한다.

성숙한 남성은 아이처럼 놀고 성숙한 여성은 그런 아이를 다룰 줄 안다.

"영원히 여성적인 것이 우리를 끌어올린다"라고 말하는 남성에 웃음을 터뜨리는 여성이야말로 "우리를 끌어올린다".

28. "예수는 자신을 따르는 유대인에게 말했다: 율법은 노예들을 위한 것이다.—내가 신을 사랑하는 것처럼, 신의 아들로 신을 사랑하라! 신의 아들인 우리에게 도덕이 무슨 관계가 있단 말인가!"[15] 그러나 신도들에게 그 말은 들리지 않았다. 왜냐하면 그들의 관심은 온통 '그가 신의 아들'인지에만 쏠려 있었기 때문이다.

29. 보이는 대로 본 것이 아니라 본 대로 보이는 것이다. 그에게 매력이 사라진 것은 그에게 일어난 일 때문이 아니라 당신에게 일어난 일 때문이다.

30. 강이 말했다. "그대에게 고통만을 흘려보내는 것이 너무 괴롭다."

15) 《선악의 저편》, 164절.

16) 《선악의 저편》, 108절.

17) 루쉰, 이주노·박자영·루쉰전집번역위원회 옮김, 〈자그마한 비유〉, 《루쉰전집 4: 화개집·화개집속편》, 그린비, 2014.

바다가 말했다. "너는 강이지만 나는 바다다."

31. 이중 해석—"도덕적 현상이란 존재하지 않는다. 현상에 대한 도덕적 해석만이 있을 뿐이다."[16] 그리고 도덕도 해석해야 한다.

32. 정치에 대한 가장 중요한 물음—양치기가 앞서 가면 양들은 큰 무리를 이루어 그 뒤를 좇아간다. 무슨 급한 일이라도 있는 것처럼 서둘러 바삐 양치기의 뒤를 좇는 것이다. 진지하고 급박한 이런 장면을 볼 때마다 나는 입을 열어 바보 같은 질문 하나를 던지고 싶은 마음이 일곤 했다. "도대체 어디로 가고 있는 것이냐?"[17]

제5장

인간 양육술

01

도덕을 읽는다는 것
—도덕 감각과 도덕학

니체는 도덕 감각과 도덕학 사이의 기묘한 대조로 제5장의 논의를 시작한다. 그에 따르면 "오늘날 유럽에서의 도덕적 감각은 섬세하고, 말기 단계에 접어들었으며, 다양하고, 민감하고, 세련되었는데", 도덕을 연구하는 학문(도덕학, Wissenschaft der Moral)은 여전히 "미숙하고 서툴고 조야"하다.[1] 왜 이런 일이 생겼을까. 도덕을 학문적 대상으로 삼는 것 자체를 거북해하기 때문이 아닐까. 사람들은 선악에 의심을 품고 학문적으로 따져보겠다는 태도, 선악에 역사적이고 문화적인 비교를 수행해보겠다는 태도를 불손하게 생각할 수 있다.[2]

1) 《선악의 저편》, 186절.
2) 《선악의 저편》, 186절.

한 시대의 선을
다른 시대는
악이라 불렀다

도덕학자들의 순진성과 몰역사성

니체가 볼 때 그동안 '도덕을 정초하려던' 철학자들의 시도는 너무 어설펐다. 우선 이들은 심리학적으로 순진했다. 이를테면 비이기적인 행위(이타적 행위)에 입각해 도덕학을 수립하려 했다. 도덕적 행동이 무엇인지를 미리 규정하고('주어진 것'으로 받아들이고), 다만 이런 행동을 가능케 한 인간의 도덕적 동기나 본래적 소질을 찾으려 했을 뿐이다. 자신이 도덕적 행동으로 간주한 것, 그것 자체에는 의문을 품지 않았다. 《인간적인 너무나 인간적인》에서 니체는 이 철학자들을 "학문 정신이 아니라 박애 정신에 이끌리는 구경꾼들"이라고 불렀다.[3] 도덕에 어떤 의심도 없이 그저 이타적 행동만을 외치는 박애주의자라고.

둘째, 이 철학자들은 '역사적 감각'을 갖고 있지 못했다. 이들이 주장하는 도덕의 토대를 살펴보면 실상은 "현재 유행하는 도덕에 대한 훌륭한 믿음"일 뿐이다.[4] 현재의 도덕적 판단을 모든 시대와 민족에 덮어씌웠다고 할까. 이들은 한 시대, 한 민족이 선이라 불렀던 것을 다른 시대, 다른 민족은 악이라 불렀음을 알지 못했다. 한마디로 도덕적 감각이 역사적 형성물임을 알지 못한 것이다. ▩

▩ "선의 위계가 어느 시대에나 확고하고 동일한 것은 결코 아니다; 누군가가 정의보다 복수를 선택할 경우, 과거 문화의 척도로 볼 때 그는 도덕적이고, 현재 문화의 척도에 의하면 비도덕적이다. …… 선의 위계 자체는 도덕적 관점에 따라 수립되고 전복되지는 않는다; [오히려] 그때그때의 결정에 따라 어떤 행위가 도덕적인지 아니면 비도덕적인지 결정된다."[5]

3) 《인간적인 너무나 인간적인》 I, 36절

4) 《선악의 저편》, 186절.

5) 《인간적인 너무나 인간적인》 I, 42절.

따라서 도덕을 다루려는 사람은 자기 시대의 편견(선판단)에 갇히지 않도록 조심해야 하고 용감해야 한다. 또한 방대한 자료를 검토해야 하기에 부지런해야 한다. 먼지를 뒤집어쓴 자료들을 세심하게 살펴야 하며 "살아 있고 성장하고 낳고 몰락해가는 민감한 가치감정들과 가치차이들의 엄청난 영역을 개념적으로 파악하고 정리해야 한다". 그뿐 아니라 자료를 "조야하게 자의적으로 발췌"해서는 안 되며, 보석을 세공하는 사람처럼 '섬세한 손이나 감각'을 가져야 한다.[6)] ※

도덕은 정동을 말해주는 기호다

니체는 우리가 도덕의 본래적 문제를 드러내려면 여러 도덕을 비교할 필요가 있다고 말한다.[8)] 그에 따르면 도덕적 감각, 가치의 감정들은 "살아 있고 성장하고 낳고 몰락해가는" 생명체와 같다. 우리는 "이러한 살아 있는 결정체가 반복되며 더욱 빈번하게 나타나는 형태들"을 파악해야 한다. 여러 시대 다양한 민족에게 나타난 도덕들을 비교하면서 어떤 유형을 추출하고 그것의 유래와 성격, 가치들을 따져 물어야 한다.※※ 이것이 니체가

※ 니체는 《즐거운 지식》에서도 비슷한 충고를 던진 적이 있다. "부지런한 연구자들을 위한 제언―오늘날 도덕적 문제를 연구하려는 사람은 엄청나게 광범위한 영역의 연구를 개척해야 할 것이다. 모든 종류의 열정들이 하나하나 고찰되고 시대와 민족, 크고 작은 일들이 낱낱이 추적되어야 할 것이다. 모든 이성과 가치평가 전체, 사물들에 대한 조명에 빛이 가해져야 할 것이다. 지금까지는 현 존재에 색채를 부여하는 모든 것이 아직 그 역사를 지니지 못하고 있다."[7)]

※※ 실제로 우리는 니체의 저작들에서 다양한 유형 분류를 만날 수 있다. 무엇보다 귀족의 도덕과 노예의 도덕이 이런 유형적 분류이고(여러 시대를 가로질러 추출한 대표적 유형이다), 종교에 따라 금욕주의의 여러 유형들, 이를테면 기독교적·불교적·스토아적 유형 등을 볼 수 있고, 주체에 따라 예술가·여성·철학자·성직자 등의 유형을 볼 수 있다.

말하는 '도덕의 유형학Typenlehre der Moral'이다.

이런 작업을 하려면 각각의 도덕을, 주창한 개인이나 민족, 시대의 기호로서 잘 해석해야 한다. 가령 누군가 "우리 안에 정언명법이 있다"고, 다시 말해 우리 안에는 보편적이고 무조건적 복종을 요구하는 도덕적 명령이 있다고 주장했다 치자. 이때 우리는 그런 주장이 그 사람의 무엇을 말해주는지 읽어내야 한다.

온갖 유형의 도덕은 저마다의 이유에서 이런 정언명법을 필요로 한다. 이를테면 창시자를 다른 이들 앞에 정당화해야 하는 도덕이 있는가 하면, 창시자를 평안하고 만족스러운 상태로 두어야 하는 도덕도 있다. 또 창시자가 스스로를 십자가에 못 박고 자신에게 순종케 하는 도덕이 있는가 하면, 다른 이에게 복수하는 도덕, 다른 이에게 자신을 감추는 도덕, 자신을 정화해 저 높은 곳에 두는 도덕 등도 있다. 어떤 도덕은 사람들을 망각하기 위해 창시자에게 필요하고, 또 어떤 도덕은 사람들로 하여금 스스로를 망각하게 하기 위해 필요하다.[9] 모든 도덕에서 도덕가는 자신 힘을 인류에게 행사하고 싶어 한다. 니체에 따르면 그런 의지를 표출하는 하나의 형식이 정언명법이다.

그러므로 누군가 우리 안에 보편적이고 무조건적 복종에의 요구가 있다고 할 때, 우리는 그것을 말하는 사람의 지배에의 의지, 힘에의 의지를 읽어야 한다. 이를테면 칸트가 자기 안의 복종을 찬미할 때도 그렇다. "나에게 존경할 만한 것이 있다는 점은, 그것은 내가 복종할 수 있다는 사실이다.—그대들의 경우도 내 경

6) 《선악의 저편》, 186절.
7) 《즐거운 지식》, 7절.
8) 《선악의 저편》, 186절.
9) 《선악의 저편》, 187절.

우와 달라서는 안 될 것이다!"[10] 여기서 칸트는 자기 안의 복종에 큰 가치를 부여하는 겸손한 사람인 것 같지만 니체에 따르면 실상은 반대다. 칸트는 복종에의 요구를 보편적인 것으로 만듦으로써 다른 이들을 복종시키는 엄청난 힘에의 의지를 표출한 셈이다. 우리는 도덕에서 이런 것을 읽어내야 한다.

요컨대 도덕은 '정동을 나타내는 기호언어Zeichensprache der Affekte'이다. 우리는 일종의 기호로서, 징후로서, 도덕을 읽어내는 데 유능해져야 한다. 니체는 이를 천문학자의 작업에 비유했다. 태양 근처에 눈에 보이지 않는 수많은 천체가 있는 것처럼, 훌륭한 "도덕 심리학자는 천문의 문자 전체를, 많은 것이 감춰져 있는 비유언어나 기호언어로" 읽어야 한다.[11]

02

자연의 도덕적 명령
—"복종하라, 그렇지 않으면 파멸할 것이다."

189 도덕을 도덕적 편견에서 벗어나 비도덕적 관점에서, 자연사 관점에서 본다면 어떨까. 그렇다면 우리는 도덕의 역사가 그리 고상한 것이 아님을 단번에 알아차리게 될 것이다. 도덕의 역사는 온건하고 부드러운 사람들의 '좋은 취미'에는 어울리지 않는 이야기들,■ 마르크스가 《자본》에서 쓴 표현을 빌리자면, '피와 불의 문자로 기록된 연대기'라 할 수 있다.■■ 도덕은 자연적(본성적)인 것도 아니고 이성적인 것도 아니다. "모든 도덕은 방임과는 반

10) 《선악의 저편》, 187절.

11) 《선악의 저편》, 196절.

12) 《인간적인 너무나 인간적인》 I , 37절.

13) K. Marx, 김수행 옮김, 《자본론》 I (하), 비봉출판사, 2009, 982쪽.

■ "인류는 심리학적인 해부대, 칼 그리고 집게라는 잔인한 광경을 보지 않을 수 없다. 왜냐하면 이곳에서는 소위 도덕적 감각의 기원과 역사를 추구하고, 학문이 진보하면서 복잡해진 모든 사회학적 문제를 제기하고 해결해나가야만 하는 학문이 특별히 요구되기 때문이다:—이전의 철학은 이런 문제들을 전혀 알지 못했고, 도덕적 감각의 기원과 역사에 관한 연구를 옹색한 구실로 언제나 회피했다."12)

■■ 마르크스는 자본의 '본원적 축적' 과정의 폭력성을 강조하며 그것은 "피와 불의 문자로써 인류의 연대기에 기록"되어 있다고 했다.13)

대의 것이며 '자연'에 대한 폭압이고 '이성'에 대해서도 폭압이다. …… 모든 도덕에서 본질적이고 귀중한 것은 그것이 오랫동안 가해진 강제라는 것이다."[14] 그리고 강제에는 어떤 필연적 이유가 없다. 다시 말해 억압과 강제는 자의적 법칙에 따라 이루어진다.

아름다운 말, 자유로운 몸짓은 자의적 폭력의 결과이다

하지만 니체가 억압과 강제 때문에 도덕을 비판하는 것은 아니다. 따져 보면 우리의 언어생활 자체가 일종의 억압과 강제, 훈련 덕분에 가능한 것 아닌가. 우리는 특정한 방식으로 혀근육을 움직이고 특정한 강도로 성대를 자극하도록 오랫동안 훈련받았다. 사상과 감정을 아름답고 섬세하게 전달해야 했던 이들은 말할 것도 없다. "운율의 강제, 각운과 리듬의 억압을 상기할 필요가 있다. 어떤 민족이든 시인이나 웅변가는 얼마나 많은 괴로움을 당했던가!—자신의 귀에 냉혹한 양심을 가진 오늘날의 산문작가들도 예외는 아니다."[15]

쾌락을 계산하는 공리주의자는 '바보짓'이라 비웃고, 자유정신가를 자처하는 아나키스트는 '자의적 법칙'에 예속되는 것이라 비웃겠지만, 니체에 따르면 아름다운 말, 자유로운 몸짓, 대담한 정신은 모두 이런 혹독한 훈련을 통해 태어났다. "놀라운 사실은 이 지상에서 자유롭고 정교하고 대담하며 춤같이 경쾌하고 장인적인 확실성으로 존재하거나 존재했던 모든 것은 …… '자의법칙Willkür-Gesetze들의 폭정Tyrannei' 덕분에 발전되었던 것이다." 예술, 음악, 무용, 이성, 정신성, 덕 등 모든 것이 우리에게 어떤 "방향을

14)《선악의 저편》, 188절.

15)《선악의 저편》, 188절.

부여하는" 강제와 훈련, 폭력, 전율, 부조리를 통해 이룩되었다.

물론 이 과정이 그 자체로 좋다는 뜻은 아니다. 강제와 훈련은 강자와 자유인을 낳기도 하지만 약자와 노예를 낳기도 한다. 인간을 육성하는 것, 인간의 말과 행동, 정신에 방향을 부여하는 과정은 방향에 맞지 않는 힘과 정신을 질식시키고 압살한다.[16] 다시 말하면 모든 양육에는 유·무형의 강제와 폭력이 들어간다. 결국 중요한 것은 이 과정을 통해 육성하는 것이 자유인인지 노예인지 여부이다. 니체가 좁은 의미에서 도덕을 비판할 때는 그 도덕이 노예의 육성, 무리동물의 사육이라는 점을 염두에 둔 것이다. 그러나 넓은 의미에서 도덕은 인간 육성 프로그램 일반을 의미한다 (귀족의 도덕과 노예의 도덕).

생존과 활력의 조건으로서 어리석음

어떻든 지금 논의 맥락에서 말할 수 있는 것은 도덕이 결코 도덕적으로 발생하지 않았다는 사실이다. 도덕의 기원에는 강제와 폭력, 자의, 어리석음 등이 놓여 있다. 그러나 어떤 의미에서 우리의 생존 조건이라 할 수도 있다. 우리의 생존, 우리의 문화, 우리의 문명은 이런 어리석음이 없었다면 불가능했을 것이다. 이 점에서 니체는 도덕이란 칸트가 말한 것과는 아주 다른 의미에서 자연이 우리에게 내린 정언명령이라고 밝힌다.※ "그대는 복종해야 한다, 누군가에게, 오랫동안: 그렇지 않으면 파멸할 것이며 그대

16)《선악의 저편》, 188절.

자신에 대한 최후의 존경도 잃게 될 것이다." 자연은 방임 속에서 멸종할지 '아니면' 강제와 어리석음을 받아들여 생존할지 선택하라고 우리에게 요구한다. 그리고 이 요구는 개인을 향한 것이 아니다. 그것은 한 종족, 한 민족, 한 시대, 무엇보다도 한 생물학적 종으로서 '인류'를 겨냥한다.[18] 요컨대 도덕은 인류 생존의 문제다.

우리는 이 '어리석음'을 '영리함'으로 바꾸어 부를 수도 있다. 즉 우리의 생존과 활력을 위한 영리함일 수 있다는 뜻이다. 예컨대 어떤 부지런한 종족에게 '무료한 일요일'을 두는 것은 꽤나 영리한 처방이다. '무료한 일요일'이 "다시 일하는 평일이 왔으면 하는 열망"을 불러일으키기 때문이다. 니체는 이를 "영국적 본능의 걸작"이라고 불렀다.[19]

이런 처방은 말하자면 밥맛 없을 때 식욕을 돋우기 위해 행하는 '단식' 같은 것이다. 고대 세계에서도 충동을 억제하거나 돋우기 위한 단식을 많이 찾아볼 수 있다. "강한 충동과 관습이 지배하는 곳이라면 어느 곳에서나 입법자는 윤일을 끼워 넣는 것에 유의해야 했고, 그러한 날 충동들은 사슬에 묶였고, 다시 한 번 배고픔을 배우게 된다." 이런 금욕 처방은 충동을 "순화하거나 예민하게" 하는 데 기여했다. 참고로 니체는 이처럼 충동, 특히 성충동을 억제해 순화하고 섬세하게 만드는 것을 '승화'라고 불렀다.■■

■ "이 명법은 물론 늙은 칸트가 그에게 요구했던 '정언적'인 것이 아니며(그래서 '그렇지 않으면 sonst'이라는 단서가 붙었다—), 개인을 향한 것도 아니다(도대체 개인이 뭐가 중요하겠는가!)."17)

■■ "왜 유럽의 기독교 시대 그리고 일반적으로 기독교적 가치판단의 압력 아래 비로소 성충동이 사랑으로 승화했는가sublimirt에 대한 저 역설적인 문제를 해명하는 암시도 여기에 주어져 있다."20) 여기서 니체의 '승화' 개념이 나중에 프로이트의 '승화' 개념으로 발전하는 싹을 볼 수 있다.

03

우리는 거짓말에 익숙하다

193 니체가 다음으로 제기하는 문제는 도덕과 앎의 관계이다. 과연 이성적 존재는 도덕적 존재인가. '악덕은 무지에서 나온다'라는 유명한 소크라테스적 가설을 검토해보자. 소크라테스는 말했다. "아무도 자기에게 해를 입히고자 하지는 않는다. 따라서 모든 악은 의도하지 않았는데 일어난 것이다. …… 만일 악이 좋지 않은 것임을 알았다면 그는 그것을 하지 않았을 것이다. …… [따라서] 오류를 제거해준다면 그는 반드시 선하게 될 것이다."[21]

그런데 니체는 도덕과 앎의 관계를 논하기 전에 소크라테스적 도덕관에서 풍기는 '천민의 냄새'를 지적한다. 소크라테스의 '선'과 '악' 개념에서 이익을 따지는 속물의 냄새가 풍긴다는 것이다. 소크라테스는 '해를 입는 것'을 '악'이라 생각한다. ■ 그는 행위의 '결과'만을 주시하며, 결과가 행위당하는 자에게 '해를 끼

17)《선악의 저편》, 188절.
18)《선악의 저편》, 188절.
19)《선악의 저편》, 189절.
20)《선악의 저편》, 189절.
21)《선악의 저편》, 190절.

쳤는지' 아니면 '유용하고 유쾌했는지'만을 따진다. 일종의 도덕적 공리주의인 셈이다.[23)] ■■

도덕적 인간은 이성적 인간인가

이제 본격적으로 도덕과 앎의 문제를 따져보자. 과연 이성적 존재는 도덕적 존재인가. 일종의 가치평가로서 도덕은 이성에 입각한 것인가. 사물의 가치를 평가하는 데 있어 더 큰 권위를 갖는 것은 이성일까 본능일까. 니체에 따르면 이 문제는 기독교보다 훨씬 전에 이미 "소크라테스라는 인물에게서 나타나 정신을 분열"시켰다.[25)] 물론 소크라테스는 이성의 편에 섰다. 그는 "본능의 인간이자 자기 행위의 근거들을 충분히 해명하지 못

■ 이와 관련해 플라톤의 《정체》에 나오는 소크라테스와 트라시마코스의 논전은 깊이 음미해볼 필요가 있다. 트라시마코스는 '올바름' 즉 '정의正義'에 대해 "올바른 것은 더 강한 자의 편익이지만, 올바르지 못한 것은 자신을 위한 이득이며 편익"이라는 매우 독특한 주장을 편다.[22)] 그는 올바름, 즉 정의를 규정하는 것은 강자이며, 자신의 손익을 따지는 것은 약자라고 말한다. 정의를 강자의 '편익'이라고 주장했지만 이때 편익은 손익을 따져 나온 것이 아니라 강자가 생각하는 '좋은 것'이라는 의미이다. 강자는 기꺼이 손실을 감수하고 오히려 더 베풀려고 한다는 점을 고려했기 때문이다. 그런데 소크라테스는 트라시마코스가 말한 '강자/약자'를 '지배자/피지배자'와 혼동하며 트라시마코스가 말한 '강자의 편익'을 일종의 '손익' 문제로 생각한다. 이 대화를 끝까지 읽어보면 소크라테스가 트라시마코스의 논지를 사실상 납득하지 못했고, 그 때문에 트라시마코스가 소크라테스의 반론에 좀처럼 동의하지 않는다는 것을 알 수 있다(소크라테스에 따르면 트라시마코스는 '질질 끌려가며 가까스로' 동의했다). 대화 후반에 가면 트라시마코스가 열의를 완전히 잃었다는 인상을 준다.

■■ 니체는 《인간적인 너무나 인간적인》에서 소크라테스와 플라톤의 주장을 인정하는 척하면서 이렇게 비꼬았다. "소크라테스와 플라톤의 말은 타당하다: 인간은 무슨 일을 하든지 언제나 선을 행한다. 즉 인간은 지성의 정도와 이성의 갖가지 척도에 따라 언제나 자신에게 선하게(유리하게) 보이는 것을 행한다."[24)] 이 절의 제목('인간은 항상 선하게 행동한다')에 작은따옴표를 친 것은 소크라테스 말의 인용임을 나타낸 것이지만 조롱의 뉘앙스도 담겨 있다. 인간은 딱 자기 수준만큼의 선을 추구한다는 것이다.

22) Platon, *Politeia*, 338c, 344c, 박종현 역주, 《국가·政體》, 서광사, 1997.

23) 《선악의 저편》, 190절.

24) 《인간적인 너무나 인간적인》 I, 102절.

25) 《선악의 저편》, 191절.

했던 그 시대의 고귀한 아네테인들"을 조소했다. 그러나 그 자신도 사실은 동시대의 아테네인들처럼 본능(충동)에서 곤란함과 무력함을 체험했음에 틀림없다. 결국에는 본능을 끊어내는 것이 불가능함을 자인했기 때문이다.※

니체는 소크라테스가 기만적이었다고 말한다. "본능도 이성만큼이나 권리를 가져야 한다.—우리는 본능에 따라야 하지만, 이성을 설득하여 이성으로 하여금 적절한 근거를 붙여 본능을 지원하게 해야만 한다. 이것이 저 위대하고 비밀에 가득 찬 아이러니스트가 본래 지니고 있었던 기만이다."[28] 즉 니체에 따르면 소크라테스는 도덕판단에 비이성적인 것, 그래서 이성이 근거를 붙여 지원해야만 하는 어떤 것이 개입하고 있음을 알고 있었다.

그런데 플라톤은 이것을 그대로 방치해둘 수 없었다. 플라톤은 이성조차 어찌할 수 없는 어떤 것에 이성으로 하여금 적당히 근거를 붙여 포장하게 하는 식으로 넘어가지 않았다. 그는 이성과 본능의 대립을 해소하기 위해 소크라테스의 이야기를 변주했다. 목

26) Platon, *Phaidon*, 94d, 박종현 역주, 《에우티프론, 소크라테스의 변론, 크리톤, 파이돈: 플라톤의 네 대화 편》, 서광사, 2003.

27) Platon, *Phaedrus*, 254d, 조대호 옮김, 《파이드로스》, 문예출판사, 2008.

28) 《선악의 저편》, 191절.

※ 소크라테스는 영혼이 '조율된 조화'일 수 없으며 '파토스'에 영향받을 수밖에 없다고 했다. 영혼은 다만 파토스를 제어하고자 노력할 뿐이다. "[영혼은] 어떤 경우들에는 비교적 부드럽게 어르는가 하면 책망도 하며, 마치 남남끼리인 것처럼 욕망들과 충동(기분)들 그리고 두려움들을 상대로 이야기를 나누고 있는 것처럼 말일세."[26] 그는 《파이드로스》에서는 영혼을 세 부분('마부와 두 마리의 말')으로 나누어 설명했다. 우리의 '자아'에 해당하는 마부는 욕망에 해당하는 두 말(한쪽은 '지각과 순수한 인식'을 따르는 말이고 다른 한쪽은 육체나 비이성적 의견을 따르는 말이다)을 잘 이끌어야 하는데, 한쪽 말은 명령과 이치, 이성과 수치심을 따르기에 말을 잘 듣지만, 다른 말은 채찍과 가시 막대기를 들고 재갈을 거칠게 당겨 피투성이가 되도록 해야 겨우 겁을 먹고 말을 듣는다고 한다.[27]

적을 끌어들였고 신앙을 끌어들였다. 이데아와 신 말이다. 플라톤은 "전력을 기울여 …… 이성과 본능은 자연히 하나의 목적을, 선을, 신을 향하는 것임을 증명하고자 했다". 니체에 따르면 이것이 플라톤 이래 모든 신학자와 철학자가 걸어야 했던 길이다.[29)■] 이성과 열정(충동)을 통합한 신앙의 길!

우리는 체험을 꾸며낸다

19세기에 역사주의가 대세를 형성했을 때 사람들은 역사에 대한 형이상학적 믿음 하나를 공유했다. 바로 '사물의 기원에는 신성한 것이 있다'는 믿음이다. 이를테면 민족사를 기술하는 사람들은 어떻게 해서든 민족이 탄생하는 순간을 신비화하려 했다. 순수한 무언가가 있었다는 듯이. 니체의 계보학은 반대다. 그의 표현을 빌리자면 계보학자는 신성한 사물의 '수치스러운 기원pudenda origo'을 드러낸다.[31)] 계보학자에 따르면 사물의 유래는 생각처럼 단순하지 않고 다양하며, 사물의 탄생 순간에는 신성하지 않은 온갖 요소가 개입한다.

지식의 합리적 체계를 자부하는 학문의 역사라고 예외가 아니다. 니체는 말한다. "어떤 학문의 역사를 추적해본 사람이라면", '지식과 인식'이

■ 니체는 오로지 이성에만 권위를 두었던 데카르트, "합리주의의 아버지(따라서 혁명의 할아버지)인 데카르트"는 예외라고 했다. 데카르트는 최소한 이 점에서는 기만하지 않았다. 그러나 니체에 따르면 그는 "이성은 단지 도구에 불과"하다는 것을 몰랐던 점, 다시 말해 이성은 신체(충동)의 도구라는 걸 몰랐다는 점에서 '피상적oberflächlich'이었다.[30)] 이성과 충동(작은 이성과 큰 이성)의 관계에 대해서는 《차라투스트라》의 '신체를 경멸하는 자들에 대하여'도 참조.

29) 《선악의 저편》, 191절.
30) 《선악의 저편》, 191절.
31) 《서광》, 106절.

만들어지는 과정 곳곳에 얼마나 "성급한 가설, 허구, '믿고자 하는' 선하지만 어리석은 의지, 불신과 인내의 결핍 등이" 개입하는지 확인할 수 있다고.[32] 물론 도덕의 역사에도 그대로 적용된다. 앞서 말한 것처럼 도덕의 역사는 그다지 도덕적이지 않은 일로 가득 차 있다.

그런데 과연 우리가 '도덕/부도덕'을 곧바로 '앎/무지'와 동일시할 수 있을까. 불행인지 다행인지 우리는 생각보다 거짓말에 익숙하다. 니체에 따르면 우리의 체험은 기만으로 가득 차 있다. 우리 인식은 감각에 의존하지만, 우리는 이미 감각을 오판할 준비가 되어 있다. 우리 눈은 '특이하거나 새로운 이미지'를 붙잡으려 노력하기보다 이미 '익숙한 이미지'를 다시 만들어내기 쉽고, 한 문장을 읽을 때도 각 낱말을 세세하게 보지 않고 몇 개의 단어를 보면서(나머지 단어들은 생략하고) 대강 의미를 추측한다. 또한 우리 귀는 '새로운 것 듣기'를 아주 힘들어해 낯선 음악을 잘 듣지 못하며, 새로운 단어가 나오면 익숙한 단어로 바꾸어 듣기도 한다. "즉 우리는 체험을 대부분 허구로 꾸며내는 창작자"이다. 심지어 우리는 바로 앞 대화 상대자의 표정조차 상상으로 만들어낸다. 예컨대 나는 내가 불러일으킨 사상에 상대가 영향받고 있음을 표정에서 읽지만, 이때 상대의 "얼굴근육의 움직임이나 눈의 표현의 미묘함은 내가 상상에 의해 만들어낸 것임에 틀림없다. 어쩌면 상대편은 완전히 다른 얼굴을 하고 있었거나 아무런 표정을 보이지 않았을"지도 모른다.[33]

32) 《선악의 저편》, 192절.
33) 《선악의 저편》, 192절.

꿈의 해석

우리 체험이 얼마나 창조적인지는 꿈을 보면 알 수 있다. 니체는 외부에서 가해진 비슷한 자극이 저마다의 꿈에서 얼마나 창조적으로 해석되는지를 생각해보라고 말한다. 비슷한 크기의 '쿵' 소리가 어떤 꿈에서는 고적대의 북소리가 되지만 어떤 꿈에서는 전쟁터의 대포 소리가 되기도 한다. 우리는 자는 동안 일어나는 다양한 자극을 대단히 창조적으로 해석하는 존재이다. 우리의 체험은 결국 우리 안에서 텍스트를 해석하는 해석자에 달려 있다. 어떤 정동(정서), 어떤 충동이 지배하느냐에 따라 동일한 자극이 달리 체험되는 것이다.[34)]

물론 잠에서 깨어나면 창작력은 급속히 감소한다. 현실의 제약을 인식하기 때문이다. 그러나 우리 체험의 창작적 성격을 제거하지는 못한다. 니체는 오히려 잠들었을 때 꾸는 '꿈'이야말로 잠들지 않았을 때의 진실을 폭로한다고 생각한다. 즉 우리의 체험은 기본적으로 '해석된 체험'이며, 꿈은 체험의 이런 해석적 성격을 더 선명하게 보여주는 것뿐이다. 말하자면 우리의 체험은 "깨어 있을 때나 꿈꾸고 있을 때나 아무런 본질적 차이도 없다".[35)]

게다가 '꿈'꾸는 동안 우리가 겪은 일은 단순한 가상이 아니다. 꿈에서 겪은 일은 최소한 정신적으로는 실재적이다. 니체의 말을 빌리자면 '꿈속 체험'은 "우리가 '현실적으로' 체험하는 것과 마찬가지로 우리 영혼의 가계 전체에 속한다: [그래서] 우리는 그와 같은 꿈의 체험 덕분에 더 풍부해지기도 하고 가난해지기도 하며, 더 많은 욕망을 갖기도 하고 좀 더 적은

34) 《서광》, 119절.

35) 《서광》, 119절.

욕망을 갖기도 한다".[36] 우리 욕망은 꿈을 통해 분출되며 안정화되기도 하고 꿈속 체험을 통해 더 자극받기도 한다. 꿈은 우리 안에서 어슬렁거리는 정동(정서, 충동)의 기호언어라 할 수 있다. 우리는 프로이트가 《꿈의 해석》에서 그랬던 것처럼 정동의 기호들을 해석해야 한다.

소유욕 때문에도 헌신적 사랑을 할 수 있다

도덕적 행동을 정동의 기호로서 잘 해석하는 심리학자라면, 도덕적 선행이나 헌신적 행동이 매우 부도덕한 충동에서도 나올 수 있다는 것을 이해한다. 이를테면 사람들은 대단한 소유욕 때문에도 도덕적 선행을 행할 수 있다. 가령 남에게 선행 베풀기를 좋아하는 사람들이 있다고 하자. 이 중에는 간교한 술책을 쓰는 사람이 있다. 그는 먼저 자신을 '도움받아야 하는' 존재로 공상해본다. 공상 속에서 그는 자신을 돕는 사람에게 깊이 감사하고 충직한 태도를 취한다. 이런 과정을 거쳤기에 그는 자신이 선행을 베푸는 대상도 공상 속 자기처럼 행동할 것이고 또 그래야 한다고 생각한다. 말하자면 "가난한 사람들을 소유물 다루듯 마음대로 취급"한다. 공상대로라면 선행을 받은 가난한 사람은 그에게 감사하며 절대 복종할 것이다. 즉 그는 선행을 통해 가난한 이들을 마음대로 소유할 수 있다고 생각한다.[37] 니체에 따르면 이런 소유욕 때문에, 그것도 완전한 소유를 향한 충동 때문에, 남

36) 《선악의 저편》, 193절.

37) 《선악의 저편》, 194절.

성은 여성에게, 권력자는 신민에게, 부모는 자식에게 헌신적인 모습을 취할 수 있다.[38] ▩

▩ '도덕적 선행'과 '가난한 사람들의 소유물화'를 연결한 대목이 아주 흥미롭다. 권력자는 선한 통치를 할 때조차 여성, 국민, 가난한 자, 아이를 소유물화한다는 점을 생각해보라. 물론 니체는 이러한 소유에 어떤 결정 불가능성의 지점이 있음을 여러 곳에서 제기한다(특히 여성과 관련하여). 참고로 《선악의 저편》 194절에도 피지배자, 다시 말해 소유물화된 자가 자신의 완벽한 소유 아래 있는지를 확정 짓지 못하는 소유자의 어떤 불신과 불안이 묘사되어 있다.

04

두려움으로서 도덕

201 앞서 말한 것처럼, 니체가 볼 때 도덕은 하나의 강제이고 훈련이며 억압이고 우둔함이다. 그러나 이것들은 '삶의 생존 조건'이기도 하고 더 나아가 '높은 정신세계'를 창출하는 수단일 수도 있다. 그러므로 도덕이 비도덕적 수단을 사용했다는 것이 문제는 아니다. 중요한 것은 해당 도덕이 그런 강제와 훈련, 억압, 우둔함을 통해 어떤 인간형을 육성했느냐이다. 우리는 도덕이 육성하는 인간형을 통해 그 도덕을 지배하는 충동을 읽을 수 있다.

온대인간

니체는 현대 유럽을 지배하는 도덕에서 '두려움'을 읽는다. 그에 따르면 현대 유럽의 도덕은 '두려움으로서의 도덕Moral als

38) 《선악의 저편》, 194절.

Furchtsamkeit'이다.[39] 이 도덕은 '열대인간'을 '온대인간'으로 만드는 일을 한다. 정동을 강력하게 표출하는 '열대적 인간형', 이른바 "맹수인간들 Raubmenschen"을, 온순한 '온대적 인간들'로 바꾸는 것이다. 동물로 말하자면, 초원과 정글의 야수를 잡아 동물원에 가두거나 가축으로 사육하는 일종의 사육 프로그램인 셈이다. 이 도덕 아래서는 '덜 위험해졌다'는 말과 '개선되었다'는 말이 같은 뜻이다.

니체는 정동의 위험성을 제거하려는 다양한 시도를 소개한다. "정동의 격하기 쉬운 어리석음에 대한 [스토아학파의] 무관심과 조각 기둥의 차가움", "웃지도 말고 울지도 말라"던 스피노자의 말, 정동을 무해한 수준의 "중용까지 끌어내리려는" 도덕적 아리스토텔레스주의, 정동을 "예술의 상징적 표현" 등 희석된 형태로만, 아니면 "신을 향한 사랑"■처럼 고도로 정신화된 형태로만 표출하게 하는 것, 아니면 괴테와 하피즈 등이 보여주듯 "기인이나 술에 취한 사람"의 모습으로만 볼 수 있게 하는 것 등등. 정동은 안전 관리가 가능하고 아무런 해도 끼치지 않은 것이 증명되는 선에서만 '시민권'을 인정받았다. 니체에 따르면 이 모든 것은 유럽을 오랫동안 지배해온 도덕이 '두려움으로서 도덕'임을 보여주는 예이다.[42]

■ 우리가 제3장에서 본 '신을 위해 인간을 사랑하는 것'[40] 역시 정동을 위험하지 않은 방식으로 순화해 표출하려는 하나의 방식이었다.[41] 이기적인 과도한 정동이 '이 세계'에서 분출하지 않도록 '다른 세계(저 세계)'를 향한 아름답고 고상한 열정으로 바꾸는 것이다.

39) 《선악의 저편》, 197절.
40) 《선악의 저편》, 60절.
41) 《선악의 저편》, 198절.
42) 《선악의 저편》, 198절.

도덕의 모체는 사랑이 아니라 공포다

니체는 도덕적 가치판단의 기준을 무리의 이익과 안전에 두는 사회에서 도덕의 모체는 사랑이 아니라 공포라고 말한다.[43] 고대의 경우도 그렇다. 사랑이나 동정, 상호부조 등이 공동체 안에서 어떤 기능을 수행한다 해도 고대사회에서는 오랫동안 도덕 외적인 것으로 간주되었다. 예컨대 로마에서 '동정적 행위'는 선도 악도 될 수 없었다. 로마인들은 동정적 행위를 칭찬할 때도 있었지만, 그런 칭찬은 공적인 일res publica에 대한 복무에 던지는 찬사에 비할 바가 아니었다. 게다가 공적인 복무와 비교할 때는 동정적 행위에 경멸의 뉘앙스를 담기도 했다. 공동체에서 더 중요한 것은 외부의 위험, 즉 이웃공동체로부터 자신을 지켜내는 일이었기 때문이다.

니체는 사회 전체가 안정화되었을 때도 '이웃에 대한 공포'가 여전히 도덕의 모체로 기능한다고 밝힌다. 한때 공동체가 외부 위험, 즉 적에 맞서기 위해 육성해야 했던 덕목들은 공동체가 안전을 확보하기 시작하면 점차 악덕으로 몰린다. 예컨대 적을 물리치거나 속이는 데 꼭 필요했던 "모험심, 만용, 복수욕, 교활함, 약탈욕, 지배욕 같은 어떤 강력하고 위험한 충동들"은 한때 미덕이었지만 공동체가 외적 위험에서 안전해지자마자 악덕으로 배척된다(물론 우리는 동일한 충동이라도 육성될 때와 배척될 때의 이름이 다르다는 것을 유념해야 한다. 동일한 거짓말 기술도 적과 대치한 경우엔 '지략'으로 불리지만 평화 시에는 '사기'로 불린다). 그리고 다음

43) 《선악의 저편》, 201절.

도덕의
모체는
사랑이
아니라
공포다

부터는 이런 충동과 대립적 충동들, 이를테면 온유하고 상호부조적이며 동정적 색깔을 띤 정동이 미덕으로 불린다. "적당하고 겸손하고 스스로 적응하며 동등하게 대하는 심성, 욕구의 평범함이 도덕적 이름과 명예를 얻게 되는 것이다."[44] 이런 변화에 따라 사람들의 행복관도 변한다. 사람들은 이제 모험과 도전보다는 '진정제', '휴식과 안정', "안식일 중의 안식일Sabbat der Sabbate"에서 행복을 찾는다.[45]

이웃사랑이나 동정이 도덕적 가치를 부여받는 것은 이런 조건에서다. 즉 이웃사랑은 이웃에 대한 공포라는 토양에서 자라난 식물이다.▩ 사람들은 무리의 안정과 이웃사랑을 저해하는 요소들, 말하자면 "무리적 양심의 평균과 낮은 곳을 뛰어넘어 더 높은 곳으로 나아가려는" 개인들을 미워한다. "고상하고 준엄한 인간"보다 "유순하고 우둔한 인간"을 칭송하는 것이다. 이런 공동체가 바라는 인간형은 '잘 명령하는 사람'이 아니라 '잘 복종하는 사람'이다.[48]

44) 《선악의 저편》, 201절.

45) 《선악의 저편》, 200절.

46) 《서광》, 142절.

47) 《차라투스트라는 이렇게 말했다》, 이웃사랑에 대하여.

48) 《선악의 저편》, 201절.

▩ 니체는 《서광》에서 '동정'의 감정적 기초가 이웃에 대한 두려움에서 만들어질 수 있음을 지적한 바 있다. "섬세하고 연약한 본성 때문에 모든 피조물 중에서 가장 겁 많은 피조물인 인간에게 공포심이야말로 공감을 가르치는 선생이며, 타인의 감정을 재빨리 이해하는 것을 가르치는 선생이다."[46] 또한 《차라투스트라》에서 '이웃사랑'에는 타인의 증언과 지지를 필요로 하는 자신 없음("너희는 겁에 질려 너의 이웃에게 달려가지 않는가")과 무리에서의 배제에 대한 두려움("너희 다섯 사람이 한자리에 모이면 여섯 번째 사람은 항상 매장되지 않을 수 없다")이 들어 있음을 폭로했다.[47]

복종본능의 유전

니체는 이런 환경이 오래 지속되면 복종이 본능처럼 될 것이라 경고했다. 수 세대에 걸쳐 이런 환경에서 자란 경우, 사람들은 누군가 자신에게 명령을 내려주지 않으면 불안해한다. 누군가가 지도자로 나서 자신을 이끌어주기를 간절히 바란다. 복종이 생득적 본능처럼 된 것이다. 이들은 "어떤 명령자—부모, 선생, 법률, 신분상의 편견, 여론—의 말이 귀에 들어오면 이를 [닥치는 대로] 받아들인다". 니체는 이것이 유전까지 될 수 있다고 말한다.[49] 꼭 생물학적 유전자 차원이 아니더라도, 도덕적 환경이 그런 식으로 구축되면, 쉽게 승리를 거두는 본능(충동)이 자손 대대로 지배한다는 것이다. 우리는 이를 니체식 어법을 빌려 노예 혈통이라 부를 수 있다.

이처럼 복종이 본능화된 사회에서는 '명령하는 인간'도 '도덕적 위선'의 형식으로만 등장한다. 최고 권력을 원하는 자, 가장 높은 명령을 실행하려는 자조차 스스로를 "국민의 제일 공복", "공공복리의 도구"로 제시해야 한다.[50] 스스로 노예가 되겠다고 말하는 권력자들. 물론 이들은 위선자이다. 높은 지위와 권력을 향한 탐욕을 낮은 자세 속에 감추는 것이다.

그러나 이러한 위선적이고 기만적인 명령권자의 형상은, 지도자 없이 살아갈 수 없다고 믿으면서 동시에 스스로는 명령권자나 자율적 인간이 될 생각이 없는 심지어 그런 인간형을 혐오하는, 복종이 내면화된 인간들에게 딱 들어맞는 지도자 형상이다. 니체는 이것을 '대의제repräsentativen Verfassungen'의 기원이라 부른다.[51] 그에 따르면 대의제는 지도자 없이 지낼 수 없는 무리인간들이 그중 영리한 자들을 긁어모아 "명령하는 자를 대

49) 《선악의 저편》, 199절.
50) 《선악의 저편》, 199절.
51) 《선악의 저편》, 199절.

체"한 제도이다. 그러므로 대의제에서는 명령하는 인간, 자율적 인간이 아니라 무리에 잘 적응한 영리한 인간이 지배자가 된다. 영리한 노예가 소심한 노예를 지배하는 것이다.

무리동물의 도덕

우리를 지배하는 도덕은 물구나무선 것이 아닌가. 육성해야 할 유형과 퇴화해야 할 유형이 뒤집혀 있지 않은가. 이것이 니체가 말하는 도덕상에서의 가치전도다. 그에 따르면 근대 유럽을 지배하는 도덕은 '무리동물의 도덕Heerdenthier-Moral'이다. 니체는 도덕상에서 일어난 가치전도를 비판하면서 일부러 무리동물, 즉 '떼를 이루며 살아가는 가축'이라는 경멸적 용어를 사용했다.※ 현대 사회에서 인간이 무리동물로, 가축으로 사육되고 있음을 강하게 부각한 것이다.

니체는 이를 "도덕상에서의 노예의 반란Sklaven-Aufstand in der Moral"이라 부르기도 한다. 그리고 이 반란의 시초를 고대 유대인들에게 돌린다. "그들의 선지자들은 '부유한', '신을 믿지 않는',

※ "만일 어떤 사람이 일반적으로 인간을 비유도 사용하지 않고 노골적으로 동물로 간주한다면, 얼마나 모욕적으로 들릴지 우리는 이미 잘 알고 있다. 바로 '현대적 이념modernen Ideen'을 가진 인간에 관해 끊임없이 '무리', '무리본능'이라는 표현을 사용하는 것은 거의 우리 죄로 간주되리라. 그러나 그것이 어떻단 말인가! 우리는 달리 할 수 있는 방법이 없다: 왜냐하면 바로 여기에 우리의 새로운 통찰이 있기 때문이다."52)

52) 《선악의 저편》, 202절.

'나쁜', '폭력적인', '관능적인' 등등의 말을 하나로 융합해 '세상Welt'이라는 말을 욕설로 주조해냈다."[53)] 앞서 46절에서도 니체는 동방에서 일어난(유대인들이 일으킨) '노예의 반란'을 언급한 바 있는데, 그는 무리동물의 도덕을 이야기하며 이 말을 다시 꺼냈다. 니체가 현대 유럽을 지배하는 '무리동물의 도덕'에서 유대인들의 종교, 즉 '일신교'의 냄새를 맡았기 때문이다. 그가 보기에 무리도덕은 '나 이외에 다른 신을 섬기지 말라'고 했던 유일신의 목소리를 흉내 낸다. "이 도덕은 '나는 도덕 자체이며, 그 외의 것은 어느 것도 도덕이 아니다!'라고 완강하고 냉혹하게 말한다." 그리고 이 도덕은 "가장 숭고한 무리동물의 욕구에 따르고 아부했던 종교의 도움으로" 사회제도 곳곳에 배어들었다.[54)] 니체에 따르면 모든 곳을 '하나'가, 즉 유일신이 지배한다.

유럽의 민주주의, 아나키즘, 더 나아가 "신도 없고 지배자도 없는Ni dieu, ni maître"[■] '자유로운 사회'를 말하는 사회주의조차 자신과 '다른 사회 형식'을 싫어한다는 점에서(현재적 형식만을 유일한 것으로 인정하는 사회라는 점에서) '하나eins'이다.[■■] 그리고 유럽은 "특별한 요구, 모든 특별한 권리와 특전에 맹렬히 저항한다는 점에서"(척도로 잴 수 없는 독특성과 특이성을 부인한다는 점에서) '하나'이며, 법 앞의 평등이 아니라 정의(예컨대 고대적 정의)를 불신한다는 점에서 '하나'이고, 동정적 종교를 믿으며 살아가고

■ 니체는 앞서 22절에서도 이 표현을 사용했다.

■■ 유감스럽게 한글 번역본(책세상본)은 'eins(하나)'를 '어떤 사람은'으로 번역해 '유일신'과 통하는 해석을 차단해버렸다. 덧붙여 202절에서 여덟 차례 반복되는 'eins'가 갖는 의미에 대해서는 Laurence Lampert, *Nietzsche's Task: An Interpretation of BEYOND GOOD AND EVIL*, Yale University Press, 2001, p. 175를 참고.

53) 《선악의 저편》, 195절.

54) 《선악의 저편》, 202절.

55) 《선악의 저편》, 202절.

고통받는 한에서 서로 동감한다는 점에서 '하나'이고, 동정을 외치면서 안달하고 고통을 죽을 정도로 증오한다는 점에서 '하나'이고, 우울함과 유약함에 빠져 '새로운 불교'에 위협받는다는 점에서 '하나'이고, 동정의 도덕을 공유하고 신봉하는 것이야말로 도덕 자체라 생각하며, 이것을 미래의 '유일한 희망'이자 현존하는 자들의 위로 수단 그리고 이전 모든 죄에서의 해방으로 본다는 점에서 '하나'이고, 전체적으로 공동체를 구원자로 본다는 점에서 '하나'이다.[55)]

이 모든 것은 각각 스스로를 유일하고 영원한 것으로 간주한다는 점에서 '하나', 즉 유일신이고 또한 이 모든 것은 다양한 듯 보이지만 똑같다는 점에서 '하나', 즉 유일신이다. 민주주의 운동과 기독교 운동, 정치와 종교가 다르지 않고, 무신론이 유신론이며, 지배자 없는 통치, 오직 법과 시스템에 의해서만 이루어지는 통치가 전제정치와 다르지 않다. 신도 없고 지배자도 없는 곳에서 신의 냄새가 나고 지배자의 냄새가 난다. 신앙이 있는 한 신은 죽지 않고, 복종의 본능이 충만한 자들에게는 노예제가 사라지지 않는다. 참으로 탁월한 현대성 비평이 아닐 수 없다!

05

새로운 군주론
—훈련과 육성의 시도

그렇다면 희망을 어디에 걸 것인가. "우리는 어디에서 우리의 희망을 붙잡아야 하는가?"[56] 앞서 장들의 마지막 절에서처럼 니체는 새로운 희망의 주체를 호명한다. 그 주체의 이름은 '우리, 다른 신앙을 가진 자들Wir, die wir eines andren Glaubens sind'이다. 현대성이 하나의 도덕이고 하나의 종교(유일신)라면 우리는 극복도 도덕과 신앙을 통해 열어야 한다. 이것이 니체가 여러 차례 강조하는 자기극복이다. 도덕에 의한 도덕의 자기극복, 신앙에 의한 신앙의 자기극복!■ 210

■ 니체는 《즐거운 지식》에서도 비슷한 표현을 사용했다. 신앙을 극복하는 것은 무신앙이 아니라 신앙이라고. "우리는 기독교에서 벗어나 있으며 그것을 혐오한다. 왜냐하면 우리가 기독교에서 성장해 나왔고, 우리의 선조들은 그 신앙을 위해 재산과 피, 신분과 조국조차도 모두 희생할 만큼 철저하게 성실한 기독교도였기 때문이다. 우리가—하려는 것은 이와 똑같은 일이다. 무엇을 위해서? 우리의 불신(신앙 없음)을 위해서? 아니다. 나의 친구들이여, 그대들은 잘 알고 있을 것이다. 감춰진 긍정은 그대들이 이 시대에 앓고 있는 모든 부정과 의혹보다 강력하다. 그대들 이주자들이 바다로 나아가야 한다면 그대들을 그렇게 만드는 것 또한—신앙일 것이다!"[57]

56) 《선악의 저편》, 203절.
57) 《즐거운 지식》, 377절.

무리도덕이 인간에 대한 하나의 양육, 즉 가축으로서 인간 사육이었다면, 그와는 다른 인간 양육이 필요한 것 아닌가. 니체는 도덕의 극복이 도덕의 포기, 즉 훈련과 육성의 포기가 아니라 다른 형식의 훈련과 육성을 통해 가능하다고 보는 것 같다. 마찬가지로 그는 도덕상에서 일어난 노예의 반란, 가치의 전도는 가치평가의 포기가 아니라 새로운 가치평가, 가치의 재전도(모든 가치의 전도)를 통해 가능하다고 생각한다. 니체는 미래의 희망을 자신에게서만 발견하도록, 다시 말해 자신을 미래의 유일한 희망으로 조작함으로써 실상 미래의 희망을 제거해버린 무리도덕에 맞서, 그 '유일신'을 제거함으로써(신의 죽음) 미래를 도래하게 하려 한다. 그리고 이것을 시도하는 자를 앞 장들에서는 '도래하는 철학자'라 부르고, 여기서는 '우리, 다른 신앙을 가진 자들'이라 부른다. 희망은 이들에게 있다. "수천 년의 의지를 새로운 궤도 위에 올려놓게끔 하는 강제와 매듭을 현재에서 맺는 선구자, 미래의 인간에게 희망을 거는 것이다."[58]

인간 안에는 초인이 산다

사실 인간의 지난 역사를 보면 무리도덕의 승리가 매끄럽게 이루어진 게 아님을 알 수 있다. 무리동물 사이에서는 마치 어떤 광기가 출몰하듯 "매력적이고 파악하기 어려운 인간, 상상할 수 없는 인간, 승리하고 유혹하도록 미리 운명 지어진 수수께끼 같은

58) 《선악의 저편》, 203절.

인간"이 불쑥불쑥 튀어나왔다.[59] 니체는 체사레 보르자, 나폴레옹, 알키비아데스, 카이사르(그리고 호엔슈타우펜가의 프리드리히 2세), 레오나르도 다빈치 등을 거명한다.[60]

나는 이 악명 높은 이름들은 무리도덕 속에서 억제되어온 공격충동, 명령충동의 가면이라 생각한다. 니체는 현대인을 "종족들이 상호 뒤섞인 해체 시대에 살고 있는 인간"이라고 했다.[61] 말하자면 우리 안에는 고대의 온갖 종족이 산다. 우리의 피에는 귀족도 있고 노예도 있다. 무리도덕이란 우리 안의 노예를 육성한 도덕이다. 그런데 마치 동물원에서 사육되던 동물들 중 어느 날 맹수성이 살아나 철창에 몸을 부딪치고 사람을 물어뜯는 동물이 나오듯, 인간의 맹수성이 역사 속에서 뛰쳐나온 형상을 우리는 그런 인물들에서 찾아볼 수 있다.

물론 니체는 이러한 인물들의 형상에 더욱 긍정적 의미를 부여해 위버멘쉬적이라 부른 적도 있다. 그러나 이 인물들을 영웅으로서 숭배하는 것과는 거리가 멀다. 그는 《이 사람을 보라》에서 차라투스트라가 성자, 천재, 이상적 유형, 영웅 등으로 이해되는 것을 비난하면서 말했다. "내가 파르시팔 같은 자를 찾기보다 차라리 체사레 보르자 같은 자를 찾아야 한다고 속삭였을 때 그 말을 들은 사람들은 자기의 귀를 의심했다."[62] 이는 들뢰즈가 잘 지적한 것처럼,[■] 오페라 감독이 지시하는 분장이나 무대연출

■ "니체가 위버멘쉬는 파르시팔보다 보르자를 닮았다고 말할 때, 혹은 위버멘쉬가 예수회와 프러시아 장교단 모두에 속한다고 했을 때, 이를 파시스트적 진술로 보는 것은 잘못입니다. 왜냐하면 그것들은 위버멘쉬가 어떻게 '상연되어야played' 하는가에 대한 감독의 언급이기 때문이지요(마치 신앙의 기사는 나들이 옷Sunday best을 입은 부르주아 같다고 한 키르케고르 같지요)."[63]

59) 《선악의 저편》, 200절.

60) 《선악의 저편》, 197절, 199절, 200절.

61) 《선악의 저편》, 200절.

62) 《이 사람을 보라》, 나는 왜 이렇게 좋은 책들을 쓰는지, 1절.

63) G. Deleuze, translated by H. Tomlinson, "Preface to the English Translation", *Nietzsche and Philosophy*, Continum, 2002, p. xii.

같은 것이다. 즉 현대의 도덕에 맞선 차라투스트라 혹은 위버멘쉬를 잘 보여주려면 영웅인 파르시팔이 아니라 악당인 보르자식으로 연출해야 한다는 것이다.

요컨대 이런 이름들은 무리도덕 아래 억압된 그러나 사라지지 않은 충동들, 우리의 피 안에 있는 귀족, 우리 안에 살아 있는 명령권자, 우리 안의 위버멘쉬를 가리키는 분장 내지 가면 같은 것이라 할 수 있다. 니체는 우리 안에 우리를 극복할 가능성, 인간 안에 인간을 극복할 가능성이 여전히 존재한다고 믿는다. 우리 안에는 복종하는 노예만이 아니라 명령하는 귀족도 있다. 중요한 것은 강자, 명령하는 자, 주권자를 육성하는 일이다. 단지 역사에서 우연하게, 무의미하게, 자의적으로 출몰하는 게 아니라 그들이 안정적으로 성장할 수 있도록 해야 한다. 니체에 따르면 우선 '환경'을 만들어야 한다. "그런 사람들의 출현을 위해, 우리가 부분적으로는 창조해야 하고 부분적으로는 철저히 이용해야 하는 그런 환경들" 말이다. 그러고는 사람들 안에 있는 가능성을 키우기 위한 강력한 훈련 방법을 강구해야 한다. 그리고 마침내 "압력과 망치 아래" 단련된 정신으로 '가치의 전도'를 달성해야 한다. 이것이 '우리, 새로운 신앙을 가진 자'에게 주어진 사명이다.[64]

우리 안의 군주 일깨우기

64) 《선악의 저편》, 203절.

나는 니체가 말하는 새로운 사명을 '새로운 군주론'이라 부르고 싶다. 마키아벨리의 《군주론》을 염두에 둔 것이다. 건강한 삶을 위해 당대 도덕과 종교를 내려다볼 줄 알았고 상황에 맞게 퍼스펙티브를 바꿀 줄 알았던 마키아벨리의 군주를 대중에게서 일깨울 수 있을까.* 마키아벨리의 '군주론'을 민주주의론으로 고쳐 읽을 수 있다면, 니체의 민주주의 비판 역시 새로운 민주주의론으로 고쳐 읽을 수 있지 않을까. 대중 안에서 노예가 아니라 귀족을, 신민이 아니라 군주를 일깨우는 것 말이다. 대중을 획일적 존재가 아니라 특이적 존재가 되도록 촉발하고, 법 앞에서 복종하는 자들의 평등이 아니라 법으로 잴 수 없는 특이성들 사이의 동등함을 가르치는 그런 평등론(어떤 불평등성과 어떤 독특성 사이에서만 가능한 평등, 귀족적 평등주의)이 가능하지 않을까.

인류 안에 담긴 가능성으로 인류를 극복해가기. 니체는 '우리'의 시도 214

* 이와 비슷한 질문을 던진 사람은 안토니오 그람시Antonio Gramsci다. 그람시는 마키아벨리의 군주론이 제목에서 풍기는 이미지와 달리 일종의 '민주주의론'임을 알아차렸다. 그에 따르면 마키아벨리의 군주는 민중의 유토피아적 집단 의지가 육화된 것에 불과하다. 《군주론》의 결론 부분에 가면 마키아벨리는 자신과 민중을 동일시한다. 그렇게 보면 《군주론》은 민중이 염원하는 군주, 민중에게 필요한 군주에 대한 '민중의 자기성찰'이라 할 수 있다. 그람시는 이 군주란 민중에게 그들[민중]이 원하는 바를 알게 하는 사람이며, 설사 그의 행동이 당대 도덕이나 종교의 기준에서 매우 부도덕하고 폭군처럼 보인다 해도 비난을 감수하고라도 대중을 교육하는 사람이라고 했다. 이런 군주의 현대적 모습, 다시 말해 현대 군주를 그람시는 정당에서 찾았다. 정치의 가장 기본적 요소는 '지배와 피지배'이고, "정당은 지금까지 지도자와 지도력을 발전시키는 가장 효율적인 방식"이라는 이유에서였다. 그러나 정치의 본령을 '지배와 피지배', 다시 말해 권력 문제에서 찾는 한에서 그리고 정치를 사실상 통치자의 일로 간주하는 한에서, 그람시의 정당군주론에는 유감스럽게도 민중을 노예화하는 요소가 들어 있다. 소위 정당군주론에서도 민중은 '정치 활동=정당 활동'의 대상에 불과하며(이는 그가 지배/피지배를 주어진 것으로 받아들이기 때문이다), 정당의 대의 과정 자체가 민중의 삶을 대의 가능한 것, 표상 가능한 것으로 동질화하는 측면이 있기 때문이다. 요컨대 정당의 민중 동원은 민중을 다시 무리동물로 만들 수 있다. 이 문제를 극복하기 위해서는 그의 군주론으로부터 플라톤적 요소, 다시 말해 대중을 돌봄의 대상, 양육해야 할 무리동물로 보는 관점을 최대한 제거해야 한다.[65]

에는 분명 실패할 위험("실패로 돌아가 퇴화할 수도 있는 무서운 위험성")이 있다고 말한다. 더 끔찍한 반동이 '우리'를 기다릴지도 모른다. 그러나 그에 따르면 '우리'를 더 고통스럽게 만들고 불안에 떨게 하는 것은 현재적 경향이 가리키는 미래이다. 즉 " '현대적 이념'이라는 우둔한 천진성과 맹신 속에, 더욱이 전체 기독교적인 유럽적 도덕 속에 감추어져 있는 운명"이다. 그것은 인간이 "완전한 무리동물"로 전락하는 나쁜 가능성이다. 니체는 이런 가능성을 보는 사람은 자신이 해야 할 일 또한 알 것이라고 했다. 아마도 그것은 반대 가능성을 일구어내는 것이리라. '우리'로서는 인간이 품고 있는 "최대 가능성"을 믿어보는 수밖에 없다.[66]

65) A. Gramsci, 이상훈 옮김, 《옥중수고》 I, 거름, 1992[1986], 117쪽, 130~131쪽, 143쪽 참고.

66) 《선악의 저편》, 203절.

제6장

철학자라고 하는 것

01

철학의 비참
—잔재로서 철학

219 "결국 이렇게 될 것이다: 어떻게 달리 될 수 있겠는가! 학문(과학, Wissenschaft)은 오늘날 번성하고 얼굴에 양심이 넘쳐난다. 반면 근대 철학 전체가 몰락했기에 [그러고 남은] 잔재 철학Rest Philosophie은 오늘날, 스스로에 대한 조소나 동정은 아닐지라도, 불신과 불만을 일으킨다. 철학을 '인식론Erkenntnisstheorie'으로 격하하는 것은 실제로는 소심한 판단중지론Epochistik이나 판단절제론Enthaltsamkeitslehre 이상이 아니다: 문턱을 전혀 넘지 못하면서 고통스럽게 제 스스로 입장의 권리를 거절하는 철학—이는 마지막 숨을 내쉬고 있는 철학이며 어떤 종말, 어떤 고통, 동정을 일으키는 어떤 것이다. 어떻게 이런 철학이—지배할 수 있겠는가!"[1)]

제6장을 열면서 니체는 철학의 비참한 종말을 경고하고 있다. 아니, 닥칠 일에 대한 경고라기보다는 이미 철학이 빠져 있는 상

1) 《선악의 저편》, 204절.

황에 대한 묘사라고 해야 할 것 같다. 이제는 철학의 시대라기보다 학문(과학)의 시대이다. 니체에 따르면 "학문(과학)과 철학 사이의 …… 순위 변경"이 일어났다.

전문가로 전락한 철학자

학자들(과학자들)은 마치 주인이라도 되는 양 득의양양한 목소리로 철학자를 훈계한다. 철학을 불신하고 철학자에게 훈계하는 자는 과연 누구인가. 니체는 이들을 한때 '시녀'였다가 이제 '주인'의 자리를 탐하는 온갖 부류의 사람들이라고 말한다.[2] 예컨대 이 중에는 철학자의 종합적 과제와 능력을 비난하는 사람이 있다. 문제를 단지 분석만 할 줄 아는 소위 '전문가'가 그렇다(니체는 이들을 '건달들Eckensteher'이라고도 부른다). 또 철학자의 여유롭고 고상한 영혼을 보고 의기소침해진 '근면한 노동자'가 있다. 그리고 철학이란 이미 논박된 체계일 뿐이며 아무런 쓸모없는 낭비라고 믿는 사람도 있다(니체는 쓸모만 따지는 이들을 '색맹의 공리적 인간Farben-Blindheit des Nützlichkeits-Menschen'이라고 부른다). 아마 숨겨진 신비를 파헤치거나 인식의 한계를 넘어선 일을 두려워하는 사람도 있을 것이요, 처음에는 개별 철학자를 경멸했다가 나중에 철학 일반을 경멸하게 된 사람도 있을 것이다. 아니면 쇼펜하우어 같은 철학자의 영향을 받아 철학 자체를 경시하게 된 오만한 자도 있으리라.

그런데 니체는 철학을 향한 이런 비난들에 문을 열어준 사람은 정작 철학자 자신이라고 말한다. 철학자 스스로가 "철학에 대한 외경에 손상을

2) 《선악의 저편》, 204절.

입히고 천민적 본능에 문을 열어"주었다는 것이다.[3] 그는 특히 당시 유행한 두 명의 철학자, 오이겐 뒤링Eugen Dühring▩과 에두아르트 폰 하르트만Eduard von Hartmann을 언급했다. 소위 '실재의 철학자Wirklichkeits-Philosophen' 내지 '실증주의자Positivisten'로 불리던 사람들이다. 니체에 따르면 이들의 철학은 철학이 얼마나 학문(과학)에 굴복했는지를 보여주는 증거이다. 그는 이들을 과학과 뒤섞인 철학을 한다는 점에서 '혼합철학자들Mischmasch-Philosophen'이라고 부른다. 이들은 철학자가 이미 특정 분야의 지식 소유자, 다시 말해 특정 분야의 전문가로 전락했음을 보여준다.

인식론으로 격하된 근대 철학

니체가 근대 철학의 비참을 묘사하면서 '인식론'으로 격하된 철학의 처지를 지적한 대목은 더 깊이 음미할 필요가 있다. 철학

▩ 니체는 오이겐 뒤링을 여러 차례 비판했다. 1885년 유고에서 그는 《선악의 저편》 22절과 202절에 나오는 "신도 없고 지배자도 없다Ni dieu, ni maître"라는 구절(이것은 1880년 오귀스트 블랑키Louis Auguste Blanqui가 만든 것이다)을 뒤링을 향해 썼다고 밝힌다. "바보가 춤추는 모습을 바라보는 것을 좋아하지 않는 사람은 독일 책을 읽지 말아야 한다. 나는 바로 독일 바보가 춤추는 것을 본다: 오이겐 뒤링, 아나키스트의 좌우명에 따르면 '신도 없고 지배자도 없다'."[4] 《도덕의 계보》에도 뒤링 비판이 세 차례 나온다.[5] 여기서 니체는 '정의의 기원'에 대한 뒤링의 반동적이고 몰역사적 견해를 문제 삼았다. 니체는 독일 사회주의자를 비판할 때에도 뒤링 지지자들을 염두에 두었다. "오늘날 독일에서는 지금까지는 여전히 수줍어하며 아직은 감추어진 '아름다운 영혼'의 한 종족이, 교양 있는 프롤레타리아 내부의 무정부주의 종족이 뒤링의 목소리에 도취되어 있다."[6] 참고로 프리드리히 엥겔스는 뒤링 지지자들이 독일 프롤레타리아트 운동에 큰 해악을 끼친다고 보고 카를 마르크스와 상의한 후 《반뒤링론: 오이겐 뒤링 씨의 과학혁명》을 집필한 바 있다.

3) 《선악의 저편》, 204절.

4) 《유고(1885년 가을~1887년 가을)》, 1885, 1[226].

5) 《도덕의 계보》 II, 11절; 《도덕의 계보》 III, 14절, 26절.

6) 《도덕의 계보》 III, 26절.

이 '인식론'으로 격하되었다(축소되었다, reduzirt)는 것은 철학에서 무언가가 빠져나갔다는 뜻이다. 철학은 무엇을 잃어버렸는가.

이와 관련해 미셸 푸코도 비슷한 지적을 한 바 있다. 그에 따르면 근대에 접어들면서 철학은 급속히 과학화되었다. 그러면서 서양철학에서 오랫동안 중요한 화두였던 '철학적 삶bios philosophikos'의 문제가 사라지거나 최소한 경시되었고,■ 철학은 일종의 인식론으로 축소되었다.■■ 고대사회에서 철학은 참된 인식을 갖는 문제였을 뿐만 아니라 참된 삶을 사는 문제이기도 했다. '진리에 대한 사랑'은 사랑해야 할 '진리란 무엇인가'라는 물음과 함께, '어떤 삶이 진리를 사랑하는 삶인가'라는 물음을 함께 갖고 있었다. 진리의 인식만큼이나 진리적 삶, 진실한 삶의 문제가 중요했다는 뜻이다. 푸코의 표현을 빌리면, 서구에서 철학은 오랫동안 "진리에 접근하는 주체가 자신에게 가해야 할 변형의 실천"을 포함하고 있었다.[9]

바로 이 '철학적 삶'이라는 주제가 철학과 과학을 구분해주었다. 비유하자면, 개망나니 삶을 산다고 해서 아인슈타인의 이론이 흔들리는 건 아니지만 소크라테스의 이론은 그럴 수 있다. 철학은 대상에 대한 정확한 인식 이전에, 인식 주체의 자기변형과 돌봄을 요구하기 때문이다. 그런데 근대에 들어 이것이 철학에서 사라져가고 있다. 니체가 뒤링이나 하르트

■ 푸코는 하이데거가 서양철학의 역사를 '존재 망각의 역사'라고 부른 데 착안해 '망각'이라는 말까지 쓸 수는 없지만 '철학적 삶을 경시한 역사'로는 볼 수 있다고 말한다.[7]

■■ 푸코는 이를 '데카르트적 순간'이라 명명한 바 있다. "근대 철학은—웃기지는 않더라도 좀 희화하기 위해 '데카르트의 순간'이라고 내가 명명한 바 내에서 포착하려 했던 이유들 때문에—이처럼 자기인식gnôthiseauton을 강조했고, 결과적으로 자기돌봄epimeleia heauton 문제를 망각하고 어둠에 방치하며 소외하게 되었다고 생각합니다."[8]

7) M. Foucault, *Le courage de la vérité*, Gallimard/Seuil, 2009, p. 218.

8) M. Foucault, 심세광 옮김, 《주체의 해석학》, 동문선, 2007, 104쪽.

9) M. Foucault, 심세광 옮김, 《주체의 해석학》, 동문선, 2007, 58쪽.

만을 비난하듯, 철학이 기껏 과학이 되고자 했기 때문이다.

사실 니체는 이 문제를 일찍부터 제기했다. 1874년에 출간한 〈교육자로서의 쇼펜하우어〉에서 그는 말했다. "나는 어떤 철학자가 모범을 보이는 정도만큼만 그를 인정한다." 여기서 말한 '모범'이 바로 '철학적 삶'의 문제이다.※ "단순히 책을 통해서가 아니라 눈에 보이는 구체적 삶을 통해서 모범을 보여야 한다. 다시 말해 그리스의 철학자들이 표정, 태도와 의복, 음식과 관습, 즉 말하거나 쓰는 것 이상을 가르쳤던 것처럼 그렇게 모범을 보여야 한다. 철학적 삶을 이처럼 용감하게 구현하기 위해서는 우리 독일에 부족한 것이 얼마나 많은가."[11]

그러므로 한 철학자가 교육자로서 스승으로서 나타날 때, 그는 결코 단순한 인식의 전수자가 아니다. 철학자에 대한 지식을 전달함으로써 철학자를 만들어낼 수는 없기 때문이다. 그래서 니체는 "철학자라고 하는 것was ein Philosoph ist은 가르칠 수 있는 것이 아니"라고 했다.[12] '철학자라고 하는 것'은 삶의 문제, 생활 방식의 문제, 실존 방식의 문제이다.※※ 푸코를 다시 인용하자면, "그것은 인식론적 지식이나 수완의 전승이 아니다. 그것은 도움을

10) 《반시대적 고찰》, 교육자로서의 쇼펜하우어, 3절.

11) 《반시대적 고찰》, 교육자로서의 쇼펜하우어, 3절.

12) 《선악의 저편》, 213절.

※ 이 점에서 니체는 칸트와 쇼펜하우어를 강하게 대비했다. "칸트는 대학을 고집했고 정부에 복종했으며 종교적 신앙의 위선 속에 머물렀고 동료와 학생들 사이에서 견뎌냈다. 그러므로 그가 보인 모범[본보기]이 특히 대학교수와 교수철학을 생산했다는 것은 어쩌면 당연하다. 쇼펜하우어는 학자 계급과는 별 관계를 하지 않으며, 따로 떨어져 있으면서 국가와 사회로부터 독립을 추구한다.—이것이 그가 보인 본보기이고 모범이다."[10]

철학자라고 하는 것은 가르칠 수 없다

받아야 할 개인, 그가 처한 상태, 신분, 생활 방식, 존재 방식으로부터 그를 끌어내기 위해 가해질 행위이다. 그것은 주체 자체의 존재 방식에 가해지는 행위이지, 무지를 대체할 지식의 단순한 전승이 아니다".[14]

철학자의 대중적 이미지 – 이상적 학자와 탈속적 몽상가

오늘날 철학자로 산다는 것은 어렵다. 니체의 말을 빌리자면 "철학자들의 발전을 막는 위험"이 너무나 많다.[15] 오늘날 사람들은 철학자가 되기 힘들며, 철학자들 역시 철학자로서 발전해가기 힘들다. 무엇이 철학자의 그리고 철학자를 향한 발걸음을 가로막는가.

먼저 거대한 구조물로 성장한 학문 세계가 그렇다. 사람들은 이제 어느 한 분야를 제대로 배우는 것도 힘들다. 이런 조건에서 철학자는 "배우는 자로서 지쳐버리"거나 겨우 특정 분야의 '전문가'로 고착될 위험에 처한다. 철학자의 일, 즉 "전망하고 둘러보고 내려다보는 일을" 할 수 없는 것이다.

철학자의 지적 양심도 그의 발걸음을 붙잡는다. 인식자로서 그

13) 《반시대적 고찰》, 교육자로서의 쇼펜하우어, 3절.

14) M. Foucault, 심세광 옮김, 《주체의 해석학》, 동문선, 2007, 169쪽.

15) 《선악의 저편》, 205절.

■■ 니체는 한 철학자를 읽어낸다는 것은 그의 삶을 읽어내는 것이라 했다. 더 일반적으로 말하자면 철학이라는 것 자체가 전체로서 '삶의 그림', '삶의 상형문자'를 읽어내는 것이다. 그런데 학자는 "그림을 그릴 때 사용한 물감이나 재료를 꼼꼼히 연구하면 이 해석에 가까이 다가갈 수 있다는 오류에서 벗어나지 못하고 있다".[13]

의 섬세한 양심이 스스로를 검열하는 것이다. 혹시 나는 한 명의 '배우', '철학적 사기꾼Cagliostro', '정신의 쥐 잡는 사람(피리 부는 사람, Rattenfänger)', 다시 말해 사람들을 홀리는 마법사 같은 사람일 뿐이지 않을까.■ 이렇게 자신에 대한 확신과 존경심을 잃은 사람은 인식자로서 내려다보고 명령하는 사람이 될 수 없다. 그는 정상을 향해 나아가지 못한다.[17]

게다가 철학자는 자신에게 '삶의 가치'까지 판단할 것을 요구한다. 긍정하든 부정하든 삶의 가치를 판단해야 한다고, 그것이 철학자의 권리이자 의무라고 믿는다. 이 때문에 철학자는 학자와는 비교도 안 되는 중압감에 시달린다. 그는 "가장 광대한－어쩌면 가장 혼란스럽고 파괴적인－체험들로부터, 때로는 망설이고 의심하고 침묵하면서도 그러한 권리와 믿음에 이르는 길을 스스로 찾아내야만 한다".[18]

오늘날 대중은 철학자를 오해하고 있다. 그들은 철학자에 대해 두 가지 잘못된 이미지를 갖고 있다. 철학자를 "학문적 인간이나 이상적 학자"로 보거나 "종교적으로 고양된 탈감각적이고 '탈속적인' 몽상가나 신에 도취한 사람"으로 생각한다. 즉 철학자란 전문적 지식인이거나 탈속적 신비주의자이거나! 오늘날 대중이 '철학자'라는 말로 누군가를 칭찬한다면 그것은 "'영리하게 세상을 피해' 산다는 것 이상을 의미하지 않는다. 지혜라

■ 《차라투스트라》 제4부에서는 거머리 두뇌에만 정통한 '정신의 양심가Gewissenhafte des Geistes', 곧 과학자가 나온다. 그에게는 거머리를 탐구하는 것마저 "엄청난 일", 즉 확실히 탐구할 수 없는 일이어서 '한 뼘쯤 되는 근거eine Hand breit Grund'에 머무는 사람이다. 밤에 열린 만찬에서 차라투스트라가 자리를 비운 사이 '마법사'－차라투스트라가 배우이자 사기꾼이라고 부른 마법사－가 모두를 홀리는 노래를 부를 때, 이 '정신의 양심가' 만이 그에게 넘어가지 않았다. 그는 마법사의 '유혹의 피리 소리'를 극도로 경계한다.[16]

는 것, 이것은 천박한 사람에게는 일종의 도피처럼 보이며, 좋지 않은 게임에서 잘 빠져나오는 수단이자 기교로 보이는 것이다".[19)]

16) 《차라투스트라는 이렇게 말했다》, 거머리, 과학에 대하여.

17) 《선악의 저편》, 205절.

18) 《선악의 저편》, 205절.

19) 《선악의 저편》, 205절.

02

매력 없는 학자들

오늘날 '우리 학자들'의 경우는 어떤가. 철학자와 비교할 때 그들은 어떤 사람인가. 니체는 학자를 '늙은 처녀alten Jungfer'에 비유한다. "천재Genie, 즉 생산하든지zeugt 아니면 출산하는gebiert 존재에 비하면—이 두 단어를 최대의 범위에서 받아들인다 치고—학자, 즉 학문을 하는 평균적 인간은 언제나 늙은 처녀 같은 것을 가지고 있다."[20] '늙은 처녀'는 '늙은 여자'와 '처녀'의 이미지를 합친 것이다. 보통 니체에게 '늙은 여자'는 지식을 상징한다. 《차라투스트라》에서 그녀는 심층을 파헤치려는 젊은 남자(철학자)의 점잖지 못함과 맹목성을 질타한다.[21] 다만 그녀에게는 '젊은 여자'의 가임 능력, 즉 생산 능력이 없다. 반면 '처녀'는 가임 능력은 있으나 아직 '생산의 경험'이 없는 여자를 나타낸다. 따라서 학자를 '늙은 처녀'에 비유한 것은 생산하는(아이를 갖게 하는 남성적) 능력도 없고, 출산의 능력이나 경험도 없는, 다만 지식만을 쌓은 사람이라는 뜻이다.■ 말하자

20)《선악의 저편》, 206절.

21)《차라투스트라는 이렇게 말했다》, 늙은 여인들과 젊은 여인들에 대하여.

면 학자는 남성도 여성도 아닌 중성의 인간이다.

니체에 따르면 학자란 "근면하고 참을성 있게 질서에 적응하며 능력과 욕구에서도 균형과 절도를 가진" 인간이기도 하다. 그러나 학자가 이런 무미건조한 노동을 버텨낼 수 있는 것은 나름의 '휴식'을 갖기 때문이다. 여기서 니체가 '휴식'이라 말한 것은 학자가 자신의 노고에 대한 보상으로 떠올리는 것들이다. 학자는 "한 조각의 독립성과 푸른 목장, 명예와 인정", "태양처럼 빛나는 좋은 명성", "자신의 가치와 유용성에 대한 입증" 등에 예민한 본능을 가졌다. 학자에게는 못된 병폐도 있다. 그들은 경쟁자들, 특히 자신보다 높이 올라간 사람들을 심하게 질투한다. 그래서 필사적으로 그들의 약점이나 저급함을 찾아내려 한다. 학자는 위대한 인간을 보면 기쁨이나 공감을 느끼지 않고 오히려 못마땅해하며 냉담해진다.[24)]

그러나 니체가 지적하는 학자들의 가장 위험하고 또 나쁜 점은 따로 있다. 학자에게는 평범성Mittelmässigkeit의 본능이 있다. 그들은 독특성, 특이성 대신에 일반성, 보편성을 추구한다. 그러다 보니 독특한 것을 평범하고 익숙한 것으로 바꾸어버리는 짓을 곧잘 한다. 이것은《선악의 저편》서문에서 니체가 현대성의 문제로 지적했던 것이기도 하다.[25)] 그에 따르면 학자들의 이런 태도는

22)《선악의 저편》, 204절.

23)《선악의 저편》, 206절.

24)《선악의 저편》, 206절.

25)《선악의 저편》, 서문.

■ 니체는 '학문적 인간'의 번성과 '민주주의'를 연결한다.[22)] 그에게 민주주의는 '평범성'의 지배이며 무엇보다 "팽팽한 활"의 시위를 풀어버리는 것,[23)] 긴장의 해소, 축적된(조직된) 본능의 와해를 의미한다. "민주주의는 언제나 조직력의 퇴락 형식 Niedergang-Form이다." 그러므로 거기에서는 새로운 것이 태어날 수가 없다.

"비범한 본능의 인간을 본능적으로 근절하려 하고, 팽팽한 활을 모두 꺾으려고 하거나—오히려 이렇게 말하는 것이 좋을 텐데!—활시위를 이완시키려고 하는 평범성이라는 예수회 교의에서 온다".[26)]

성분이나 내용이 없는, 한마디로 매력이 없는

니체는 차라투스트라의 입을 통해 (철학자인) 자신과 학자의 차이를 이렇게 대비한 적이 있다. "나는 나 자신의 생각들로 너무 달궈져 화상을 입었다. …… 그러나 그들 학자들은 아직도 서늘한 그늘 아래 시원하게 앉아 있다. 그들은 무슨 일에서나 다만 관망자로 남기를 원한다."[27)] 철학자의 앎은 스스로를 화상 입힐 정도로 삶과 밀접하지만(철학자가 진리에 다가간다는 것은 그 자신을 변형하는 일이다), 학자의 앎은 그의 삶, 그의 인격과는 무관한 객관적 정보다. 그렇기 때문에 학자들은 상황에서 떨어질 수 있다. 그들은 그렇게 모은 지식을 객관적이라며 높이 평가한다. 다시 말해 자신과 아무런 이해관계가 없는 인식을 최고로 치는 것이다. 니체의 표현을 빌리면 그들은 "정신의 자기부정이나 비인격화가 목적 자체인 것처럼", 자신의 인식을 찬미하지도 저주하지도 않는다. 그것이 그들이 말하는 "객관적 정신objektiven Geist"이다.[28)]

니체가 학자들의 '객관적 정신'이 갖는 중요성을 모르는 것은 아니다. '주관적인 것'과 '자기지상주의'에 질린 사람이라면 이 '객관적 정신'의 소중함을 알 것이고 또 감사해야 한다고 말한다.[29)] 하지만 어느 선까지만이다. 왜냐하면 객관적 정신에는 철학자가 받아들일 수 없는 치명적 문제

26)《선악의 저편》, 206절.

27)《차라투스트라는 이렇게 말했다》, 학자에 대하여.

28)《선악의 저편》, 207절.

29)《선악의 저편》, 207절.

가 있기 때문이다. 바로 앎의 주체인 '학자 자신'의 부재다. '객관적 정신'이란 학자 '자신'이 빠져 있는 사유이다.

학자의 앎은 자신의 삶을 구원하지 못한다. 그의 앎은 "건강이나 여자나 친구의 방 안 공기"(개인적이고 소소한 모든 것들), "사교와 교제" 문제 등 그가 고민하고 고통받는 문제를 해결해주지 못한다. 도대체 객관적이고 일반적이기만 한 사람을 누가 사랑하겠는가?■ 학자가 학문적으로 앓는 고통은 '그 자신'의 고난과 무관한 것이며, 학문적으로 얻는 쾌락은 '그 자신'의 삶에서 우러나오는 기쁨이 아니다. 니체는 학자의 앎과 삶이 위험할 정도로 분리되어 있다고, 위험할 정도로 자기 자신에 대해 무관심하다고 지적한다. "그의 사고는 더 일반적 경우를 향해 가면서 길에서 방황하고, 그는 내일도 어제와 마찬가지로 자신을 돕는 법을 알지 못할 것이다. 그는 자기 자신에 대한 진지함을 그리고 때를 잃어버렸다: 그는 쾌활할 수 있지만 고난이 없어서가 아니라 **자신의** 고난을 다룰 손가락과 동기가 없기 때문이다. 그가 모든 것에 호의를 보이는 것은 그 자신의 것에 무관심하기 때문이다. 그의 취향 없음, 무분별은 '긍정과 부정에 대해 위험할 정도로 무관심하다'."31)

니체는 대중이 이런 객관적 인식자, 다시 말해 학자들을 철학

30)《선악의 저편》, 207절.

31)《선악의 저편》, 207절.

■ '진리에 대한 사랑'이라는 말 그대로 철학에서 '사랑'은 결정적 중요성을 갖는다. 철학자가 진리에 나아가는 이유는 진리에 매혹을 느끼기 때문이다. 하지만 학자의 객관적이고 일반적인 지식은 전혀 매혹적이지 못하다. 학자는 "전체성Totalismus 안에서만 '자연(본성)'이고 '자연스럽기'에", 다시 말해 일반성, 전체성만을 사랑하기에 특정한 대상을 사랑할 수 없다.30)

자와 혼동해왔다고 지적한다. 학자는 설사 대학의 철학과에서 엄청난 양의 지식을 축적하고 가르친다 하더라도 철학자가 아니다(뒤에 곧 볼 것처럼 니체는 이들을 '철학적 노동자'라 부른다). 학자의 객관적 인식이란 그 자신과 결합한 것이 아니기에 누구나 그 필요에 따라 가져다 쓸 수 있는 도구 같은 것에 불과하다. 어떤 점에서는 학자 자신이 "하나의 도구"에 불과하고, 굳이 하나로 말하자면 일종의 '거울'이라 할 수 있다. 사물들을 그대로 비추는 거울 말이다.

니체의 다른 비유를 쓰자면 학자, 곧 객관적 인간들은 "섬세하고 유연한 항아리의 주형에 불과한데, 이 주형은 '그 형태가 만들어지기 위해서는' 어떤 내용이나 성분을 기다려야만 하는 것이다.—보통 그는 성분이나 내용이 없는 인간, '자기를 잃어버린' 인간이다". 그런데 여성은, 즉 진리는 이들을 좋아하지 않는다. 이들은 "여성에게도 아무런 의미가 없는 존재이다".[32] 한마디로 아무런 매력도 없다! 다만 도구가 그런 것처럼 필요한 때를 위해 잘 간수해둘 필요가 있을 뿐.

03

회의주의자와 비판가

233 회의주의도 철학의 발전을 막는 방해물이다. 사람들은 철학자의 의지를 두려워한다. 철학자의 앎은 학자의 것과 달라서 단순히 지식에 머물지 않고 실천으로 전화될 수 있기 때문이다. 어떤 철학자가 "자신은 회의주의자가 아니라고 한다면" 사람들은 당장 그의 주변에 몰려든다. 불안하기 때문이다. 의지를 가진 철학자는 불온하다. 그는 '정신의 다이너마이트'이다. 당시 유럽인이 러시아 허무주의자에게 품은 두려움이 그런 것이었다. 만약 의지를 가진 철학자가 "새로 발견된 러시아의 허무주의"처럼, 단지 "부정을 의지하는 데Nein will 그치지 않고 부정을 행한다면Nein thut" 어떻게 될 것인가. 회의주의는 이때 정신의 '치안경찰Sicherheits-Polizei'로서 기능한다. 회의주의자는 단호한 긍정이나 부정을 모두 배격한다. 한마디로 단호함, 즉 의지에 반대한다. 그들은 여유와 절제

32) 《선악의 저편》, 207절.

를 미덕으로 칭송하면서 행동을 계속 유예한다.[33)]

니체에 따르면 현대의 회의주의는 현대인의 생리적 상태와도 깊은 관련이 있다. 그에 따르면 현대인은 "종족들이 뒤섞이는 해체 시대의 인간들"이다.[34)] 말하자면 현대인은 그 피 속에 온갖 종족이 거주하는 잡종 Mischlingen인 셈이다.[35)]■ 그래서 온갖 종족이 내부에서 대립적 충동들로서 끝없는 싸움을 벌인다. 거의 모든 일에서 현대인은 상반된 충동이 일어나는 걸 경험한다. 이들은 충동들의 싸움에 지쳐 있다. 그래서 충동이나 의지를 불러일으키는 것 자체를 싫어한다. 이들의 행복관이 '진정제'나 '안식일'을 닮은 것도 그 때문이다.[38)] 니체가 보기에 현대사회에 만연한 회의주의는 이런 생리적 조건의 정신적 표현이다. "회의Skepsis란 보통 신경쇠약이나 병약함이라 부르는 어떤 잡다한 생리학적 상태의 정신적 표현이다. 그것은 오랫동안 서로 분리되어 있던 종족이나 신분들이 결정적으로 그리고 급작스레 뒤섞일 때 매번 발생한다."[39)]

현대인의 의지마비증

온갖 의지를 동시에 가진다는 것은 사실상 아무런 의지도 갖지 못하는 것과 같다. "잡종의 인간들 속에서 가장 깊이 병들고 퇴화하는 것은 의지

■ 니체는 유럽 '현대성(근대성)'의 중요한 특징으로 '잡다함'을 자주 언급했다. 니체에게 잡다함은 고유하고 독특한 취향이 없음을 나타낸다. "현대인은 많은 것을, 아니 거의 모든 것을 소화할 줄(견딜 줄, verdauen) 안다." 이 때문에 니체는 현대인을 '잡식 인간homo pamphagus'이라고 불렀다.[36)] 그렇다고 현대인이 잡다한 것을 소화해 자신의 피와 살로 만든 것도 아니다. 자기 것이 되지 못한 것들을 잡다하게 모아둔 것뿐이다. 니체는 교양적 지식을 그렇게 비판하기도 했다.[37)]

33) 《선악의 저편》, 208절.

34) 《선악의 저편》, 200절.

35) 《선악의 저편》, 208절.

36) 《서광》, 171절.

37) 《차라투스트라는 이렇게 말했다》, 교양의 나라에 대하여.

38) 《선악의 저편》, 200절.

39) 《선악의 저편》, 208절.

이다: 그들은 결의에 찬 독립심이나 의욕에 깃든 용감한 쾌감을 전혀 알지 못한다." 이들에게 의지를 갖는 것은 위험한 일이거나 피곤한 일이다. 니체는 이를 '의지마비증Willenslähmung'이라 부른다.[40] 일종의 결정장애이다. 그런데 현대인은 이것을 "아름답고 화사한 속임수 의상"으로 가리고 있다.※ 니체가 말한 '화려한 의상'이란 '객관성', '과학성', '예술을 위한 예술', '의지에서 자유로운 순수 인식'과 같은 말이다. 즉 현대인(특히 학자들)은 자신의 의지마비증을 그런 말들로 합리화한다.

니체에 따르면 유럽에서 그나마 '의욕하는 힘'이 살아 있는 곳은 유럽 문명에서 먼 곳, 상대적으로 문명이 덜 발전한 곳이다. 의지가 가장 병든 곳은 유럽 문화의 중심지인 프랑스이고, 여기서 멀어질수록, 즉 독일, 영국, 스페인, 코르시카로 갈수록 의지가 강

※ 니체가 유럽의 의지마비증이 사라질 때를 묘사하는 다음 문장이 눈길을 끈다. "'야만인der Barbar'이 여전히—혹은 다시—서구식 교양의 헐렁한 의상schlotterichten Gewande을 입고 자신의 권리를 관철하려는 정도에 따라 사라져간다."[41] '헐렁한 의상'이라는 표현은 다음 장에 나오는 '몸에 맞지 않는 옷'으로 벌이는 카니발을 떠올리게 한다.[42] 니체는 정신의 옷장에 걸린 온갖 옷들, 도무지 몸에 딱 맞지 않는 옷에서 웃음과 활력을 얻는 역사의 새로운 용법(패러디)을 발견한 셈이다(이에 대해서는 다음 장의 논의를 참고). 아울러 '서양식 교양은 헐렁한 의상'이라는 표현은 근대 교양 자체의 어떤 성격을 나타내기도 한다. '헐렁한 의상[의복]'은 누구나 입을 수 있지만 누구에게도 어울리지 않는, 다시 말해 누구도 '자신만의 옷'이라 말할 수 없는, 취향 없는 옷이다. 참고로 베르그송H. Bergson은 추상적 사유의 운동을 비판하면서 비슷한 비유를 사용했다. 그는 참된 경험론이라면 기존 개념에 대상들을 끼워 넣을 게 아니라 연구 대상의 치수mesure에 따라 작업하면서 '절대적으로 새로운 노력'을 기울여야 한다고 했다. 이때 그는 '일一'과 '다多'의 통일로 '자아'를 사고하는 (변증법적) 접근법이 누구에게나 입힐 수 있지만 누구에게도 어울리지 않는 옷 같은 것이라고 했다.[43]

40) 《선악의 저편》, 208절.

41) 《선악의 저편》, 208절.

42) 《선악의 저편》, 223절.

43) H. Bergson, *La pensée et le mouvant*, Quadrige/PUF, 1998[1938], p. 196.

해진다. 니체는 특별히 러시아를 강조한다. 그는 유럽의 현대성을 넘어설 긴장이 유럽의 변방인 러시아에 응축되어 있다고 보았다.* "이 힘이 가장 강하고 놀랄 만한 것이 된 곳은, 말하자면 유럽이 아시아로 역류하는 저 거대한 중간 지역인 러시아다. 여기에서는 의욕하는 힘이 이미 오랫동안 비축되고 저장되었다. 여기서는 의지가—부정적 의지인지 긍정적 의지인지는 불확실하지만—오늘날 물리학자들이 좋아하는 말을 빌려 말하자면, 위협적인 방식으로 방출될 것을 기다리고 있다."[45)]

왜소한 정치와 위대한 정치

니체가 《선악의 저편》을 쓸 당시 유럽은 본격적으로 제국주의 침략 전쟁을 시작하고 있었다. 그는 이 전쟁을 유럽이 품고 있던 긴장의 방출로 이해했다. 그렇다고 전쟁을 지지한 것은 아니다. "나는 그렇게 되기를 소망하는 사람으로서 이런 말을 하는 것이 아니다: 오히려 내 마음으로는 그 반대의 것을 바란다."[46)] 니체가 바란 것은 러시아의 위협을 계기로 유럽이 하나의 의지를 갖는 것이었다. 즉 유럽 안의 긴장을 인도나 아시아로 분출할 것이 아니라, 유럽에서 "하나의 의지를 만들어내는" 데 사용하기를 희망했다.** 이 책의 서문에서도 말했지만 니체는 긴장의 배출이 아니라, 긴

* 니체는 《우상의 황혼》에서도 비슷한 언급을 했다. 그는 '현대성 비평(비판)'이라는 제목을 단 절에서 현대 민주주의의 조직력 쇠퇴를 비판하고 '반자유주의적인 의지와 본능과 명령'의 필요성을 강조하며 말한다. "(그런 의지가 있어야) 오늘날 그 자체로 지속하고 있고 기다릴 수 있으며 무엇인가를 여전히 약속할 수 있는 유일한 힘인 러시아와도 같은 것이 세워진다—러시아는 독일제국 건설과 함께 위기 상태로 돌입한 가련한 유럽의 소국들이나 유럽적 신경쇠약 상태와는 정반대 개념이다."[44)]

장을 자기변형의 에너지로 사용할 것을 권한다.

니체는 민족주의라는 신경증으로 분할된 유럽이 소국주의, '왜소한 정치(작은 정치)'를 극복하기를 바랐다. 《서광》에서 "순수하게 유럽적인 종족과 문화가 언젠가는 성취되기를 희망한다"고 쓴 것과 같은 맥락이다.[48] 여기서 그는 '종족의 순수화'라는 말을 꺼냈는데, 유럽적 인종주의에 대한 갈망과는 거리가 멀다. '순수화'란 말로서 현대의 '잡식성', '잡종성'(돈이 되면 무엇이든 사고파는 상인 문화나, 자신을 치장하기 위해 온갖 지식을 모은 부르주아적 교양에서 확인되는 그런 잡종성)을 겨냥했다. 말하자면 니체가 말한 '순수성'은 '특이성' 내지 '독특성'으로 바꾸어 써도 좋은 말이다. 니체는 유럽 차원에서도 이런 특이성이 만들어질 수 있는지를 물었던 것 같다. 내가 나 자신에 이르듯, 그리스가 그리스 자신에 이르듯, 유럽이 유럽 자신에 이를 수 있을까. 유럽이 예술적 역량을 발휘해 여러 민족을 질료로 삼아 어떤 특이성, 어떤 고유성에 도달할 수 있을까. 과연 유럽에서 증폭되는 긴장은 "위대한 정치(큰 정치)를 향한 압박Zwang zur grossen Politik"이 되어줄 수 있을까.[49]

■■ "나의 천재 개념. — 위대한 인간들은 위대한 시대처럼 엄청난 힘이 괴어 있는 폭발물이다; 역사적으로나 생리적으로 그들은 항상 다음의 전제 조건을 갖는다. 즉 오랫동안 그들 위에 힘이 모이고 축적되고 절약되며 보존되는 것 — 오랫동안 폭발이 일어나지 않았다는 것. 긴장이 아주 커지면, 가장 우연한 자극이라도 '천재'와 '업적', 위대한 운명을 충분히 세상에 불러낼 수 있다. …… 위대한 인간은 필연적이지만 그들이 등장하는 시대는 우연이다; 그들이 거의 언제나 자기 시대의 지배자가 되는 이유는 그들이 더 강하다는 데에, 더 오래되었다는 데에, 그들에게 더 오랫동안 힘이 모아졌다는 데 있다."[47]

44) 《우상의 황혼》, 어느 반시대적 인간의 편력, 39절.

45) 《선악의 저편》, 208절.

46) 《선악의 저편》, 208절.

47) 《우상의 황혼》, 어느 반시대적 인간의 편력, 44절.

48) 《서광》, 272절.

49) 《선악의 저편》, 208절.

니체는 그 가능성 – '새로운 전쟁 시대'가 가져다줄 가능성 – 을 타진해 본다. "부드럽고 사랑스럽게 노래를 불러 잠들게 하는 아편 같은 회의"[50] 가 다른 강한 유형의 회의로 전환될 수 있는가. 그런 조건을 우리가 오늘날 유럽의 긴장에서 발견할 수 있는가. 회의주의 안에서 회의주의를 극복할 힘을 찾을 수 있는가. 내 생각에 니체는 항상 자기 안에서 자기극복의 가능성을 찾는 사람이고, 악화된 정세 속에서 그 정세를 극복할 힘을 찾는 사람이다.

니체는 이러한 자기극복의 가능성을 프로이센의 왕, 프리드리히 1세와 2세(프리드리히대왕)의 예를 통해 설명한다.[51] 프리드리히 1세는 당시 독일에 부족한 것 그리고 자신의 아들에게 부족한 것은 교양이나 사교가 아니라 남자다움이라고 생각했다. 그는 독일에도, 아들에게도 "남자들이 없다"고 한탄했다. 선악을 견디어낼 정신, 명령할 의지가 부족하다는 것이다. 그러나 니체에 따르면 아버지의 아들에 대한 '회의'와 '미움'과 '얼음 같은 우울'은 역설적이게도 아들에게 거대한 '남성적 회의'를 불러일으켰다. 니체가 프리드리히대왕(프리드리히 2세)에게서 발견한 '강한 회의', '남성적 회의'의 유형은 이런 것이다. "이 회의는 경멸하지만 그럼에도 불구하고 강탈한다. …… 이것은 믿지 않지만 그로 인해 자신을 잃지도 않는다. 이것은 정신에 위험한 자유를 주지만 마음은 엄격하다." 이런 강한 회의, 강한 의심에는 "위험한 발굴 여행과 정신화된 북극 탐험"을 강행하는 '강인한 의지'가 들어 있다.[52]

니체에 따르면 프리드리히대왕의 이러한 모습이 독일의 새로운 정신이 되었다. 니체는 유럽인이 과거 독일을 어떻게 생각했는지를 나폴레옹과 괴테의 조우 장면에서 확인할 수 있다고 말한다. 나폴레옹은 괴테를 보고 깜짝 놀라 말했다. "여기 남자가 있다니!" 즉 나폴레옹은 독일 정신을 여성적으로 생각했던 것이다. 그런데 독일이 프리드리히대왕과 더불어 유럽을 긴장케 할 정도로 강한 정신을 보여주었다. 당시는 음악과 철학에서 낭만주의가 득세하던 시기였다. 그럼에도 불구하고 독일은 '회의의 독일적 형식'을 찾아낸 것이다. 문헌학자와 역사비판가들이 보여준 역사에 대한 강력하고 엄격한 비판 정신, 대담한 모험을 떠나는 용기와 자유. 이것이 독일의 남성적 회의주의다. 아무런 실천적 의욕도 갖지 않는 약한 회의주의와는 다른, 모든 것을 의심하고 과감하게 도전하는 강한 회의가 만들어진 것이다.

50) 《선악의 저편》, 208절.
51) 《선악의 저편》, 209절.
52) 《선악의 저편》, 209절.

그러나 미래 철학자는 다른 이름을 원한다

확실히 강한 회의주의자에게는 니체가 이르는 '미래 철학자'와 닮은 구석이 있다. 그러나 니체는 "회의론자들은 미래 철학자를 나타내는 어떤 것(어떤 속성)을 갖고 있을 뿐이지—미래 철학자인 것은 아니"라고 말한다.[53] 니체는 '미래 철학자'를 우리가 '비판가(비평가, Kritiker)'라는 이름으로 또한 '실험의 인간Menschen der Experimente', '시도하는 자Versucher'라는 이름으로 부를 수 있다고 했다.* 육체와 영혼의 비판가, 새로운 시도를 하는 자, 기꺼이 고통스러운 실험들을 거치면서도 계속 더 나아가는 자, 이들 '비판

53) 《선악의 저편》, 210절.

가', '실험의 인간', '시도하는 자'는 회의주의자와 다른 점이 있다.

니체는 '회의주의자'와 '비판가'를 구별해주는 속성들을 나열했다. 가치척도의 확고함, 방법에서의 단일성(방법적 일관성), 재치 있는(위트 있는) 용기, 독립성, 자기책임 능력(응답할 수 있는 힘, Sich-verantworten-können). 말하자면 미래 철학자로서 비판가는 회의주의와 달리 확고한 가치척도를 가졌고, 자신의 방법을 (어떤 불합리에 부딪히기 전까지는) 끝까지 일관되게 밀고 가며, 강력하면서도 유머가 있고, 책임감을 갖는 사람이다. 비판가는 회의론자와 달리, "부정과 해부의 즐거움"을 알면서 동시에 "심장에서 피가 흘러나올 때에도 메스를 확실하고 정교하게 잡을 수 있는 '신중한 잔인성'을 지닌 사람이다.■■

그러나 니체는 이러한 '비판가', '실험의 인간', '시도하는 자'라는 이름도 '미래 철학자'의 이름으로 충분하지는 않다고 보았다. 그에 따르면 칸트가 보여주듯 오늘날 "철학 자체는 비판이며 비판적 학문"이라고 불린다. 니체는 "프랑스와 독일의 실증주의자들이 박수를 보내는" 이 '비판'이라는 말과 미래의 철학을 구분해야 한다고 생각한다. 현대 실증주의자들 240

■ "내가 감히 그들(미래 철학자들)을 명명하고자 하는 그 이름을 통해 나는 이미 시도하는 것 Versuchen과 시도하는 즐거움을 명백히 강조했다: 어쩌면 그들은 육체와 영혼에 대한 비판가로서 어떤 새로운, 아마 훨씬 광대하고 위험한 의미에서의 실험에 종사하는 것을 좋아하기 때문에 이런 일이 일어났던 것 아닐까? 그들은 자신이 가진 인식의 열정 속에서 과감하고 고통스러운 시도들을 계속하면서, 민주주의적인 세기의 부드럽고 유약한 취향이 좋다고 부르는 것보다 더 멀리 나아가야만 하지 않을까?"[54] 참고로 니체는 42절과 44절에서 '미래 철학자'의 다른 이름은 '시도하는 자Versucher'라고 했다.

■■ 비판가는 '신중한 잔인성'을 자신에 대해서만이 아니라 타인에게도 사용한다. 이들은 "인도주의적 인간humane Menschen이 바라는 것 이상으로 가혹할 것"이며, 이러한 "정신의 순수함과 엄격함으로 이끄는 비판적인 훈육과 각 습관을 자기 자신에게만 요구하지 않는다".[55]

54)《선악의 저편》, 210절.

55)《선악의 저편》, 210절.

이 엄격한 정신으로서 '비판'이라는 말을 쓴다면, 앞서 학자들의 객관적 정신에 대해 말한 것처럼, 이 '비판'은 철학의 도구에 불과할 뿐 철학 자체가 될 수 없다고 말이다.■ 그렇다면 미래 철학자에게는 어떤 이름을 부여해야 할까.

56)《선악의 저편》, 210절.

■ "비판가들은 철학자의 도구이며, 도구로서 그들은 아직 철학자들이 아니다! 쾨니히스베르크의 저 위대한 중국인도 단지 한 사람의 위대한 비판가였을 뿐이다." 56)

04

미래의 철학자
—가치의 창조자

니체는 미래 철학자에게 새로운 이름을 부여하기 위해, 철학자를 '철학적 노동자philosophischen Arbeiter', 더 일반적으로는 '학문하는 인간'과 대비한다. 그가 말하는 '철학적 노동자'란 기존에 정립된 사실들, 한때 '진리'라 불리던 가치평가의 사실들을 확정하고 형식에 따라 분류하고 정리하는 사람이다. 이들은 "논리적인 것의 영역에서든, 정치적인 것(도덕적인 것)의 영역에서든, 예술적인 것의 영역에서든 이것을 일정한 형식에 밀어 넣"는다. 대학에서 철학을 가르치는 사람이라 해도 마찬가지다. '철학-학자'에 머무는 한 '철학노동자'라 할 수 있다. 니체는 이런 학자들을 "칸트나 헤겔의 고상한 모범을 따르는 저 철학적 노동자들"이라고 불렀다.[57] 사물을 자신의 렌즈가 아닌, 다른 이들이 마련해놓은 렌즈로 보는 사람이다.■ 그런 한에서 "학자는 결코 철학자가 될 수 없다".[59]

그렇다고 철학적 노동자의 작업을 무시하는 것은 아니다. 어떤 단계에

57) 《선악의 저편》, 211절.

59) 《반시대적 고찰》, 교육자로서의 쇼펜하우어, 7절.

서는 철학자도 '학문적 노동자'가 하는 일을 한다. 철학자도 도제 생활을 거친다. 아니, 진정한 철학자라면 그것을 넘어 온갖 인간, 온갖 정신의 단계를 거친다. 그는 여러 "가치와 감정의 영역을 편력하고, 다양한 눈과 양심을 갖고서 높은 곳에서 모든 먼 곳을, 깊은 곳에서 모든 높은 곳을, 구석에서 모든 드넓은 곳을 전망하기 위해", 비판가이기도 했고, 회의론자이기도 했으며, 독단주의자이기도 했고, 역사가이기도, 시인이기도, 수집가이기도, 여행가이기도, 수수께끼를 푸는 자이기도, 도덕가이기도, 예언가이기도 했을 것이다. 요컨대 그는 " '자유정신' 이며 거의 모든 유형의 인간이어야만 했을 것이다".[60]

확실한 것은 이 모든 것이 철학자의 과업을 위한 '선행조건'일 뿐이라는 점이다. '철학적 노동자', 즉 과거의 가치들을 정리하는 학자의 작업은 창조적인 손, 즉 철학자에게는 하나의 수단이자 도구이다. "진정한 철학자는 명령하는 자이며 입법하는 자이다." 철학자는 이 모든 것에 명령한다. 니체는 여기서 미래 철학자의 새로운 이름을 제시한다. 미래 철학자는 '가치를 창조하는 자'이다. "그들의 '인식'은 창조이며, 그들의 창조는 하나의 입법이며, 그들의 진리를 향한 의지는 — 힘에의 의지다."[61]

58) 《반시대적 고찰》, 교육자로서의 쇼펜하우어, 7절.

60) 《선악의 저편》, 211절.

61) 《선악의 저편》, 211절.

※ "자신과 사물 사이에 개념, 의견, 과거의 책들이 들어서게 두는 사람은 …… 사물을 가장 먼저 보지 못할 것이며, 자신도 그렇게 가장 먼저 보여지는 사물이 되지 않을 것이다." "남의 의견으로 자신을 본다면 그는 자신에게도 — 남의 의견밖에 보지 못한다는 것은 이상한 일이 아니다! 학자는 그런 사람들이고 그렇게 살고 그렇게 본다."[58]

진정한 철학자는
명령하는 자,
입법하는 자이다

철학자는 지혜의 친구가 아니라 달갑지 않은 바보다

'오늘날' 이런 철학자가 가능한가. 미래의 철학자, 다시 말해 "내일과 모레의 인간"이 '오늘' 있을 수 있는가. 미래 철학자의 도래가 가능하다면 무엇보다 '오늘'과 거리를 두는 한에서일 것이다. 즉 '오늘날의 이상Ideal von Heute'과 거리를 두는 한에서만 미래의 철학자는 '오늘'에 도래할 수 있다.▩ 이는 철학자의 사명이 자기 시대의 '나쁜 양심böse Gewissen' 되기에 있음을 뜻하는 것이기도 하다. 미래의 철학자는 자기 시대의 이상과 대립하고, 그 이상으로부터 탈주하는 사람이다. 그는 자기 시대의 '지혜의 친구' 이기는커녕 스스로를 "달갑지 않은 바보와 위험한 의문부호"라고 느낀다.[63]

이것이 오늘날 철학자가 왜 비철학자의 모습으로 나타나는지, 다시 말해 왜 영리한 현자가 아니라 위험한 바보로 나타나는지에 대한 이유일 것이다. 니체에 따르면 철학자는 "'비철학적으로unphilosophisch', '현명하지 못하게unweise', 무엇보다도 '영리하지 못하게unklug' 살아가며, 인생의 수백 가지 시도와 유혹에 대한 짐과 의무를 느낀다—그는 스스로 끊임없이 모험을 감행하며, [기꺼이] 힘든(사정이 나쁜 상황에서, schlimm) 게임을 한다".[64]

▩ "필연적으로 내일과 모레의 인간이 될 수밖에 없는 철학자는 언제나 그 자신이 사는 오늘과 모순된 상태에 있었고 그렇게 있을 수밖에 없었던 것이라고 나는 더욱 생각하게 된다."[62]

62) 《선악의 저편》, 212절.

63) 《선악의 저편》, 212절.

64) 《선악의 저편》, 205절.

철학자는 기꺼이 자기 시대에 '악의 쟁기질'을 자처하며, 자기 시대의 미덕에 메스를 들이댈 것이다. 자기 시대 존중받는 도덕에 얼마나 많은 위선과 안일, 방임, 자포자기, 허위 등이 있는지를 폭로할 것이다. 그가 "메스를 댄 목적은 인간의 새로운 위대함을 알기 위해서이며 인간을 위대하게 만드는 새로운 미답의 길을 알기 위해서이다". 철학자는 말한다. "우리는 그대들이 오늘날 가장 정통하지 않은 곳am wenigsten zu Hause seid으로 가야만 한다." 그는 "모든 인간을 한쪽 구석이나 '전문성'에 가두고 싶어 하는 '현대적 이념'의 세계"에 맞서 "인간의 위대함을, '위대함'의 개념을 그의 광범위한 다양성에, 그의 다면적 전체성Ganzheit im Vielen에 둘 수밖에 없다. …… 얼마나 많고 다양한 것을 감당하고 받아들일 수 있느냐에 따라, 그 사람이 얼마나 멀리 자신의 책임을 넓힐 수 있느냐에 따라 가치와 순위마저 정할 것"이다.[65) ■]

철학자라고 하는 것은 가르칠 수 없다

이런 철학자를 어떻게 길러낼 것인가. 니체는 아주 흥미로운 답변을 한다. "철학자라고 하는 것was ein Philosoph ist은 가르칠 수 있는 것이 아니기 때문에[■■] 배우기가 나쁘다." 그에 따르면 사람들은 결국 철학자가 무엇인지를 "경험으로 '알아야' 한다". 또한 재밌는 말을 덧붙였다. 철학자라고 하는 것을 가르칠 수 없다는 것, 그것을 알지 못한다는 것(인식의 문제가 아

■ 차라투스트라의 다음 말을 보라. "더럽혀지지 않은 채 더러운 강물을 모두 받아들이려면 사람은 먼저 바다가 되어야 하리라."[66)]

니라고 하는 것)에 "긍지를 가져야" 한다고.[68]

내 생각에 철학자라고 하는 것을 가르칠 수 없는 이유는 그것이 지식이나 정보라기보다 '눈길'이나 '발길' 같은 것이기 때문이다. 말하자면 철학자란 삶을 바라보는 눈길, 세상을 걸어가는 발길, 독특한 실존 방식이기 때문에 삶 속에서 단련되며 얻어지는 것이지 지식으로 전수되는 것이 아니다. 니체는 철학자의 정신성을 실제로 발걸음의 템포로 설명한다. 그에 따르면 철학자는 "빠른 속도로 내달리는 대담하고 분방한 정신성"과 "한 치의 착오도 없는" '엄격성'과 '필연성'이 공존하는 사람이다.[69]

니체는 이 점에서 사람들이 사유에 잘못된 이미지를 갖고 있다고 지적한다. 사람들은 사유를 천천히 진행되는 것, 완만한 것, 망설이는 것, '고상한 사람이 땀 흘릴 만한 가치가 있는 것', 한마디로 대단한 노고라고 생각한다. 그러나 니체는 사유란 "가벼운 것, 신적인 것, 춤이나 들뜬 기분에 가까운 것"이라 말한다. 곧 사유란 말처럼 빨리 달리고 새처럼 가볍게 나는 것, 무용수의 발끝에 있는 어떤 것이다. 그런데 무용수는 이 자유로운 발끝을 어떻게 얻었을까. 그것은 대단한 훈련과 강제를 통해 육성된 것이다.■■■ 즉

65)《선악의 저편》, 212절.

66)《차라투스트라는 이렇게 말했다》, 차라투스트라의 머리말.

■■ 교육될 수 없는 '그 무엇', 교육보다 위대한 '그 무엇' 혹은 '여성'에 대하여. 철학자는 말로 할 수 없는 그것[그 무엇=여성]을 다루는 게 아닐까. 제7장의 다음 언급은 흥미롭다. "우리의 근저Grunde, 훨씬 '그 아래da unten'에는 가르칠 수 없는 그 무엇이 있으며 정신적 운명의 화강암이 있고, 미리 결정되고 선별된 물음에 대한 미리 결정된 결단과 대답의 화강암이 있다."[67]

■■■ "최고의 문제는 자신의 정신성의 높이와 힘으로 해결할 만한 준비가 미리 되어 있지 않은 채 그 문제들에 접근하는 사람을 모두 사정없이 밀쳐버린다."[70]

67)《선악의 저편》, 231절.

68)《선악의 저편》, 213절.

69)《선악의 저편》, 213절.

70)《선악의 저편》, 213절.

철학자는 엄격한 훈련 속에서 자유로운 몸짓을 획득한 무용수 같은 사람이다.

철학자의 훈련과 육성. 어쩌면 그것은 한 세대로는 터무니없이 부족한 시간을 필요로 할 것이다. 언뜻 니체는 '훈련과 육성'이라는 말과 상충되는 말을 한다. "모든 높은 세계에 이르기 위해 사람들은 그렇게 타고나야만 한다." 철학자도 마찬가지다. "철학에 대한 권리를 ─ 이 용어를 광의로 생각해서 ─ 갖는 것은 오직 자신의 출신 덕분이며 조상이나 '혈통Geblüt'이 여기에서도 결정적 역할을 한다." 그러나 이 말들은 '훈련'이나 '육성'이라는 말과 상충하지 않는다. 왜냐하면 니체가 이르는 '조상'이니 '혈통'이니 하는 말들은 '철학자라고 하는 것'이 자연스러운 '본능'이 될 정도로 육성되어야 한다는 것을■ 그리고 세대를 거쳐 '유전'될 정도의 시간과 노력을 필요로 한다는 것을 뜻하기 때문이다. 그래서 그는 이렇게 말한다. "철학자가 태어나기 위해 많은 세대가 미리 기초 작업을 했음에 틀림없다."[72]

이런 훈련과 육성을 통해서만 미래 철학자가 도래할 것이다. 다시 말해 우리에게 "사상의 대담하고 경쾌하고 부드러운 발걸음과 진행"이 나타날 것이며, "무엇보다 커다란 책임을 기꺼이 지려는 각오, 지배하는 자의 눈길과 내려다보는 눈길의 고귀함, 대중과 그들의 의무나 미덕에서 스스로 분리되어 있다는 감정Sich-Abgetrennt-Fühlen, 신이든 악마든 오해받고 비방받는 이들을 상냥하게 보호하고 변호하는 것, 위대한 정의 속에서

■ 니체는 199절에서는 반대의 경우, 즉 인간들이 오랫동안 복종 훈련을 받고 육성된 결과, 자기에게 명령을 내려주는 인간이 나타나기를 바라는 노예적 욕구가 '타고났다고 전제해도 좋을 것'이 되었으며 유전까지 되었다고 지적한 바 있다.[71]

71) 《선악의 저편》, 199절.

72) 《선악의 저편》, 213절.

73) 《반시대적 고찰》, 교육자로서의 쇼펜하우어, 8절.

74) 《선악의 저편》, 213절.

느끼는 즐거움과 그것을 행동에 옮기는 것, 명령의 기술, 의지의 광대함, 쉽게 찬미하지 않고 쉽게 우러러보지 않으며 쉽게 사랑하지 않는▩ 서서히 움직이는 눈" 등이 생겨날 것이다.[74)]

▩ "철학의 진정한 친구들은 …… 자신의 행동을 통해 진리에 대한 사랑은 두려운 것이고 대단한 것임을 증명하면 더 좋을 것이다."[73)]

제7장

위계질서

01

덕에 있어 '우리'의 진보

니체는 제7장을 곧바로 '우리'라는 말로 시작한다. 여기서 '우리'란 니체가 자신과 동류라고 생각하는 사람들이다. 앞 장들에서 니체는 이런 사람, 이를테면 '도래하는 철학자', '자유정신', '우리, 다른 신앙을 가진 이들', '미래의 철학자' 등을 끝에서 제시했다. 그런데 제7장에서는 처음부터 '우리'를 호명하고 있다. 이는 정상을 앞두고 고귀함('우리')과 저급함('너희')의 위계를 분명히 하고, 시선 역시 정상을 올려다보는 것이 아니라 정상에서 내려다보는 식으로 바꾸려는 의도가 아닌가 싶다.

첫 단락에서 니체는 '우리'의 덕에 대해 이렇게 말한다. '우리'는 "우리의 선조를 존경하지만" 또한 "조금은 멀리"한다. '우리'의 덕은 선조의 덕처럼 그렇게 "순진하고 투박하지" 않다. '오늘'의 기준으로 보면 '모레의 유럽인'인 '우리'는 위험하고 잔인한 사람들일 것이다. '우리'는 "위험한 호기심과 다양성, 변장의 기술 그리고 정신과 감각에서 무르익은, 말하자면 감미로운 잔인성을 가진" 사람들이다. "우리가 덕을 가져야 한다면, 마땅히 우리는 가장 은밀하고 가장 진실한 성향으로 그리고 우리의 가장 뜨거운 욕구들에 가장 적합하게 된 그런 덕들을 가져야 할 것이다."[1)]

할아버지의 땋은 머리

니체는 여기서 선조의 덕과 '우리'의 덕의 관계를 말하며 "존경할 만한 개념의 땋은 머리Begriffs-Zopf"라는 흥미로운 표현을 사용했다. 당시에는 낡은 전통을 상징하는 말이었는데 니체는 '자랑스러운 전통'이라는 의미로 사용했다. 그에 따르면 '우리'는 할아버지들의 '자랑스러운' 후손이다. 할아버지들이 자랑스럽다는 것은 그들이 그들의 덕을 가졌다는 점에서다. 그리고 '우리'가 그들의 '자랑스러운 후손'인 이유는 '우리' 또한 '우리' 자신의 덕을 가졌기 때문이다. 즉 '우리'는 할아버지나 아버지 세대와는 다른 덕을 가졌다. 그러므로 '우리'는 그들을 존경하면서 또한 멀리한다. 요컨대 '우리'는 '우리' 자신의 덕을 가진 한에서, 할아버지나 아버지처럼 '땋은 머리'를 가졌지만, 그들과는 다른 모양의 '땋은 머리'를 가졌다.[2)]

땋은 머리, 그 스타일은 또 얼마나 빨리 변해가는지![3)] ■ 이를테면 '우리'의 아버지들은 할아버지들과 달리 "종교에 대한 적대감과 볼테르식 신랄함"을 가졌다. 반종교적이었던 '우리'의 계몽주의자 아버지들은 할아버지들의 '태도로서의 종교Religion als Attitude'를 못마땅해했다. 그것이 아버지

1) 《선악의 저편》, 214절.
2) 《선악의 저편》, 214절.
3) 《선악의 저편》, 214절.

들의 자유정신이고 진보였다. 그것은 아버지 세대의 '자유정신의 몸짓언어Freigeist-Gebärdensprache'였다. 그런데 아버지들의 자식인 '우리'는 아버지들의 '태도로서의 도덕Moral als Attitude'이 거슬린다. 즉 '우리'는 "격식을 차린 말이나 도덕의 형식"이 아주 거북하다. '우리'의 양심은 "청교도의 기도, 도덕의 설교나 속물주의"를 좋아하지 않는다. '우리'의 양심과 정신에는 자유로운 음악과 춤이 있다. 아버지들이 종교적인 체하는 것(할아버지 시대)에 분노했듯이 '우리'는 도덕적인 체하는 태도(아버지 세대)를 좋아하지 않는다.[5]

255

도덕적 인간의 연극

니체에 따르면 도덕적인 척하는 인간들, '태도로서 도덕'을 가진 이들, 무엇보다 자신에게 "도덕적 분별심이나 도덕적 식별의 섬세함"이 있음을 연기하는 이들을 조심해야 한다. 그들의 연기가 우리 앞에서 실패할 때, 즉 어쩌다 우리에게 부도덕한 행동을 자행했을 때, 그들은 목격자인 우리를 결코 가만두지 않을 것이기 때문이다.[6]

※ 설령 겉보기에 동일한 행위일지라도 전혀 다른 도덕적 의미를 갖는다. "우리 현대인들도 '별 가득한 하늘Sternenhimmels'의 복잡한 역학 덕분에 서로 다른 도덕으로 규정되고 있다. 우리의 행위들은 차례차례 서로 다른 빛으로 빛난다. 그 행위들의 의미가 하나인 경우는 거의 드물다.—우리가 다채로운 행위들bunte Handlungen을 하는 경우는 얼마든지 있다."[4]

4) 《선악의 저편》, 215절.
5) 《선악의 저편》, 216절.
6) 《선악의 저편》, 217절.

선한 인간을
연구해보라
한 편의 연극을
보게 될 것이다

뛰어난 심리학자라면 선량하고 평범하고 예의바른 사람들의 '무의식적인 교활함'을 연구해야 한다. 니체에 따르면 본능이나 충동이 지닌 교활함은 일반적인 지성보다 "천배나 정교"하다. 본능이 자신의 뜻을 관철하기 위해 사용하는 지력Intelligenz은 "모든 종류의 지력 가운데 가장 뛰어난 것intelligenteste"이다. 니체는 앞서 26절에서 인식자에게는 '예외Ausnahme'보다 '정상Regel'이 더 흥미롭다고 했는데, 여기서도 같은 이야기를 꺼낸다. 즉 뛰어난 심리학자라면 '예외'가 아니라 '정상'을 연구해볼 필요가 있다. 즉 비정상인이 아니라 정상인을, 악한 인간이 아니라 선한 인간을 연구 대상으로 삼아보라는 것이다. "거기에서 그대들은 연극, 신과 신의 악의를 충분히 만족시키는 연극을 보게 될 것이다! 아니 더 분명히 말하자면, 해부해보라, '선한 인간guten Menschen', '선의의 인간homo bonae voluntatis' …… 바로 당신들 자신을."[7)]

예외가 아니라 규칙을 연구하라

우리는 도덕을 통해 그 배후에 있는 충동을 읽어낼 수 있어야 한다. 특히 모두에게 적용되는 보편적 처방전을 자임하는 도덕은 유심히 살펴보아야 한다. 니체에 따르면, 이런 도덕은 독특하고 비범한 정신에 대한 복수이자 손해배상 요구라 할 수 있다. 이런 도덕이 가능하려면 사람들이 어떤 초월적 존재를 상상할 수 있어야 한다. 그 아래서는 어떤 비범한 것도 평범한 것이 되고 마는 보

7) 《선악의 저편》, 218절.

편적 초월성, 이를테면 '신 앞의 만인의 평등Gleichheit Aller vor Gott' 같은 것 말이다(여기서 '법 앞의 만인의 평등'도 도출될 수 있다). 말하자면 인간 동등성을 위해서는 '신에 대한 믿음'이 필요하다. 그렇기 때문에 무신론에 대한 강력한 반발이 평등주의자에게서 나온다 해도 이상할 것이 없다.[8)] ■

니체는 우리가 칭송하는 이타적이고 헌신적인 행동의 배후에도 충동들의 이기주의와 책략이 있다고 말한다. 누군가를 헌신적으로 사랑하는 사람은 그 행동을 통해 대상을 지배하려 하며, 고행자는 누구도 범접할 수 없는 고행 속에서 스스로 힘 감정을 즐기며, 순교자는 희생 속에서 마치 자신이 신이라도 된 듯한 고양감을 누린다. 말하자면 사람들의 희생 속에는 그것을 향유하는 충동들이 있다. ■■ 니체의 말을 빌리면 이렇다. "실제로 희생을 치른 적이 있는 사람은 자신이 그 대신 어떤 것을 바라고 얻었는지를 알고 있고, 거기서 더 많은 것을 갖기 위해 아마 대개 그 이상의 것이 되거나 스스로를 '그 이상'의 것으로 느끼기 위해 자신을 희생했다는 것을 알고 있다."[13)]

그렇다면 모든 이해관계를 떠난 듯 보이는 '초연한 사람들Uninteressirten'

■ 앞서 니체는 현대 유럽의 민주주의와 사회주의, 아나키즘이 설령 "신도 없고 지배자도 없는" 세상을 꿈꾼다 해도 근본적으로 '유일신' 사상에 입각했음을 주장한 바 있다.[9)]

■■ 니체는 헌신적 사랑 속에는 '슬픈 교활함'이 숨어 있다고 했다. "모든 것이 자신의 의지와 기분에 따라 일어나야 하면서도 그것이 희생일 뿐 그들 자신을 위해서는 아무것도 탐하지 않는 것처럼 보이는 방식으로 일어나"기를 바라는 사람들,[10)] 이들은 누군가를 위해 희생했을 때조차 그가 자신이 원하는 대로 나타나기를 바라는 "슬픈 교활함"을 가지고 있다.[11)] 니체는 순교자들의 '힘 감정에 대한 도취'에 관해서도 이렇게 말했다. "그대들은 열광적으로 자신을 헌신하고 자신을 희생물로 만들어, 신이든 인간이든 그대들이 그대 자신을 바치는 강력한 존재와 지금 하나가 되었다고 생각하고 도취되는 것이다. …… 그대들은 마음속에서 그대들을 신으로 변화시키고 신이 된 자신을 즐기는 것이다."[12)]

8)《선악의 저편》, 219절.
9)《선악의 저편》, 202절.
10)《서광》, 295절.
11)《서광》, 420절.
12)《서광》, 241절.
13)《선악의 저편》, 220절.

은 어떤가. 니체에 따르면 그들이 이해관계를 떠났다는 것, 아무것에도 관심을 보이지 않는다는 것은 대중의 편견일 수 있다. 사실 그들은 무언가에 몰두하고 있는데 사람들이 그 일에 관심이 없기 때문일 수 있다는 말이다. 오히려 '초연한 사람들'로서는 일반인들이 중요한 일에 관심을 갖지 않는 것이 더 충격일 수 있다.

이처럼 사람들의 도덕 행위를 잘 해석하려면 우리는 묻고 답하는 일을 멈추지 말아야 한다. 사람들은 도덕의 배후를 묻는 일을 불쾌하게 생각할 수 있지만, '까다로운 정신verwöhnterer Geist'이라면 이를 그만두지 않을 것이다.[14] 앞서 말한 것처럼 니체가 부르는 '우리'는 '위험한 호기심'을 가진 사람들이며, 꽤나 '잔인한' 사람들이다.■ 그리고 "모든 인식욕에는 한 방울의 잔인성이 포함되어 있는 법이다".[16]

니체는 여기서 재미있는 비유를 쓴다. '진리'를 '여성'에 비유하면서, 우리가 도덕적 비난을 넘어서까지 물음과 답변을 이어갈 때 그녀가 하품을 멈출 것이라고 한다.[17] 말하자면 그녀가 우리에게 슬슬 관심을 갖는 것이다. 그녀는 그동안 도덕학자들의 권태로운 주장 때문에 너무나 지루하던 참이다. 물론 그렇다고 우리에게 쉽게 마음을 주는 건 아니다. 겉으로는 무관심한 척한다. 그리고 우리가 까다롭게 따져들어 오는 것을 점잖지 못한 행동이라

14)《선악의 저편》, 220절.
15)《차라투스트라는 이렇게 말했다》, 자기극복에 대하여.
16)《선악의 저편》, 229절.
17)《선악의 저편》, 220절.

■ "입을 다무는 것이 더 나쁜 것이다. 모든 억압된 진리는 독이 되고 만다. / 우리들의 진리에 의해 파괴될 수 있는 모든 것을 파괴하라! 아직도 지어야 할 집이 많지 않은가." 15)

고 나무라기도 한다.※ 하지만 그녀는 틀림없이 우리를 끌어들여 기꺼이 비밀을 나눌 것이다.

결국 충동과 무관한 초연한 도덕이란 없다. 도덕이라는 것 자체가 충동의 기호다.[19] 따라서 어떤 행동에 사심이 있었느냐, 없었느냐를 논하는 것은 쓸데없다. 중요한 것은 그 행동을 해석하고 평가하는 것이다. 그 행동은 그것을 행하는 사람에 관해 무엇을 말해주는가. "항상 문제가 되는 것은 **그가** 어떤 사람이며 **다른 사람은** 어떤 사람인가 하는 것이다."[20] 누군가 찬미하는 도덕을 누군가는 역겨워할 때, 우리는 그 사람을 읽을 수 있다. 이를테면 니체가 말하는 '우리'는 도덕주의자들이 찬미하는 자기희생 내지 자기부정을 "덕의 낭비"라고 생각하며, 그들이 떠받드는 '비이기적 행동'도 스스로에 대한 태만 내지 방기라고 부른다.[21]

도덕의 위계질서

니체는 여기서 도덕의 위계 문제를 제기한다. 우리는 시대와 민족에 따라 다양한 도덕이 존재했음을 알고 있다. 니체가 시도하는 '위계질서 Rangordnung'는 다양한 도덕을 한 줄로 세워 순위를 매기는 것이 아니다. 그가 하려는 작업은 앞 장에서 본 것처럼 '도덕의 유형학'이다.[22] 그는 여러

※ "오, 차라투스트라여! 그처럼 무섭게 채찍을 휘두르지 말라! 알고 있지 않은가. 소란이 사상을 죽인다는 것을. 지금 그토록 정겨운 사상이 내게 다가오고 있어 하는 말이다. / 우리 두 사람은 진정 선한 일도 악한 일도 하지 않는 자들이다. 우리는 선악의 저편에서 우리들이 머물 섬과 우리 둘만의 푸른 초원을 찾아냈다. 우리 단둘이서 말이다! 그러니 이제 우리는 서로 사이좋게 지내야 한다. ……/ 언젠가 네 지혜가 네게서 떠나가 버린다면, 아! 그렇게 되면 나의 사랑 또한 네게서 서둘러 떠나버리리라." 18)

18)《차라투스트라는 이렇게 말했다》, 춤에 부친 또 다른 노래.

19)《선악의 저편》, 187절.

20)《선악의 저편》, 221절.

21)《선악의 저편》, 221절.

22)《선악의 저편》, 186절.

시대 다양한 민족의 도덕을 비교하면서 유형을 추출한다. 주인의 도덕과 노예의 도덕, 강자의 도덕과 약자의 도덕, 건강한 자의 도덕과 병든 자의 도덕 등이 예이다. 니체가 위계를 정하는 것은 이 유형들에 대해서다. 그는 전자를 고귀한 것으로 높이 평가하고 후자를 저속한 것으로 낮게 평가한다.

이와 관련해 니체는 '선악의 저편'이라는 책 제목이 어떤 오해를 불러일으킬 수도 있다고 생각했다. 그에 따르면 도덕적 판단은 보편적이고 영속적인 것이 아니다. 역사적이고 문화적이다. 그뿐 아니라 도덕적 판단은 충동으로부터 자유롭지 않으며 오히려 충동의 표현이라 할 수 있다. 니체는 특히 도덕적 선악 개념은 노예의 저속한 충동인 원한을 나타낸다고 했다.[23] 그러나 유의할 게 있다. 첫째, 그가 도덕적 판단을 역사적인 것 그리고 특정한 충동의 표현으로 간주한다 해서 그런 것과 무관한 도덕이 가능하다고 여긴 것은 아니다. 즉 '선악의 저편'이라는 말이 가치판단과 무관한 '저편의 세계'가 존재한다는 뜻은 아니다. 둘째, 도덕적 판단을 역사적인 것으로 사고한다 해서 도덕에 상대주의적 견해를 지닌 것은 아니다. 앞서 말했듯, 그는 도덕들에 유형화가 가능하다고 판단했으며, 철학자의 사명은 이 유형들 사이의 위계질서를 분명히 하는 것이라고 생각했다. ■

참고로 이 위계질서에서도 유의할 것이 있다. 니체가 말하는 도덕의 '고귀한 유형'은 '지배적 유형'과는 다르다. 즉 주인의 도덕, 강자의 도덕, 건강한 자의 도덕은 지배적 도덕이나 지배자의

23)《도덕의 계보》 I.

도덕을 가리키지 않는다. 어떤 시대에는 노예의 도덕, 약자의 도덕, 병든 자의 도덕도 지배적 유형일 수 있다. 그는 현대사회가 그렇다고 보았다. 그에 따르면 현대 유럽을 지배하고 있는 도덕은 노예의 도덕이고 약자의 도덕이며 병든 자의 도덕이다.

위계를 모르는 철학자는 건강을 모르는 의사와 같다

철학자의 사명이란 학자처럼 과거 도덕들을 조사해 나열하는 것도 아니고, 이데올로그가 되어 현재의 지배 도덕을 정당화하는 것도 아니다. 철학자의 사명은 가치평가에 있다. 즉 어떤 유형의 도덕이 더 건강하고 좋은지, 어떤 유형의 도덕이 우리에게 필요한지를 명확히 해주는 것이다. 마치 의사가 증상에서 병을 읽어내듯 철학자는 각각의 도덕적 판단에서 그 시대, 그 민족의 건강 상태를 읽어내야 한다. 건강한 유형에 속하는지 병든 유형에 속하는지를 파악하는 것이다.

예컨대 서문에서 니체는 플라톤의 독단주의를 비판했다. 그때 니체는 플라톤의 개별 퍼스펙티브가 아니라 퍼스펙티브에 대한 태도를 문제 삼았다. 플라톤은 특정 퍼스펙티브를 보편적인 것으로, 유일한 것으로 고집하려 했다. 이것이 그의 독단론이었다. 비유하자면 그는 고집불통의 환자와

■ 《도덕의 계보》의 다음 언급을 참조하라. "최근의 내 저서에 적합하게 들어맞는 '선악의 저편'이라는 저 위험한 표제어. …… 이것은 적어도 '좋음과 나쁨의 저편'이라는 의미는 아니다."[24] "모든 과학은 이제부터 철학자의 미래 과제를 준비하지 않으면 안 된다: 이 과제란 철학자가 가치의 문제를 해결해야만 하며 가치의 등급을 정해야 한다는 식으로 이해된다."[25]

24)《도덕의 계보》 I , 17절.

25)《도덕의 계보》 I , 미주.

같다. 플라톤의 독단적 태도는 그가 건강하지 못하다는 것을 보여준다.

도덕의 좋은 유형과 나쁜 유형을 혼동하는 철학자는 건강과 질병을 구분할 줄 모르는 의사와 같다. 따라서 니체에게 위계질서는 매우 중요하다. "우리는 도덕들로 하여금 무엇보다도 **위계질서** 앞에서 몸을 굽히도록 강제해야 한다."[26] 그리고 이 '위계질서'는 앞서 말한 것처럼 역사나 문화에 따라 달라지는 가치판단이 아니다. 니체가 말하는 '좋음'과 '나쁨'의 위계는 인간뿐 아니라 자연에도 적용된다(이에 대해서는 제2장 '힘에의 의지' 부분을 참조). 즉 어떤 유기체가 건강하게 번성하는지 아니면 병들어 쇠락하는지의 문제이며, 더 나아가면 물리적 세계에서 작용적(능동적) 힘Kraft과 반작용적(반동적) 힘을 구분하는 문제이다. 그래서 니체는 위계질서에 대해 이렇게 말한다. "높은 정신성은 정의와 저 호의에서 나오는 엄격함이 정신화된 것이며, 이 엄격함은 인간 사이에서뿐 아니라 사물들 자체에서도 **위계의 질서**Ordnung des Ranges를 올바로 유지하는 일이 자신에게 맡겨졌음을 알고 있다."[27]

교육을 위해서는 약간의 전략적 고려가 필요하다

그런데 오늘날 도덕적 편견을 넘어 이 '위계질서'를 새로 가르치려 할 때, '우리' 철학자에게는 약간의 전략과 기술이 필요하다. 사람들, 특히 도덕주의자를 자처하는 사람들은 '우리'를 매우

26)《선악의 저편》, 221절.

27)《선악의 저편》, 219절.

부도덕하다고 몰아붙일 것이다.■ '우리'는 도덕주의자인 척하는 인간들, 소위 선량한 사람들의 훈계야말로 '웃음거리'임을 알지만 그래도 비판할 때는 주의해야 한다.

니체에 따르면 사람들을 육성할 때 "너무 지나치게 올바르면Recht 안 된다". 이럴 때는 슬쩍 에둘러 가는 것도 괜찮다. 사람들을 일깨우기 위해서라면 "낟알 하나 정도의 불의Unrecht"를 섞는 것도 나쁘지 않다.[29] 도덕을 부정하고 곧바로 위계를 가르치기보다 우리가 말하는 '높은 정신성'hohe Geistigkeit이 도덕적 훈련을 통해 나오는 것처럼 "그들의 환심을 사는" 것이 낫다.[30] 즉 "높은 정신성 자체는 오직 도덕적 특성의 최종 소산Ausgeburt으로 이루어지며, 이 높은 정신성은 모든 상태 하나하나가 오랜 훈련과 육성을 통해, 아마도 여러 세대에 걸친 연속 과정에서 획득된 후에나 이루어지는 것"이라고 말이다. 말하자면 '우리'가 추구하는 고귀한 덕은 도덕과 무관하지 않고 오히려 도덕들에서 나오며 도덕들을 종합한 것이고 더 나아가 도덕들을 극복하는 것임을 가르치는 것이다. 이렇게 해서 '우리'가 말하는 덕이 높은 덕임을 받아들이게 하는 것, 즉 가치의 위계를 잡아가는 것이 먼저다.

■ 물론 니체는 '비도덕주의자'라는 말에 자부심을 갖는다. "비도덕주의자인 우리!"[28]

02

역사라는 이름의 의상보관실

265 현대인들은 그야말로 온갖 도덕과 가치평가 앞에 서 있다. 니체는 이 때문에 현대 유럽인들이 '의지마비증Willenslähmung'을 앓고 있다고 했다. 현대인은 기본적으로 적극적 가치평가를 회피하는 회의론자이다.[31] 오늘날은 온갖 가치평가가 넘쳐나는 시대이지만, 아니 바로 그렇기 때문에 가치평가를 회피하는 시대라 할 수 있다. 현대인의 내부에서는 온갖 충동이 싸우고 있기에 이들은 '진정제'와 '안식일'로서의 행복을 갈망한다. 이들은 충동들을 자극하는 독특하고 특이한 것을 평가절하할 뿐 아니라 평가하는 일 자체를 평가절하한다. 일종의 허무주의에 빠진 것이다.

그런데 이것은 '역사Historie'에 대한 현대인의 태도이기도 하다. 니체는 현대인에게 '역사'는 온갖 의상이 걸린 '의상보관실Vorrathskammer der Kostüme'과 같다고 했다. 다양한 가치평가가 시대

28) 《선악의 저편》, 226절.

29) 《선악의 저편》, 221절.

30) 《선악의 저편》, 219절.

31) 《선악의 저편》, 208절.

순으로 걸린 옷장이라는 것이다. 하지만 문제는 여기 걸린 어떤 의상도 현대인에게 어울리지 않는다는 사실이다.■ 그 어떤 옷도 그를 위해 재단된 옷이 아니기 때문이다. 그래서 "그는 의상을 바꾸고 또 바꾸어본다". 하지만 결국 "우리에게는 맞는 것이 '아무것도 없다'고 절망한다".[32)]

연구실과 놀이터

그렇다면 니체가 말하는 '우리' 강자들, '우리' 건강한 이들은 이 사태를 어떻게 다루는가. 아니 거꾸로 말해보자. 이 사태를 어떻게 다루는 것이 강자의 스타일이고 건강한 자의 태도인가. 여러 번 강조했듯 니체는 무언가를 극복하는 힘을 항상 그 안에서 찾아낸다. 강한 정신이란 어떤 악조건에서도 좋은 것을 찾아내는 정신이다. "정신Geist, 특히 '역사적 정신historische Geist'은 이런 절망 속에서도 자신에게 이로운 것을 알아차린다."[33)]

그렇다면 '우리'는 무엇을 찾아냈는가. 온갖 의상이 걸린 이 옷장에는 어떤 가능성이 있는가. '우리'는 "과거에서 오고 외국에서 온" 의상들을 계속 입고 벗으면서 그것을 '연구한다studiert'. 니체에 따르면 "우리는 '의상들'에 대해 연구한 첫 세대이다". 말하자면 옷장은 '우리'의 연구실이자 실험실이다. 그러나 또한 '우리'의 놀이터이기도 하다. '우리'는 "그 어느 시대에도 보지 못했던 거대한 스타일의 카니발Karneval grossen Stils을, 정신

■ 동일한 맥락에서, 온갖 지식을 긁어모았으나 정작 스스로를 표현할 지식은 하나도 없는 교양인이 또한 현대인의 형상이다.

32)《선악의 저편》, 223절.

33)《선악의 저편》, 223절.

적인 사육제의 웃음과 활기를, 최고의 어리석음과 아리스토파네스적인 세계 조소의 초월적 높이를 준비한다". '우리'는 여기서 "아주 독창적인 영역을 발명해내는데", 그것은 "세계사의 패러디꾼Parodisten der Weltgeschichte이자 신의 익살꾼Hanswürste Gottes의 영역"이다.[34)] ▦ 몸에 딱 맞는 옷이 없다는 것이 '우리'에게는 스타일을 연구할 수 있는 좋은 조건이 되며, 무엇보다 '우리'가 가장무도회를 여는 데 큰 도움이 된다.

말하자면 '우리'는 역사라는 옷장에서 '딱 맞지 않기'에 '딱 맞는 옷'을 발견한 셈이다. 과거 의상들에 대한 '우리'의 연구는 웃음을 불러일으키면서 동시에 '우리'가 딛고 선 근거들의 한계 내지 근거 없음을 보게 하고, '우리'를 그 너머로 안내한다.▦▦ "어쩌면 오늘날 그 어떤 것에도 미래가 없을지라도, 우리의 웃음에는 미래가 있는 셈이다."[40)] 웃음을 터뜨린다는 것은 미래 없는 세계

34)《선악의 저편》, 223절.

35)《즐거운 지식》, 342절.

36)《즐거운 지식》, 제2판 서문, 1절.

37)《선악의 저편》, 25절.

38)《선악의 저편》, 294절.

40)《선악의 저편》, 223절.

▦ 니체는 역사의 새로운 용법으로서 패러디를 말하지만 그것은 철학의 새로운 용법이기도 하다. 예컨대 우리는 니체의《차라투스트라》와《안티크리스트》를 각각 역사적 차라투스트라와 사도 바울에 대한 패러디로 읽을 수 있다. 그는《즐거운 지식》초판 마지막 소절에서 차라투스트라의 하산 내지 몰락을 다루었는데(제4부 마지막 소절), 거기에 '비극이 시작되다Incipit tragoedia'라는 제목을 달았다.[35)] 그런데 몇 년 뒤 붙인 제2판 서문에서 니체는 이렇게 적었다. "이 회의적이고도 거침없는 책의 마지막 부분에 '비극이 시작되다'라는 제목의 글이 있다. 조심하라! 철저하게 고약하고 악의적인 것이 방문을 예고하고 있다: [즉] 패러디가 시작된다incipit parodia. 의심할 바 없이…"[36)] 철학의 죽음과 관련된 '비극'과 '패러디'라는 주제는《선악의 저편》에서도 엿볼 수 있다. 니체는 25절에서 철학자의 죽음(진리를 위한 순교) 장면이 비극적으로 보이지만 결국에는 '익살극'임을 알게 될 것이라 했다.[37)] 또한 이 책의 맨 끝에서 '철학자-신'을 언급하며 그들의 '황금웃음'에 대해 말하는데, "웃음의 등급에 따라" 철학자의 순위를 정할 수도 있다고 했다.[38)] 말하자면 패러디 정신을 철학자의 정신으로 더 높이 치는 것이다.

의 미래를 보았다는 표시이다. 즉 뭔가 너머를 인식했다는 것이다. 과거 의상들을 연구하고 또 그것들과 함께 놀면서 '우리'는 '우리' 안의 어떤 가능성을 일깨운다.

사방으로 열린 비밀 통로

니체에 따르면 19세기 유럽인은 처음으로 '제6감'으로서 '역사적 감각'을 갖게 된 사람들이다.[41] 현대 유럽인은 각 시대, 각 민족이 어떤 가치평가를 내렸는지 잘 알고 있다. 어떤 점에서 이는 "종족 해체 시대의 유산"이기도 하다. 말하자면 현대인은 반쯤은 귀족이고 반쯤은 야만인인, "매혹적이고 광적인 반야만 상태Halbbarbarei"에 있다. 그러다 보니 "온갖 형식과 삶의 방식들, 문화들의 과거가 …… 저 혼합 때문에 우리 '현대적 영혼

■■ 나는 푸코가 쓴 《말과 사물》(1966)의 서문 첫 단락에서 비슷한 '웃음'을 발견한다. "이 책의 발상은 보르헤스에 나오는 한 텍스트, 그러니까 내가 그것을 읽었을 때 내 사고-우리 시대와 지리를 각인해온 그런 사고-의 친숙했던 전 지평을 산산이 부숴버린 이 '웃음'으로부터 연유한다. 이 웃음으로 인해, 우리가 현존하는 사물들의 야생적 본성을 통제하는 데 사용해온 모든 배열된[질서 지어진] 표면들과 평면들은 깨져 나갔고, 동일자와 타자라는 오래된 구분은 저지되고 또한 붕괴의 위협을 받게 되었다." 푸코가 말한 보르헤스의 작품 속 텍스트는 '중국의 어떤 백과사전'을 인용하는 형식이었다. 이 백과사전은 동물을 '황제에 속하는 동물, 향료로 처리하여 방부 보존된 동물, 사육동물, 젖을 빠는 돼지, 인어, …… 셀 수 없는 동물, 낙타털과 같이 미세한 모필로 그릴 수 있는 동물, 기타, 물 주전자를 깨뜨린 동물, 멀리서 볼 때 파리처럼 보이는 동물' 등등으로 아주 이상하게 분류하고 있었다. 푸코는 이 분류법이 서구 사유의 한계, 곧 서구 사유가 사고할 수 없는 어떤 절대적 불가능성을 보여준다고 했다. 그러나 (푸코도 동의할 테지만) 나는 이것이 불러일으킨 '웃음'이야말로 우리 안에 있는 어떤 절대적 가능성, 역사 안에 있는 어떤 가능성을 일깨운다고 생각한다. 《말과 사물》의 서문 마지막 문장을 보라. "서구 문화의 가장 깊은 층위를 드러내려고 시도하면서 나는 우리의 고요하고 겉보기에는 부동하는 대지에 균열과 불안정성과 틈새를 복원하려 한다. 동일한 대지가 다시 한 번 우리 발밑에서 불안하게 꿈틀댈 것이다."39)

39) M. Foucault, 이광래 옮김, 《말과 사물》, 민음사, 1995, 22쪽.

41) 《선악의 저편》, 224절.

moderne Seelen'으로 들어오는데, 이제 우리의 본능은 사방팔방으로 역류하고, 우리 자신은 일종의 카오스에 있다". 이는 앞서 말한 '의지마비증'을 일으키는 상황과 동일한 것이다.

그런데 "'정신'은 여기서 자신에게 이로운 점을 알아차린다". 모든 시대로 열려 있기에 우리 본능은 그 모든 시대에서 밀려오는 본능들 때문에 의지마비증에 걸릴 수 있지만, 반대로 "사방팔방으로 통하는 비밀 통로"를 가질 수도 있게 되었다.[42] 니체에 따르면 본래 '역사적 감각'은 고귀한 감각일 수 없다. '어떤 고귀한 문화를 가진 인간들'은 다른 문화, 다른 가치평가를 쉽게 소화할 수 없다. 워낙 자신만의 취향이 강하기 때문이다. "그들 미각의 매우 단호한 긍정과 부정, 쉽게 일으키는 구토, 온갖 이질적인 것에 대해 머뭇거리는 신중함, 활발한 호기심이 가진 몰취미 자체에 대한 그들의 경계심, 일반적으로 새로운 욕망이나 자기 것에 대한 불만 그리고 낯선 것에 대한 경탄 등을 인정하는 것을 불쾌해하는 저 고상하고 자족적인 문화의 의지: 이 모든 것 때문에 그들은 자기 것이 아니거나 노획물이 될 수 없는 것은 세상에서 가장 좋은 것이라 해도 호의를 보이지 않는다.—그리고 이러한 인간들에게는 바로 역사적 감각이나 거기에 굴종하는 천민적 호기심보다 더 이해하기 어려운 감각은 없었을 것이다."[43]

그러나 '우리'는 이를테면 "나폴리에 하수구 냄새가 떠다닌다 해도" 별 영향을 받지 않고 이 도시에 "매혹된 채로 즐거이" 걸을 것이다. '역사적 감각'을 덕으로 지닌 '우리'가 "좋은 취미, 적어

42) 《선악의 저편》, 224절.

43) 《선악의 저편》, 224절.

도 최상의 취미와 필연적으로 대립"하는 것이 사실이지만 그리고 '우리'가 "최고의 행복과 그 정화를 서툴게" 모방하는 것도 사실이지만, 그럼에도 '우리'에게는 분명히 어떤 경이로운 순간, 기적의 순간을 맞이할 때가 있다. "어떤 거대한 힘이 잴 수 없고 무한한 것 앞에서 스스로 멈추는 순간과 경이로움이 있다—갑작스러운 억제와 경직 속에서, 즉 [움직임을 멈추며] 단단히 멈춰서고 또 스스로를 단단히 세울 때, 흔들리는 지반 위에서 어떤 흘러넘침Überfluss을 누릴(느낄) 때가 있다."[44]

즉 '우리'는 우리의 척도를 넘어서는 압도적 힘이 '우리' 안에서 출렁임을 느낄 때가 있다. 그리고 그런 흘러넘침에는 '우리'를 유혹하는 무언가가 있다. 니체는 여기서 '우리'에게 좀 더 과감해지기를 주문한다. "**절제** Maass라는 것은 우리에게 낯선 것이다. 우리는 이것을 실토하자. 우리의 욕망(우리를 간지럽히는 것, Kitzel)은 바로 무한한 것Unendlichen, 한도 없는 것Ungemessenen의 욕망이다. 우리는 숨 가쁘게 앞으로 달리는 말 위에 탄 기사처럼 무한한 것 앞에서 고삐를 놓아버리자.※ 우리 현대인들, 우리 반야만인들.—우리는 가장 심한—**위험**에 처하게 될 때, 그곳에서 비로소 **우리 자신의** 지복Seligkeit 속에 있게 된다."[46]

※ 이에 대해 푸코의 탁월한 논문, 〈니체, 계보학, 역사〉를 특별히 언급해두고 싶다.[45] 푸코는 《선악의 저편》 223절과 224절에서 드러난 니체의 '역사'에 대한 태도를 〈삶에 대한 역사의 이로움과 해로움〉(《반시대적 고찰》의 두 번째 논문)과 비교한다. 푸코에 따르면 〈삶에 대한 역사의 이로움과 해로움〉에서 니체가 언급한 역사에 대한 세 가지 태도, 즉 '기념비적 역사', '골동품적 역사', '비판적 역사'는 《선악의 저편》 등 후기 저작에서 각각 '패러디로서의 역사', '골동품적 수집가', '주체의 죽음' 등으로 발전되고 혁신되었다.

03

'우리'의 '덕'은 다르다

니체는 225절에서부터 본격적으로 '우리'의 덕이 얼마나 다른지, '우리'가 얼마나 다른 존재인지를 보여준다. 바꾸어 말하면 그는 "도덕과 도덕 사이에 위계질서가 있음"을[47] 그리고 그 거리가 얼마나 큰지를 보여준다.

'너희'는 약한 부분을 찾지만 '우리'는 강한 부분을 일깨운다

먼저 고통Leid과 동정Mitleid에 대하여 니체가 말하는 '우리wir'는 '너희ihr'와 다르다.[48] 니체에 따르면 현대의 다양한 사유(쾌락주의든 공리주의든 행복주의든 상관없이)는 '고통'을 피하려고만 한다. 심지어 고통을 피하는 게 불가능하다고 믿는 염세주의자조차 고통의 끔찍함만을 강조한다. 그리고 이들이 느끼는 '동정'은 '고

44) 《선악의 저편》, 224절.

45) M. Foucault, translated by D. F. Bouchard and S. Simon "Nietzsche, Genealogy, History", *Language, Counter-Memory, Practice*, Cornell University Press, 1977.

46) 《선악의 저편》, 224절.

47) 《선악의 저편》, 228절.

48) 《선악의 저편》, 225절.

너희는
약한 부분을 찾지만
우리는
강한 부분을
일깨운다

통'을 불행으로 간주하는 태도의 연장선에서 나온 것이다. 고통을 야기하는 궁핍과 불행에 대한 사회적 감정이라 할 수 있다.

그러나 어떤 일의 가치를 통증과 쾌락으로 재는 것은 너무 피상적이지 않은가. "너희는 가능한 한 …… 고통을 없애고자 한다. 그런데 …… 우리는 오히려 그 고통을 지금까지 있었던 것보다도 더 높고 힘든 것으로 갖고자 한다." 왜냐하면 고통에는 '우리'의 영혼을 고양시키고 자유롭게 만드는 비밀이 들어 있기 때문이다. "엄청난 고통의 훈련 – 오직 이러한 훈련만이 지금까지 인간의 모든 향상을 이루어왔다는 사실을 그대들은 알지 못하는가? 영혼의 힘을 길러주는 불행 속 영혼의 긴장, 위대한 몰락을 바라볼 때의 영혼의 전율, 불행을 짊어지고 감내하고 해석하고 이용하는 영혼의 독창성과 용기" 등등 말이다.[49] 염세주의자는 고통을 비참으로 느끼지만 '우리'는 안락함 추구를 오히려 '종말'로 느낀다.

여기서 '우리'의 동정은 '너희'의 동정과 결정적으로 갈라선다. '너희'의 동정은 타인 안에 있는 나약한 부분, 불행한 부분들의 무리 지음이다. 그러나 '우리'의 동정은 타인 안에 있는 강한 부분, 단단한 부분에 대한 일깨움이다. "인간 안에는 피조물과 창조주가 한 몸을 이루는데", 타인에 대한 '우리'의 '동정', '우리'의 '연대'는 타인 안의 창조주를 일깨우는 것이다. '우리'는 타인을 사랑하므로 진통제를 주입하지 않고 오히려 망치를 든다. 그 안에 든 그를 넘어서는 존재를 꺼내기 위해서다. 이것이 '우리'의 동정이다. 말하자면 '동정에 반하는 동정Mitleid gegen Mitleid'이다.[50]

49) 《선악의 저편》, 225절.

50) 《선악의 저편》, 225절.

우리의 정직한 약속은 율법을 넘어선다

다음으로 의무Pflicht에 대하여 '우리'는 '너희'와 다르다.[51] '너희'는 자유의 크기를 방종, 즉 책임을 회피하는 정도로 재지만, '우리'는 감당할 의무와 책임의 크기로 잰다. 한마디로 우리는 '의무의 인간들Menschen der Pflicht'이다. 그러나 '우리'가 감당하는 의무와 책임은 결코 우리에게 법적으로 강제된 것이 아니다. '우리'의 의무와 책임은 '약속 능력'의 다른 이름이다. '우리'의 의지와 힘에 관한 것이다. '우리'는 의욕한 것을 끝까지 밀고 나간다. 따라서 '우리'가 의무를 진 것은 권력자들이 선포하는 법조문이 아니다. '우리'가 책임지는 것은 의지의 세계이다. "미묘한 명령과 복종이 행해지는" 세계로서 "거의 볼 수도 없고 들을 수도 없는" 세계, 좀처럼 우리에게 잘 보이지 않는 세계, 우리가 " '거의'라고만 말할 수 있는 세계eine Welt des 'Beinahe'"이다. '우리' 역시 스스로 '사슬'과 '칼' 사이에서 춤추고 있음을 알고, 운명의 가혹함에 힘들어할 때도 있지만, 그럼에도 불구하고 '의무의 인간'인 '우리'는 "우리가 하고자 하는 바was wir willen를 기꺼이 행하는" 사람들이다.

다음으로 정직(성실, Redlichkeit)에 대하여 '우리'는 '너희'와 다르다.[52] '너희'는 신앙의 율법을 어기지 않는 것(어겼을 때 고해하는 것)을 정직(성실)으로 알지만, '우리'는 율법에도 불구하고 부조리한 것에 굴하지 않는 것을 정직으로 생각한다. 즉 '우리'의 정직은 '우리'의 자유정신이다. 이 점에서 우리는 "마지막 스토아주의자들"이다. '우리'는 우리의 정직, 우리의 성실함을 지켜나가기 위해서라면 '악마'라고 불리는 것도 주저하지 않

51)《선악의 저편》, 226절.

52)《선악의 저편》, 227절.

는다. 아니 오히려 '우리'는 '우리'의 덕, "우리의 '신'"을 돕기 위해 "우리의 모든 악마"를 선사하려고 한다. "졸렬한 것에 대한 구토, '금지된 것에 대한 갈망', 모험가의 용기, 교활하고 까다로운 호기심, 미래의 모든 나라를 탐욕스럽게 배회하고 열망하는 …… 힘에의 의지, 세계 극복을 향한 의지" 같은 것 말이다.

04

저 영원하고 무서운 근본텍스트

현대인은 도덕에 관한 한 적극적 가치평가를 회피한다. 그러다 보니 현대의 도덕철학이라는 것은 아무도 반발하지 않는, 그러므로 누구의 관심도 끌지 못하는 그런 '바람직한' 말씀들뿐이다. 한마디로 잠을 불러오는 '수면제'다.[53] 니체는 보편적이고 평범한 것의 '권태로움Langweiligkeit'과 독특하고 특이한 것, 무언가를 감춘 채 거리 둔 것의 '매력'을 대비하곤 했다. 항상 보편적인 것을 찾는 독단적 철학자(=남성)에게 진리(=여성)는 어떤 매력도 느끼지 못할 것이라고도 했다. 그에 따르면 이제 현대 유럽에서 도덕을 숙고하는 일의 위험성과 매혹을 이해할 사람은 별로 남아 있지 않다.

현대 도덕의 전형적 예가 있다면 그것은 영국의 공리주의다.[54] 영국의 공리주의는 사상이라 부를 수도 없는 것이다. 엄격한 의미에서의 가치평가를 포기한 일종의 속물주의다. 공리주의는 단지 이익과 쾌락, 평온과 유

53) 《선악의 저편》, 228절.
54) 《선악의 저편》, 228절.

행만을 좇는 평범한 이들의 속물주의에 과학성의 형식을 부여했을 뿐이다. 공리주의자는 '최대 다수의 이익', '일반적 이익' 같은 것으로 만인을 위한 도덕적 기초가 마련될 수 있다고 생각한다. 이들은 도덕에 위계가 존재할 수 있다는 것을 모른다.

니체에 따르면 공리주의자와 더불어 현대 유럽에서 평범성이 승리했다. 그가 영국을 '현대 이념modernen Ideen'의 탄생지로 지목한 것도 이 때문이다. 평범성의 이념, 평균적인 것의 승리를 영국만큼 잘 보여주는 곳은 없기 때문이다. 많은 이가 현대 이념의 탄생지로 잘못 알고 있는 혁명의 나라 프랑스는, 니체에 따르면 기껏해야 영국에서 탄생한 평범성의 이념을 연기했던 배우이자 그것을 위해 진격한 병사였고, 그 과정에서 큰 대가를 치러야 했던 희생자였을 뿐이다.[55)]

정신의 미궁 속에 사는 맹수

니체에 따르면 현대는 평범하고 온순한 무리가 승리한 시대이다. 이는 열대인간에 대한 온대인간의 승리이며, 맹수에 대한 가축의 승리이다. 이제 도덕은 두려움이 아니라 권태로움을 일으킬 정도가 되었다. 그러나 니체는 현대에도 맹수에 대한 공포가 완전히 사라진 것은 아니라고 말한다. 왜냐하면 '야수'는 죽지 않았기 때문이다. "저 '맹수'는 결코 죽지 않았으며 살아 있고 번성하며, 스스로를 단지—신성하게 만들었을vergöttlicht 뿐이다." 니체에

55) 《선악의 저편》, 253절.

따르면 소위 '고급문화(고도문명, höhere Cultur)'란 모두 우리 안에 있는 '맹수'의 '잔인성Grausamkeit'을 "정신화하고 심오하게 한 것"뿐이다.[56)]

니체는 인간으로 하여금 비극의 고통에서도 쾌락을 느끼도록 만든 것, 모든 숭고함 속에 쾌감을 제공한 것 역시 잔인성이라 말한다. "투기장의 로마인, 십자가의 기독교인, 화형이나 투우에서의 스페인인, 비극으로 돌진하는 일본인, 피비린내 나는 혁명에 대한 향수를 가진 파리 변두리의 노동자, 〈트리스탄과 이졸데〉를 보는 바그너광 여자들—이 모두가 즐기고 있는 것은 '감미로움이 가미된' 잔인성이다." 이 잔인성은 타인이 아니라 자기 자신을 괴롭힐 때에도 나타난다. 이를테면 누군가 양심의 가책으로 스스로를 학대하면서 밤을 하얗게 새우는 것은 학대하는 자로서 누리는 쾌감과 관련 있다. 니체에 따르면 관능과 육체를 부정하고 지성을 기꺼이 희생하기도 하는 청교도적 참회의 발작과 자신의 마음을 거슬러서까지 무언가를 인식하기 위해 철저히 파고드는 인식자의 경우에서도 잔인성에서 비롯하는 쾌락을 볼 수 있다.[57)]

따라서 도덕을 제대로 배우려면 우리 안의 '맹수'와 '잔인성'을 알아야 한다. 이번 장을 시작하며 니체가 '우리의 덕'에 대해 했던 말을 기억하는가. 우리는 "가장 은밀하고 가장 진실한 성향"으로, "우리의 가장 뜨거운 욕구들에 가장 적합한" 덕을 가져야 한다고.[58)] 말하자면 그것은 우리 정신의 '미궁Labyrinthen'에 사는 맹수에게 잘 맞는 덕이라 할 수 있다. 그리고 이 맹수란 니체가 "살아 있고 성장하며 번식하는" 것이라 부른 것, 바로 '힘에의 의지'라 할 수 있다.[59)] 그러므로 '우리의 덕'은 우리의 '힘에의 의지'에 가장 충실한 덕이다.

56) 《선악의 저편》, 229절.

57) 《선악의 저편》, 229절.

58) 《선악의 저편》, 214절.

59) 《선악의 저편》, 36절.

자연인간이라는 근본텍스트

니체는 우리 안에 있는 이 '은밀하고 진실한 경향'을 '정신의 근본의지Grundwillen des Geistes'라 부르기도 했다. 그에 따르면 우리에게는 "내부에서와 자신의 주변에서 지배자가 되고자 하며 스스로 지배자로서 느끼고자" 하는 무엇이 있다. 이것은 "이질적인 것이거나 '외부 세계'에 속하는 모든 것에서 특정한 특징이나 윤곽선을 제멋대로 강조하거나 드러내거나 자기에 맞게 왜곡한다". 이것은 자신의 "힘이 커졌다는 느낌"을 향한다. "겉보기에는 상반되어 보이는 충동들"도 실상은 이 '동일한 의지'를 위해 일관되게 봉사한다. 이것과 가장 닮은 것은 소화기관이다. "위장[胃]과 비슷"해서, 자신의 힘을 '소화력'으로 나타낸다. 즉 얼마나 많은 것을 감당하고 동화시킬 수 있는지가 이것이 가진 힘의 세기이다.[60]

'정신의 근본의지'는 경솔하게 추측하기도 하고, 불확실성과 애매성을 즐기며, 은밀한 것, 표면적인 것, 확대나 축소, 위치 변경 등 미화나 왜곡을 기뻐하고 좋아하며, "모든 힘을 자의적으로 표현하는 것을 즐거워한다". 또한 스스로를 위장해 다른 정신을 기만하기도 하고, 자신을 위해서라면 진리와 오류, 현명함과 어리석음을 모두 사용한다. 한마디로 "창조하고 형성하고 변형할 수 있는 힘의 끊임없는 압력과 충동"들이 모두 여기에 속한다.[61]

이 '정신의 근본의지'야말로 우리가 읽어내야 할 '근본텍스트'다. 이것은 문명인 안에서 숨 쉬는 야만인, '인간 앞에 선 인간'이

60) 《선악의 저편》, 230절.

61) 《선악의 저편》, 230절.

라 할 수 있다. 니체는 말한다. "자연인간homo natura이라는 근본텍스트 Grundtext는 다시 인식되어야 한다. 즉 인간을 자연으로 되돌려 번역하는 것 Den Menschen nämlich zurückübersetzen in die Natur, 지금까지 자연인간이라는 저 영원한 근본텍스트 위에 서툴게 써넣고 그려놓은 공허하고 몽상적인 해석들과 부차적 의미들Nebensinne을 극복하는 것,※ 그래서 인간으로 하여금 인간 앞에 서게 하는 것 ……—이것은 생소하고 미친 과제일 수 있지만, 그러나 이는 하나의 사명인 것이다."[63)]

※ 이 구절은 《서광》에서 '자아'를 "알려질 수 없지만 느껴지는 텍스트"에 대한 "환상적 주석"이라고 말한 대목을 떠올리게 한다.[62)]

05

여성
—아, 이 위험하고 아름다운…

흥미로운 것은 니체가 '근본텍스트'를 '여성'과 관련짓는다는 사실이다. 그는 '근본텍스트'를 지칭하는 여러 말들, 즉 "우리의 근저Grunde, 훨씬 '그 아래da unten'"에 있는 것, '가르칠 수 없는 무엇', '정신적 숙명의 화강암', '나라고 말하는 그것das bin Ich' 등등이 '여성 자체Weib an sich'와 관계있음을 암시한다.[64]

여성이란 무엇인가. 니체는 우선 '여성 자체'를 남성적 '계몽'과 대비한다.[65] '계몽'이란 한마디로 여성을 남성화하려는 시도이다. 계몽된 여성, 학문적 여성은 여성으로서는 퇴화한 여성이다. 여성에게 학문(과학)은 본성상 맞지 않다. 학문의 권태로움이나■ 무례함은■■ 여성에게는 끔찍한 것이다. 게다가 여성에게는 계몽하기 힘든, 다시 말해 문명적으로 길들이기 힘든 성향이 많다. "여성에게는 현학적인 것(세세하게 따지는 것, pedantisch), 표면

62) 《서광》, 119절.
63) 《선악의 저편》, 230절.
64) 《선악의 저편》, 231절.
65) 《선악의 저편》, 232절.

적인 것Oberflächliches, 교사 같은 것(까다로운 것, Schulmeisterliches), 작은 주제넘은 것Kleinlich-Anmaassliches, 작은 방종Kleinlich-Zügelloses, 그리고 작은 불손함 Kleinlich-Unbescheidenes 등이 감추어져 있다."[69]

그럼에도 만약 여성이 무언가를 '말하고' '쓴다면' 그것은 "자신을 꾸미기 위해서"이거나("자신을 꾸미는 것Sich-Putzen이야말로 영원히 여성적인 것 Ewig-Weiblichen에 속한다"), "자신에 대한 두려움을 불러일으키기 위해서"이다. 말하자면 '지배'를 위한 것이지 '진리'를 위한 것이 아니다. "여성에게 진리가 뭐가 중요하단 말인가!" 우리 정신의 '근본의지'가 그렇듯이, 여성은 지배하기 위해 확대하고 축소하고 꾸며낸다. "여성의 큰 기교는 거짓말이요, 최고 관심사는 가상과 아름다움이다."[70]

여성에 대해서는 여성일지라도 침묵해야 한다

따라서 '계몽'이니 '이성'이니 '말'이니 하는 것들은 결코 여성적이지 않다. 니체는 더 도발적으로 말한다. "나는 '여성은 여성에 대해 침묵해야 한다!'고 말하는 사람이야말로 여성의 친구라고 생각한다."[71] 니체는 《차라투스트라》에서도 비슷한 이야기를 했다.[72] 여기서 '여성'에 대한 침묵을 가르쳤던 사람은 '늙은 여인'이다. '늙은 여인'은 차라투스트라에게서 '여성'에 대한 말을 들은 후 이야기한다. "기이한 노릇이다. 여성들에 대

■ 학문은 지루하고 권태로운 것이다.[66] 그런데 이는 여성에게는 끔찍한 일이다.[67]
■■ "철학자들을 위한 암시! 자연이 수수께끼와 현란한 불확실성 뒤에 숨겨놓은 부끄러움을 보다 더 존중해야 한다. 어쩌면 진리는 자신의 바닥을 드러내 보여주지 않는 이유를 가진 여성일지도 모른다."[68]

66) 《선악의 저편》, 228절.

67) 《선악의 저편》, 220절, 232절, 237절, 239절.

68) 《즐거운 지식》, 제2판 서문, 4절.

69) 《선악의 저편》, 232절.

70) 《선악의 저편》, 232절.

71) 《선악의 저편》, 232절.

72) 《차라투스트라는 이렇게 말했다》, 늙은 여인들과 젊은 여인들에 대하여.

해 아는 것이 별로 없는 차라투스트라인데도 여성들에 대한 그의 이야기는 옳으니! 그런 일은, 여성에게는 모든 것이 가능하기 때문에 생기는 것인가?" 그러고는 차라투스트라에게 '작은 진리', 즉 "여성에게 가려거든 채찍을 잊지 말라"라는 말을 선물한다. 재미있는 것은 늙은 여인이 작은 진리가 "너무 소리치지 않도록" "입을 막으라"고 했다는 점이다.

차라투스트라의 '늙은 여인'은 언뜻 여성에 관해 두 가지 상반된 주장을 했다. 차라투스트라의 말이 옳은 이유가 "여성에게는 모든 것이 가능"하기 때문이라고 했고, 다른 한편으로는 여성에 관한 진리에 대해서는 "입을 막으라"고 했다. 말하자면 '여성에 대해서는 모든 말이 가능하다'와 '여성에 대해서는 침묵해야 한다'는 말을 함께한 것이다. 나는 이렇게 해석한다. 모든 말이 가능하기에 여성에 대한 '하나의 말'은 진리가 아니다. 즉 여성에 대한 '하나의 말'을 보편적 진리인 양 떠들어대는 말들은 여성이 내뱉을 때조차 독단적 남성의 말이다. 여성에 대해서, 우리는, 여성은 침묵해야 한다.

그러나 불행히도 여성 자신조차 여성을 착각한다. 이것은 '여성'이 '여성적인 것'에 너무 가까워서일 수도 있다.[73] 여성은 스스로 여성이라는 이유로 여성의 진실을 너무나 확신할 때가 있다. 그러나 여성적 진실을 믿는 한에서 여성은 '하나의 말'을 보편적 진리인 양 던지고 싶어 하는 독단적 남성을 닮는다. 여성이 진리, 깊이, 정의에 대한 편견에 빠져들 때, 다시 말해 오류와 위

73) 《유고(1884년 가을~1885년 가을)》, 1885, 37[17].

장, 거짓의 중요성을 망각할 때 이런 일이 일어난다. 마치 생존에 있어 오류와 위장, 거짓이 얼마나 중요한지를 망각한 생명체처럼 위험한 일이다.

니체의 여성 비판, 특히 당대 페미니즘 비판은 이런 맥락에서 제기된 것이다. 그는 여성에 대한 여성 자신의 착각, 여성이 여성 자신에게 갖는 독단성을 비판하고,[74] 계몽과 진리에 관심을 가질 뿐 삶의 육성, 즉 '섭생'의 중요성을 이해하지 못하는 여성, 아이를 '육성하는' 지혜를 잃어버린 여성을 문제 삼았다.[75]

남성의 여성에 대한 착각은 말할 것도 없다. '영원히-여성적인 것das Ewig-Weibliche', 남성들은 여전히 그런 것을 '믿는다'. 이를테면 괴테는 《파우스트》에서 "영원히 여성적인 것이 우리를 끌어올린다"고 했다. 하지만 절대적 헌신을 상징하는■ 영원한 여성은 남성의 유치한 몽상일 뿐이다. 니체에 따르면 남성이 자신의 '이상'을 투여한 '영원히 여성적인 것', 남성이 구원자로 상상하는 '영원히 여성적인 것'이란 "남자들만이 믿는 공상된 가치일 뿐"이다.[77] 오히려 '고상한 여성'이라면 이런 의미에서의 '영원히 여성적인 것'이란 '영원히 남성적인 것Ewig-Männlichen'임을 알 것이다.[78] 앞서 말했듯이 니체에 따르면 '영원히 여성적인 것'이란 '꾸밈'과 '거짓'이기 때문이다.■■

■ 니체는 종교에서의 '절대적 헌신'과 관련지어진 '영원히 여성적인 것'은 "이상화된 노예정신 der idealisirte Sklavensinn"일 뿐이라고 말하기도 했다.[76]

■■ 《차라투스트라》에도 '영원히 여성적인 것'에 관한 언급이 나오는데, '시인은 너무도 많은 거짓말을 한다'라는 이야기 속에 등장한다. 차라투스트라는 자신을 '시인'으로 인정하며, "누군가가 아주 진지하게 말하여 시인들이 거짓말을 너무 많이 한다고 했다면, 옳은 말"이라고 했다.[79]

74) 《선악의 저편》, 233절.

75) 《선악의 저편》, 234절.

76) 《유고(1885년 가을~1887년 가을)》, 1885, 1[48].

77) 《유고(1888년 초~1889년 1월 초)》, 1888, 15[118].

78) 《선악의 저편》, 236절.

79) 《차라투스트라는 이렇게 말했다》, 시인에 대하여.

아시아 남성의 지혜

그렇다면 우리는, 남성은, 여성(진리, 자연, 본성)을 어떻게 대해야 하는가. 니체는 《선악의 저편》 서문에서 '진리'에 대한 '철학자'의 잘못된 태도를 '여성'에 대한 '독단적 남성'의 태도에 비유한 바 있다. 237절은 이 비유를 다시 연상시킨다. 니체에 따르면 "이제까지 남성들은 여성들을 어떤 높은 곳에서 그들에게 잘못 내려온 새처럼 취급해왔다: 그것은 섬세하고 상처받기 쉽고 거칠며(맹수 같고, Wideres) 경이롭고 감미롭고 영혼이 넘치는 어떤 것"이었다.[80)] ■ 남성들은 모두 이 새를 붙잡아 자기 것으로 만들고자 했다.■■ 그러나 많은 경우 새를 놓치거나 죽여버렸다.

'여성'을 자기 것으로 만드는 법, '여성'을 통해 자신의 '아이'를 낳는 법을 보여준 것은 아시아의 남성이었고, 또 '아시아를 훌륭하게 계승한 그리스'였다.[82)] ■■■ 그리스 남성들은 혹독한 경쟁과 훈련, 강제 속에서만 여성(진리, 자연, 본성)을 다룰 수 있고 또

■ 《선악의 저편》 237절은 두 개인데 여기서 인용한 것은 두 번째 것이다. 참고로 니체는 65절과 73절에서도 이처럼 두 개의 경구에 동일한 번호를 붙였다. 니체가 왜 이렇게 번호를 붙였는지는 확실치 않다. 램퍼트에 따르면 단순한 실수로 보기 어렵다. 살로메에게 보낸 편지(1882. 7. 9.)에 조각가가 마무리 작업을 하듯 정성을 다해 이 원고를 검토했다고 썼기 때문이다. 물론 여기에는 텍스트를 어떻게 배열하고 번호를 어떻게 매길지에 대한 것도 포함된다.[81)] 하지만 그의 정확한 의도는 알 수 없다.

■■ 여기서 '붙잡다greifen'라는 동사는 '개념Begriff'과 어원이 같다. 비유하자면 철학자는 개념으로 '새', 곧 '진리' 내지 '진리에 대한 영감'을 붙잡으려 한다. 이 새는 쉽게 달아나므로(사라지므로) 정말 소심스럽게 잘 다루어야 한다. 그런데 독단적 철학자(=남성)는 이 '새'를 놓치거나 죽이기 십상이다.

■■■ 니체는 《선악의 저편》 서문에서 플라톤주의와 더불어 아시아적 유산의 독단성을 비판했다. 그러나 여기에서는 아시아적 유산의 긍정성을 본다.

80) 《선악의 저편》, 237절.

81) Laurence Lampert, *Nietzsche's Task: An Interpretation of BEYOND GOOD AND EVIL*, Yale University Press, 2001, p. 140.

82) 《선악의 저편》, 238절.

여성에게 다가갈 수 있음을 깨달았다. 《차라투스트라》의 '늙은 여인'의 말을 빌리자면 여성에게 갈 때 우리는 '채찍'을 준비해야 한다. 무용수가 자유로운 발끝을 그렇게 얻었듯이 여성은, 자연은, 진리는 그때 우리에게 아이를, 즉 '새로운 우리 자신'을 낳아줄 것이다.

그러나 니체는 오늘날 '여성'에게는 이런 면이 사라지고 있다고 말한다.[83] 우리를 무르익게 하고, 우리의 아이를 낳아줄 비밀, 신비, 자연이 사라지고 있다. 이러한 '여성의 퇴화'는 물론 '남성의 퇴화'와 관련이 있다("남성 안에 있는 남성을 더 이상 원하지 않고 남성이 크게 육성되지 않을 때"). '여성의 퇴보'와 '남성적 어리석음'은 동시대의 산물이다. 니체에 따르면, 오늘날 자립한 여성, 해방된 여성이란 자립을 위해 점원이 되어야 하는 여성, 즉 "점원으로서의 여성"일 뿐이다. 현대의 여성은 '왜소한 남성'이 되고 말았다.

유로파를 태운 제우스

제7장을 마무리하는 것은 '여성'이다. 내 생각에 니체는 '도래하는 철학자', '미래의 철학자', '우리, 새로운 신앙을 가진 자'만큼이나 '여성'을 사랑한다. 물론 모든 여성을 사랑하는 것은 아니다. 그가 사랑하는 여성은 이런 여성이다. "여성에게서 존경과 때로는 공포마저 일으키는 것, 그것은 남성의 자연보다 더 '자연적인' 그녀의 자연이며, 이러한 것으로는 진정으로 맹수같이 교활한 유연함과 장갑 아래 숨겨진 호랑이 발톱, 이기주의의 단순함, 교육시키기 어려운 속성과 내적인 야성, 욕망과 덕성에서 이해

83) 《선악의 저편》, 239절.

하기 어려운 것, 폭넓은 것, 방황하는 것이 있다. …… 이와 같은 여러 공포에도 불구하고 이 위험하고 아름다운 고양이인 '여성'에게 동정을 갖게 하는 것은 다른 어떤 동물보다 '여성'이 더 고통받고 상처받기 쉬우며, 사랑을 욕구하고 환멸하게끔 되어 있는 것으로 보이기 때문이다."[84]

오늘날 '여성'은 매력을 급속히 잃어가고 있다. 우리에게 희망이 있는가. 우리에게 다른 '역사'가 가능한가. 니체는 '유로파'와 '뿔 달린 짐승'의 우화로 희망과 우려를 함께 전한다. "오 유로파여! 유로파여! 너에게는 언제나 가장 매력 있었으며 너를 거듭 위험에 빠뜨리던 뿔 달린 동물을 우리는 알고 있다! 너의 낡은 우화가 다시 한 번 '역사'가 될 수 있을지 모른다."[85]

그리스신화에 따르면, 제우스는 하얀 황소로 변해 페니키아(즉 아시아)의 공주인 유로파를 싣고 나왔다고 한다. 신인 제우스는 매력적인 여성 유로파를 꾀어냈고, 유로파는 그리스인들, 유럽인들을 낳아주었다. 제우스가 유로파를 싣고 돌아다닌 곳이 유럽이다. 그런데 니체는 오늘날 다시 한 번 엄청난 '어리석음'이 '유로파'를 싣고 세계 곳곳으로 실어 나를 것을 우려한다. 그 아래에는 "어떤 신도 숨어 있지 않고" 오직 "하나의 '이념', '현대적 이념'만이 숨어 있기 때문"이다. 즉 유로파가 '현대성의 이념'을 타고 세계 곳곳으로 퍼져간다면 우리에게는 매우 불길한 역사가 펼쳐질 것이다. 서구적 현대성의 역사는 또한 식민주의 역사가 아니었던가.

84) 《선악의 저편》, 239절.

85) 《선악의 저편》, 239절.

그런데 우리는 니체가 '어떤 신도 숨어 있지 않고' 단지 '현대적 이념'만이 숨어 있음을 비판한 것에 유념할 필요가 있을 듯싶다. 그렇다면 우리에게는 이런 가정이 가능하지 않을까. 만약 '어떤 신이 숨어 있다'면 어떨까. 그리고 그 신이 제3장에서 본 '악순환인 신'인 디오니소스라는 동방에서 온 신이고, 등에 태운 이가 유로파가 아니라 아리아드네라면 어떨까. 그때는 '우화'가 또 다른 '역사'가 될 수도 있지 않을까.

제8장

우리 '선한 유럽인들'

01

생성 중인 유럽인

제8장의 구성은 흥미롭다. 이 장은 '바그너'에서 시작해 '바그너'로 끝난다. 니체는 바그너의 음악에 당시 유럽의 가장 큰 문제와 극복 가능성이 함께 들었다고 본 것 같다. 당시 유럽의 가장 큰 문제란 '민족주의 광기Nationalitäts-Wahnsinn'였다. 19세기 유럽의 민족 대부분이 이 광기에 빠져들었다. 저마다 독일인, 프랑스인, 영국인을 외치는 상황에서 '유럽인'이 가능할까. '선한 유럽인들'이 도래할 수 있을까. 우리는 가능성을 찾을 수 있을까. 이것이 니체가 제8장에서 던지는 질문이다.

니체는 《이 사람을 보라》에서 이 과제를 다음과 같이 말한 바 있다. "(독일인들은) …… 지금의 비할 바 없는 반문화적 병증과 비이성, 유럽을 병들게 한 국가적 노이로제인 민족주의, 그리고 유럽의 소국으로의 분립과 왜소한 정치의 영구화에 대한 책임이 있

다: 독일인들은 유럽의 의미를 없애버리고 유럽의 이성마저 없애버렸다. 그들은 유럽을 막다른 골목으로 몰고 갔다. 이 막다른 골목에서 나오는 길을 나 외에 누가 알고 있는가? 여러 민족을 다시 엮는다는 과제는 충분히 위대하지 않은가?"[1)]

'그제의 인간'이면서 '모레의 인간'

막다른 골목과 거기서 나오는 길. 니체는 바그너에게서 두 가지를 함께 본다(바그너의 음악이 '독일적인 것'을 상징한다는 점에서 '독일이 초래한 문제'와 '독일이 가진 가능성'으로 읽어도 좋을 것이다). 니체는 바그너의 〈마이스터징거Meistersinger〉 서곡에서 시작한다.[2)] 니체에 따르면 이 음악에는 모순, 불일치, 뒤섞임이 있다. 때로는 2세기 전의 느낌을 심지어는 '고대적 느낌'마저 주고, 때로는 매우 이국적이고 '젊은 느낌'을 준다. "격정과 용기를 지녔는가 하면 너무 뒤늦게 익어가는 과일의 축 늘어진 누런 피부를 지니고 있기도 하다." 우리를 무겁게 짓누르는가 하면 어느새 유쾌한 흐름으로 널리 퍼져 나간다. 한편에서는 이미 무겁고 육중한 말기적 예술인데, 다른 한편에서는 여전히 야만적이며 뭔가 아직도 시작되지 않은 영혼의 힘이 있다.

니체에 따르면 이것은 '바그너 음악'의 특색이면서 동시에 '독일적인 것'의 특색이다. "최선의 의미로든 최악의 의미로든 독일적인 어떤 것, 독일적 방식으로 다양한 어떤 것, 무형식적인 어떤 것Unförmliches, 다 퍼낼 수 없는 어떤 것Unausschöpfliches이 있다. …… 젊으면서 동시에 늙었고, 너무

1) 《이 사람을 보라》, 바그너의 경우, 2절.

2) 《선악의 저편》, 240절.

무르익었으면서 동시에 아직 미래가 풍부한 독일 영혼을 나타내는 진정한 상징이 여기에 있다. 이런 종류의 음악은 독일인에 대한 나의 생각을 가장 잘 표현한다: 독일인들은 그제의 인간이면서 모레의 인간이다. — 그들에게는 아직 오늘이 없다."[3]

요컨대 독일인은 한편으로 '현대적 이념'에서 뒤처진 민족이다. 대신 그들은 과거로 갔다. '독일적인 것'에서는 현대 이전의 것, 말하자면 중세와 고대의 냄새가 난다. 19세기 많은 민족주의자가 과거로 달려가 신성한 민족사를 구성했는데, 독일 낭만주의는 그 선두에 있었다. 그러나 다른 한편으로 '독일적인 것'에는 미래적인 것이 들어 있다. 그들에게는 현대 유럽 문명의 노쇠함을 넘어서게 해주는 야만, 젊음, 마르지 않는 것이 있다.※ 즉 '독일적인 것' 안에는 위험성만큼이나 가능성이 있다.

니체는 독일인이 지닌 이 '가능성'을 위해서 어떤 요소가 필요한지, 어느 민족의 도움이 필요한지를 넌지시 내비친다.[5] '독일적인 것'에는 현대 유럽 문명이 도달한 아름다움의 형식이 없으며, 남국적이며 섬세하고 밝은 빛, 우아함, 춤 등이 없다. 그런데 유럽에는 그것을 보완해줄 민족이 있다. 미리 말하자면 그 민족은 당시 독일과 전쟁을 벌인 민족이다. 니체의 발상이 참 재밌지 않은가. 전쟁을 벌인 적에게 자신을 보완해줄 요소가 있다니 말이다. 다시

3) 《선악의 저편》, 240절.

4) 《서광》, 197절.

5) 《선악의 저편》, 240절.

※ 니체는 《서광》에서도 '독일적인 것'에 관해 비슷한 말을 했다. 그에 따르면 독일인의 과거를 향한 낭만주의적 열정은 "원래 계몽주의에 대항하기 위해 불러내졌지만 이제는 저 계몽주의의 새롭고 더 강한 수호신이 될 수도 있다".[4]

생각해보면 민족들이 서로에게서 자기극복의 요소를 볼 수만 있다면, 분명 민족주의 광기의 막다른 골목에서 벗어날 수 있을지도 모르겠다.

과연 독일은, 그리고 유럽인들은 스스로의 광기를 넘어 그것을 알아볼 수 있을까. 니체는 현대의 유럽인들, 특히 꽤나 둔중한 정신을 가진 사람들에게는 상당히 긴 시간이 필요할 것이라고 했다. "사실 나는 우둔하고 주저하는 인종을 생각해볼 수 있을 것 같다. 즉 조국애나 애향심의 격세유전적 발작을 극복하고 다시 이성으로, 곧 '선한 유럽성guten Europäerthum'으로 돌아가기 위해서는, 우리의 급속한(모든 것이 빨리 진행되는) 유럽에서도 반세기 정도를 필요로 할 그런 인종들을 생각해볼 수 있지 않을까."[6)]

그러나 위대하지는 않소!

니체는 241절에서 민족주의 감정이 충만해진 당시 독일의 상황을 두 '늙은 애국자'의 대화를 통해 보여준다. 재밌는 것은 두 노인이 상대방의 말을 잘 듣지 않는다는 점이다. 그 때문에 이들은 큰 목소리로 대화한다. 서로 큰 목소리를 내는 이유가 상대방의 말을 잘 듣지 못하는 데 있다는 것은 당시 유럽의 정치 상황을 시사하는 듯하다.

둘 중 먼저 이야기를 꺼낸 노인은 '대중의 시대', '대중적인 것 앞에 굽실거리는 것'을 '위대하다gross'고 부르는 시대에, 국민들에게 아부하기는커녕 국민들을 '위대한 정치grosse Politik' 쪽으로 몰아가는 정치가를 생각해보자고 말한다. 이 노인은 철혈재상 비스마르크Bismarck를 염두에 두고 있음에 틀림없다. 그는 계속해 이 정치가가 "국민의 잠자고 있는 열정과

6)《선악의 저편》, 241절.

욕망을 자극"해 사람들로 하여금 정치에 적극적 태도를 취하게 하고 더욱이 외국적인 것을 싫어하도록 만든다면, 그렇게 사람들의 정신과 취향을 국경 안으로 몰아넣어 "'민족적national'으로 만든다면" 어떻겠느냐고 묻는다. 우리는 이러한 정치가를 위대하다고 말해야 하지 않을까?

그러자 다른 애국자 노인이 큰 소리로 격렬하게 대답한다. "의심의 여지가 없소! 그렇지 않다면 그는 그것을 할 수 없었을 거요. 그런 걸 하려는 건 어쩌면 미친 일이었을까요? 하지만 모든 위대한 것들도 처음에는 아마 미친 짓이었을 거요!" 이 노인은 비스마르크를 위대하다고 옹호한 것이다. 그런데 첫 번째 노인의 대꾸가 흥미롭다. "말을 잘못 사용하고 있소!—강하지! 강해! 강해서 미쳤지! 그러나 위대하지는 않았소stark! stark! stark und toll! Nicht gross!"[7] 즉 그는 비스마르크가 강력하기는 하지만 위대하지는 않다고 말한다. 이 노인의 말이 비스마르크에 대한 니체의 생각에 가깝지 않나 싶다. 니체는 민족주의를 '왜소한 정치(작은 정치)'라 불렀고, 유럽을 하나로 엮는 것을 '위대한 정치(큰 정치)'라 말하곤 했다. 그러므로 비스마르크가 추동했던 독일 민족주의는 강력한 것이었지만(그리고 비스마르크는 강한 정치가였지만), 왜소한 정치, 작은 정치라고 볼 수 있다.

니체는 '다행히도' 자신이 이들 애국자로부터 '멀리 떨어져' 있었다고 했다. 그리고 "마침내 어떻게 강한 자를 더욱 강한 자가 지배하게 될 것인지"를 생각해왔다고 했다. 비스마르크는 강한

7)《선악의 저편》, 241절.

강하지!
강해!
강해서 미쳤지!
그러나
위대하지는 않았소!

정치가였지만 왜소한 정치의 광기에 빠져든 게 아닐까. 니체는 그를 더 강한 자가 지배해야 한다고 생각했다. 즉 비스마르크식의 작은 정치, 왜소한 정치를 지배할 큰 정치, 위대한 정치가 필요하다는 것이다. 한 민족의 '천박화Verflachung'를 다른 민족의 '심오화Vertiefung'로 보상할 수 있도록 여러 민족을 크게 엮는 정치 말이다.[8)]

유럽 민주화 운동이 지닌 가능성

현대 유럽에서는 민족주의만큼이나 민주화 운동이 크게 일어나고 있었다. '문명화', '인간화', '진보' 등 그것을 무엇으로 부르든 상관없다. 니체는 이 과정이 의미하는 바를 하나씩 따져본다. 흥미로운 점은 앞서 장들에서 보인 태도와 다르다는 것이다. 이전에 니체는 민주화에 매우 부정적 입장을 보였다. 그에게 민주화란 일종의 퇴화였다. 그런데 여기서는 중립적 태도를 취한다. "칭찬하거나 비난하지 말고" 유럽에서 일어나는 큰 흐름(문명화, 인간화, 진보 등으로 불리는 흐름)을 간단하게 "유럽의 민주화 운동"이라 부르자고 말이다.

'민주화'라는 과정은 과연 무엇을 의미하는가. 니체에 따르면 이것은 유럽 차원에서 일어나는 "거대한 생리적 과정"을 배후에 두고 있다.[9)] 한마디로 "유럽인들이 닮아간다"는 것이다.[※] 또한 이 과정은 유럽인들이 자신을 가둔 특수한 신분, 특수한 민족에서

8) 《선악의 저편》, 241절.
9) 《선악의 저편》, 242절.

점차 독립해간다는 뜻이기도 하다. 바꾸어 말하면 어떤 환경에도 '적응력'을 갖춘 사람들, 신분과 민족, 국가로부터 탈영토화할 수 있는 "본질적으로 초국가적이고 노마드적인 종류의 인간들übernationalen und nomadischen Art Mensch이 서서히 나타나고 있는 것이다". 니체가 볼 때 이 과정은 '유럽인의 생성(생성 중인 유럽인, werdenden Europäer)'이기도 했다.[11)]

방금 말한 것처럼 니체는 다른 곳과 달리 여기서 '유럽 민주화 운동'에 중립적 태도를 보이고 있다. 그가 유럽의 민주화 흐름 속에서 두 가지 상반된 가능성을 모두 보았기 때문일 것이다. 한편으로 '유럽 민주화 운동'은 인간의 평준화와 평범화를 의미한다. 그러나 다른 한편으로 그 동일한 조건이 "가장 위험하고 매력적 성질을 지닌 예외적 인간을 발생시키는 데"에도 유리하게 작용한다.

조금 더 부연하자면, 전자의 가능성과 관련하여 민주화와 더불어 출현한 '적응력의 인간'은 여기저기 써먹을 수 있는 '다양한 재능'을 가진 인간이다. 불행히도 이들은 긴 호흡을 가질 수 없다. 매번 새로운 노동조건에 적응해 "10년마다 새로운 일을 시작"하는 사람들이다. 하루의 빵을 위해

■ 유럽의 민주화에 대한 니체의 이러한 언급은 알렉시 드 토크빌Alexis de Tocqueville을 떠올리게 한다. 토크빌은 혁명 전 프랑스에서의 두 가지 대조적 양상에 주목했다. 하나는 사람들이 서로 닮아간다는 것이고("인민의 상부에 위치한 모든 사람은 서로 닮게 되었다. 그들은 같은 생각과 같은 습성을 지녔으며, 같은 취향을 따르고, 같은 쾌락에 몸을 내맡겼으며, 같은 책을 읽고, 같은 언어를 말했다. 그들 사이에는 권리를 제외하고 어떤 차이도 없었다"), 다른 하나는 사람들이 더욱 개별화되고 고립된다는 것이다("이들을 나누는 작은 장벽들이 수없이 세워지며, 이 작은 울타리마다 전체의 삶에는 참여하지 않으면서 자신의 개별 이익에만 매달리는 특별한 사회가 나타난다"). 토크빌은 혁명 직전의 구체제에서 "너무나 서로 유사한 사람들"이 작은 장벽들에 갈라 놓였기에, 동질적 무리가 되려는 통일성을 향한 갈망이 너무 컸다고 했다. 그는 이 열망이 결국 구체제의 골격에 치명타를 가했다고 지적했다.[10)]

10) A. Tocqueville, 이용재 옮김, 《앙시앵레짐과 프랑스혁명》, 박영률출판사, 2006, 8장과 9장 참조.

11) 《선악의 저편》, 242절.

철저히 체제에 적응하는, "의지가 박약한 [그러나] 극히 재주 있는 노동자"라 할 수 있다. 그러나 후자의 가능성과 관련하여 보자면, 이 동일한 조건은 독립적이고, 예외적이며, 강한 인간들에게 아주 유익하게 작동한다. 다시 말해 유럽 민주화 운동과 더불어 출현한 "선입견(편견) 없는 교육, 엄청나게 다양한 훈련과 기술, 가면들 덕분에 이전보다 훨씬 더 강하고 풍부해질 수 있다". 다면적으로 자신을 개발하고 강화한 인간이 출현할 수 있다는 말이다. 민주화는 현대 유럽에서 '가장 정신적 의미에서' '참주(전제적 지배자, Tyrannen)' 를 육성할 준비를 한 셈이다.[12)■] 제5장에서 내가 쓴 표현을 반복하자면, 민주화는 '새로운 군주'를 육성할 기반을 제공한다. 문제는 우리가 이 긍정적 가능성으로 나아갈 수 있는가에 있다. 우리는 헤라클레스의 과제에 필적하는 이 위대한 과제를 떠맡을 의향이 있는가.[13)]

■ 민주주의가 '참주'를 예비한다는 말은 플라톤의 《정체》를 떠올리게 한다. 플라톤에 따르면 민주정은 다른 정체와 달리 특정한 아르케를 갖지 않는 정체로, 온갖 정체가 모인 '정체들의 잡화점'이며, 여기서 인민들은 '제멋대로 할 자유exousia'를 누리고, 일시적이고 자의적 욕구에 따라 여러 삶을 살아간다. 그런데 이러한 정체는 민중을 선동해 권력을 잡고 나중에 권력을 유지하기 위해 잔혹한 폭정을 펼치는 '참주'가 나타날 수 있는 우호적 조건을 형성한다. 플라톤은 정체들의 타락을 말하면서 민주정체에서 참주정체로 나아가는 길을 말했다. 니체가 현대 민주주의에서 '참주'의 출현을 말하는 내용도 겉보기에는 플라톤과 비슷하지만 의미는 정반대이다. 니체에게는 이것이 긍정적 사건이다. 민주주의가 제공하는 자유와 체험의 다면성은 좋은 방향으로 기능할 경우 다양한 능력을 가진 강력한 군주적 인간, 말하자면 '주권적 개인'을 낳을 수 있기 때문이다.

12) 《선악의 저편》, 242절.

13) 《선악의 저편》, 243절.

02

독일적인 것이란 무엇인가

니체는 244절부터 개별 민족의 특성들을 살핀다. 가장 먼저 그리고 가장 길게 다루는 것은 독일 민족이다. 니체는 '독일적인 것'이 당대 독일인들이 찬사를 늘어놓는 것과 다르다고 말한다. 그가 볼 때 '독일적인 것'은 순수한 무엇이 아니다.[14] 그에 따르면 "[독일인은] 엄청난 규모로 인종들의 접촉과 혼합이 이루어진 민족이고, 게다가 아리안족 이전의 요소[아리안족 이전 토착족의 요소]가 우세한 민족"이다. 이런 다양한 인종적 유래 때문에 독일 영혼에는 여러 영혼이 뒤섞이고 중첩되어 있다. 아직 알려져 있지 않고 헤아릴 수도 없으며, 심지어 서로 모순적인 것들이 독일 영혼에 함께 들어 있다.

14) 《선악의 저편》, 244절.

정의 불가능한 독일 영혼

이 때문에 우리는 '독일적인 것'을 좀처럼 정의할 수가 없다.[15)] 반대로 말하면 이런 정의 불가능성이 독일적인 것의 특징이라 해도 좋다. 사람들이 계속 '독일적인 것이란 무엇인가'를 물을 수밖에 없는 이유도 이 때문이고, "독일인들에 대해서는 무엇을 말하든 완전히 그릇되지 않은" 이유도 이 때문이다. "독일의 영혼은 여러 통로와 샛길들을 자기 안에 가지고 있으며, 거기에는 동굴과 은신처, 성의 지하 감옥이 있다." 그야말로 온갖 유래를 가진 요소들이 독일 영혼에 자리를 잡고 또 자리를 옮기고 있다.

독일 영혼의 이런 특징 탓에 독일인들은 형태가 분명치 않고 끊임없이 위치가 바뀌며 성장하는 것을 '심오하다tief'고 느낀다.[16)] 독일인은 존재보다 생성을 사랑한다. "독일인이란 존재하지 않는다. 그는 생성 중이며 '발전해간다entwickelt'." 독일 철학은 덕분에 "'발전Entwicklung'이라는 형식"을 발견할 수 있었다. 헤겔 철학은 "독일 영혼의 밑바닥에 있는 모순의 본성"을 체계화한 것이고, 바그너의 음악은 이를 음악으로 작곡한 것이다.

독일인들은 모순을 정당화하는 데 천재적 재능을 발휘했다. 선량함과 사악함, 둔중함과 경쾌함, 무미건조함과 대담함이 독일 정신에서는 하나로 조화를 이룬다. 니체에 따르면 독일인은 "자신이 체험한 모든 것을 질질 끌고 간다". 심지어 잘 소화할 수 없는 것들도 그대로 끌고 간다. 모순과 불협화음을 안고 나아가는 것

15) 《선악의 저편》, 244절.

16) 《선악의 저편》, 244절.

이다. 이것이 독일인들이 미덕으로 생각하는 '솔직함Offenheit'과 '우직함Biederkeit'이다. 소화할 수 없는 것을 그대로 드러내면서 우직하게 가는 것. 다만 독일인은 이 소화불량 상황을 '심오하다'고 말하는 것뿐이다. 그러므로 니체가 보기에 '독일적 깊이'니 '심오한 민족'이니 하는 말들은 모두 위선이고 기만이다.※ 그것은 독일인 나름의 '위장술'이다. '독일인들'이 "'독일tiusche' 민족, 기만하는Täusche 민족이라 불리는 것도 근거 없는 것은 아니다".[18]

독일인 이전의 독일인

그러나 '독일인들'이 예전에도 민족적 열정, '조국애' 따위에 몰입했던 것은 아니다. 니체는 독일인들에게도 "좋았던 옛 시절"이 있었다고 말한다.[19] 현대 독일인들이 갖지 않은 '유럽 영혼을 위한 목소리'가 과거 몇몇 독일인, 이를테면 모차르트와 베토벤에게는 있었다. 이들은 독일인이었지만 아마도 '유럽인으로서의 독일인'이었다고 해야 할 것 같다.

예컨대 모차르트의 음악은 우리에게 '로코코풍'으로 말을 걸어온다. 게

※ 참고로 니체는 '독일인Deutschen'이라는 단어의 유래를 다음과 같이 말했다. "독일의 희망―민족의 이름들은 대개 욕설이었다는 것을 잊지 말자. 예를 들어 타타르족의 이름은 '개'를 가리키는 것이었다. 중국인들이 그들에게 이 이름을 붙여주었다. '독일인'이라는 말은 원래 '이교도들die Heiden'이라는 의미였다. 고트족이 개종한 후 같은 종족 내에서 세례를 받지 않은 커다란 무리를 그렇게 불렀던 것이다. 이는 《칠십인역성서*Septuaginta*》를 번역한 데 따른 것으로, 여기에서 고트인들은 그리스어로 '제민족'을 뜻하는 '도이췐'이라는 단어로 이교도를 지칭했다. 울필라스Ulfilas(성서를 고트어로 번역한 인물)를 보라. 독일인들이 유럽 최초의 비기독교 민족이 된다면, 사후적으로 이 욕설을 명예로운 이름으로 만들 수도 있을 것이다."[17]

17)《즐거운 지식》, 146절.
18)《선악의 저편》, 244절.
19)《선악의 저편》, 245절.

다가 그는 독일인의 무미건조함이 아니라 '훌륭한 사교성gute Gesellschaft'을 가졌고, 부드러운 열광, 어린아이 같은 즐거움, 우아한 것, 사랑스러운 것, 춤추는 것, '남국적인 것'을 향한 갈망 등을 갖고 있었다. 이 대부분의 것이 현대 독일인에게는 남아 있지 않다. 또 베토벤은 어떠했는가. 그의 음악은 "끊임없이 부서지는 흐늘흐늘해진 옛 영혼과 끊임없이 다가오는 미래의 너무 젊은 영혼 사이의 중간 사건"이었다. 즉 영원히 상실되어가는 것과 영원히 무절제한 희망 사이의 희미한 빛이었다. 그것은 루소부터 바이런까지 여러 유럽인이 함께 느낀 과도기적 운명을 표현하고 있었다. 이들 유럽인은 베토벤이 노래로 부른 것을 다만 글로 썼을 뿐이다.[20]

그러나 니체에 따르면 베토벤이 느끼고 또 노래한 '과도기적 운명'에 대한 감정은 금세 사라져버렸다. 이후 독일 음악은 낭만주의의 지배를 받았다. 베버Carl Maria von Weber, 마르슈너Heinrich Marschner, 바그너 마침내 슈만에 이르기까지 독일은 점차 유럽을 잃고 독일적인 것으로 말려들어 갔다.※ "슈만은 이미 음악에서 독일적 사건일 뿐이지, 베토벤이 그랬듯이 그리고 더 폭넓은 규모로 모차르트가 그랬듯이, 더 이상 유럽적인 사건이 아니었다.—그와 더불어 독일 음악은 유럽 영혼을 위한 목소리를 상실하고 단순

※ 니체는 멘델스존Felix Mendelssohn 정도가 예외였다고 했다. "저 평온한 대가 펠릭스 멘델스존은 달랐다. 그는 좀 더 경쾌하고 순수하고 행복한 영혼 덕분에 일찌감치 존경받았고, 마찬가지로 독일 음악의 아름다운 우발적 사건으로 잊히게 되는 것도 빨랐다." 21)

20)《선악의 저편》, 245절.
21)《선악의 저편》, 245절.

한 조국애로 전락하는 최대의 위험에 처해 있었다."[22]

니체는 특히 슈만에게 '독일적인 것'의 위험이 드러난다고 지적했다. 언뜻 보면 슈만의 음악은 전혀 공격적이지 않다. 그는 "언제나 옆에 물러서거나 수줍어 머뭇거리거나 움츠려 있고", "무명의 행복과 슬픔"에 빠져든 일종의 '소녀'였다. 그런데 니체는 그의 이 '작은 취향'에는 "고요한 서정시stillen Lyrik와 감정의 도취(감정의 술고래, Trunkenboldigkeit des Gefühls)"라는 이중적 위험성이 들어 있다고 경고했다.[23] 말하자면 독일인들은 소녀처럼 수줍어하다가 급격한 감정의 발작을 보일 사람들이다. 《서광》에서도 니체는 비슷한 지적을 한 바 있다. '독일적인 것'에는 '음주벽'과 '자살 성향'이 있다고 말이다.[24] 어쩌면 19세기와 20세기에 나타난 독일 민족주의의 광기 어린 발작은 니체의 이런 경고와 관련이 있을지도 모르겠다.

독일인들의 말과 글

니체는 독일인들의 말과 글에 대해서도 비슷한 지적을 이어간다.[25] 그에 따르면 독일인의 글에는 문장의 템포나 리듬에 대한 고려가 없다.■ 독일어 문장에는 춤을 출 만한 리듬이 없다.■■ 그뿐 아니라 그것을 소리 내어 읽었을 때 '선율'을 느낄 수도 없다.[30] 아니, 그 이전에 독일인들은 글을 소리 내어 읽지 않고 눈으로만 읽는다(니체는 이를 독일인의 특징처럼 말

■ 앞서 니체는 문장의 스타일과 템포의 중요성을 강조하면서 "충실하게 그 뜻을 함유하는 번역도, …… 거의 위작이라 할 수 있"다고 했다.[26] 니체는 246절에서도 비슷한 주장을 편다. "문장의 템포에 대해 오해가 있다고 하자. 그러면 문장 자체를 오해하고 있는 것이다!"[27]

22) 《선악의 저편》, 245절.
23) 《선악의 저편》, 245절.
24) 《서광》, 207절.
25) 《선악의 저편》, 246절.
26) 《선악의 저편》, 28절.
27) 《선악의 저편》, 246절.
28) 《즐거운 지식》, 103절.
29) 《즐거운 지식》, 104절.
30) 《선악의 저편》, 247절.

하지만 현대인 일반의 특징이기도 하다).

니체에 따르면 고대인에게 독서는 일단 '낭독'이었다. 독서란 일차적으로 "자기 자신에게 큰 소리로 읽어주는" 일이기도 했고, 무엇보다 다른 이들 앞에서 소리를 내어 말하는 것이었다. 그리고 낭독한다는 것은 "음성의 팽창, 굴절, 전환과 템포의 변화를 가지고 읽는다"는 뜻이다. 이를 위해서는 당연히 "폐부의 강함, 지속과 힘"이 필요하다. 고대인은 "한 호흡으로 통괄되는" 문장을 '완전문Periode'이라 불렀다. 즉 고대인에게 그것은 "하나의 생리적 전체"였다. 그리하여 고대인은 연설가를 최고의 경지로 끌어올렸다. 하지만 현대 독일에는 이런 것이 불가능하다. 독일에서는 단지 설교자들에게만 일부 남았을 뿐이다. 이는 독일 산문의 최고 걸작이 설교자에게서 나온 이유이기도 하다. 니체에 따르면 독일 산문의 최고 걸작은 루터가 번역한 성경이다. 그러나 어떻든 독일적인 것이 아니다.

■■ 니체는 《즐거운 지식》에서도 독일어 문장에 나타난 "선율에 대한 경멸과 선율의 의미 퇴화"[28]와 독일어 음향의 '군사화'를 지적한 바 있다.[29]

03

유럽 민족들의 미덕 혹은 악덕

유럽의 다른 민족들은 어떨까. 그들은 어떤 민족인가. 일반적으로 사람 306
들은 바로 '자기 자신was man ist'이라 할 '최선의 것das Beste'을 알지 못하는 법이다.[31] 즉 스스로는 자신의 독특성, 특이성을 잘 모른다. 이는 민족의 경우에도 해당한다. 각각의 민족에게는 자신도 잘 모르는 독특한 미덕이 있다. 물론 그 민족을 싫어하는 다른 민족은 그것을 악덕이라 부를 것이다. 미덕이자 악덕이고, 최선의 것이면서 최악의 것이라 불리는 각 민족만의 고유한 덕을 아는 것은, 또한 하나의 독특한 유럽을 만드는 데 매우 중요하다. 민족들을 서로 엮으려면 어떤 민족이 어떤 민족의 덕과 어울려 무엇을 낳을 수 있는지를 이해해야 하기 때문이다.

니체에 따르면, 천재가 그렇듯이■ 민족에도 남성적 유형과 여성적 유형

■ 니체는 206절에서 천재를 불임의 학자들과 대비하면서 둘로 나누었다. "천재, 즉 생산하든지(낳게 하든지, zeugt), 출산하는gebiert 존재."[32]

31) 《선악의 저편》, 249절.
32) 《선악의 저편》, 206절.

이 있다. "하나는 무엇보다 낳게 하고 낳게 만들기를 원하며, 다른 하나는 기꺼이 임신하고 출산하는 것을 좋아한다."[33] 그는 전자의 예로 유대인이나 로마인, 독일인■을, 후자의 예로는 그리스인과 프랑스인을 들었다. 두 유형은 위대한 것을 낳기 위해 남성과 여성이 그렇듯이 서로를 필요로 한다. 하지만 "또한 남성과 여성처럼—서로를 오해한다". 반복해 말하지만, 민족들은 서로를 필요로 하는데 서로를 오해하고 있다.

유대인의 경우

307 니체가 독일인 다음으로 살펴보는 민족은 유대인이다. 유대인을 말해주는 덕, 유대인의 "최선이면서 최악인 덕"은 무엇인가. 니체에 따르면 그것은 "도덕에서의 거대한 스타일grossen Stil, 무한한 요구와 무한한 의미가 주는 무서움과 장엄함Furchtbarkeit und Majestät, 도덕적으로 의심스러운 것이 갖는 낭만성과 위엄Romantik und Erhabenheit"이다. 현대 유럽의 예술과 문화는 유대적 덕이 남긴 잔광 덕분에 아름답게 불타는 '저녁 하늘'을 가질 수 있었다.[35]

또 다른 민족의 덕성으로 넘어가기 전에 니체는 당시 유럽, 특히 독일에서 전염병처럼 번져가던 반유대주의를 언급한다.[36] 니체는 독일의 '반유대주의'를 '신경질환Nervenfieber'과 '정치적 야

■ "아주 겸손하게 묻는다면 독일인들도 비슷하지 않을까?"[34]

33) 《선악의 저편》, 248절.
34) 《선악의 저편》, 248절.
35) 《선악의 저편》, 250절.
36) 《선악의 저편》, 251절.

심'이 결합한 '우둔화의 발작'이라고 불렀다. 이 발작은 당시 '반유대주의'로 나타났지만 이전에는 '반프랑스', '반폴란드'로 나타난 적이 있고, "때로는 기독교적이고 낭만주의적인, 때로는 바그너주의적인, 때로는 튜턴적인, 때로는 프러시아적인 어리석음"으로 나타나기도 했다고 밝힌다. 말하자면 '반유대주의'는 그동안 간헐적으로 나타난 독일 정신의 마비 현상 중 하나이다.

유럽의 반유대주의 비판

니체는 자신도 반유대주의라는 '전염성이 강한 병'에서 자유롭지 않았다고 고백한다.* 또한 이것이 거의 모든 독일인의 문제라고 보았다. "나는 유대인을 호의적으로 평가하는 독일인을 아직까지 만난 적이 없다." 차이가 있다면 단지 반유대주의를 얼마나 노골적으로 표출했느냐이다.

그렇다면 왜 독일에서 유대인을 향한 공격성이 많이 나타난 것일까. 그것은 "독일 민족의 성질이 아직 유약하고 불확실하기 때문"이다. 독일인의 위장은 소화력이 약하기 때문에 유대인에 아주 예민하게 반응했다는 것이다. 독일인과 달리 유대인은 아주 강한 종족이다. 니체는 유대인이야말로 "현재 유럽에서 살고 있는 가장 강하고 강인하고 순수한 종족"이라고 했다. 그들은 현대 유럽인이 악덕으로 낙인찍는 덕목에 대해서도

* "용서해주길 바라며 말하겠는데, 나 또한 매우 전염성이 있는 지역에 용기를 무릅쓰고 짧게 머물고 있었을 때 그 병에 걸리지 않았다고 말할 수 없고, 세상 사람들 모두와 마찬가지로 나와 무관한 일에 이미 근심하기 시작했는데, 이것이야말로 정치적 전염의 첫 징후였다." 37)

37) 《선악의 저편》, 251절.

전혀 부끄러움을 갖지 않으며 오히려 확고한 신념을 갖고 있다.

독일인의 유대인 공격은 잔인한 폭력이 유약한 정신에서 나온다는 사실을 확인해줄 뿐이다. 즉 독일인은 유대인을 두려워하는 것이다. 그리고 독일 민족의 유약성은 이 '민족Nation'이 이제 갓 생성되고 있다는 사실과 무관치 않다. 니체는 여기서 매우 흥미로운 말을 했다. "오늘날 유럽에서 '민족'이라 불리는 것은 본래 낳아진 것이라기보다 만들어진 것mehr res facta als nata(때로는 꾸며내고 그려진 것res ficta et picta과 혼동할 만큼 유사해 보이는 것)이며, 이것은 어떤 경우에도 생성되어가는 것이고, 생긴 지 얼마 되지 않은 것이고 쉽게 변할 수 있는 것"이다.[38]

따라서 니체는 '민족'을 '종족Rasse' 같은 것으로 이해하면 안 된다고 했다. 민족은 자연적으로 태어나는 게 아니라 역사적으로 만들어진 것이기 때문이다. 그것도 단순히 만들어진 것이 아니라 "꾸미고 그려낸 것", 즉 일종의 허구적 상상물이다.▩ 이는 당시 민족주의자들의 선동을 겨냥한 것으로 보인다. 민족을 자연적 생존의 단위로 만들고, 모두의 흥망이 타 민족과의 적대적 경쟁에서 승리하는 것에 달린 양 떠들었던 민족주의자들 말이다. 니체는 여러 '민족들'이 "온갖 성급한 경쟁심이나 적대감을 품지 않도록

▩ '민족'이라는 말은 라틴어로 'natio'인데 원래 '출생' 내지 '출산'이라는 생물학적 의미를 담고 있었다. 그런데 니체는 '민족'이 실제로는 자연적으로 태어난 게 아니라 역사적으로 만들어졌으며 그것도 '꾸미고 그려낸 것'이라고 했다. 니체의 이러한 주장은 민족을 근대의 '상상의 공동체'라고 정의한 베네딕트 앤더슨Benedict Anderson을 떠올리게 한다.[39]

38) 《선악의 저편》, 251절.

39) B. Anderson, 윤형숙 옮김, 《상상의 공동체》, 나남, 2002.

신중하게 주의를 기울여야 한다"고 경고했다.[40)]

니체가 보기에 유대인들은 매우 강한 종족이기는 하지만, 지금으로서는 "집요할 정도로 유럽 속으로, 유럽에 동화되고 흡수되고자" 노력하고 있다. 즉 그들은 유럽에서 "허용되고 존중되기를", 다만 " '영원한 유대인'이라는 유목 생활"이 종착역에 이르기를 바랄 뿐이다. 니체는 유대인의 요구를 각 민족이 호의적으로 받아들여야 한다고 말한다. 한 발 더 나아가 독일에서 "반유대주의 선동가들"을 추방해야 한다고도 했다. 그리고 순수 독일 인종을 꿈꾸는 반유대주의자들을 조롱하듯, 독일인과 유대인을 섞어서 "명령과 복종"의 기술에 "금전과 인내의 천재성"을 더한 새로운 지배 종족, 유럽의 '새로운 지배 신분Kaste'을 길러내보자는 식으로까지 주장했다.■

니체가 "이쯤에서 내 경쾌한 독일주의와 축사를 멈추"겠다고 말한 걸 보면 여기에는 장난기도 섞인 것 같다. 당시 순혈주의를 진지하게 주장한 독일인종주의자들에게 자신의 "경쾌한 독일주의"와 조롱 섞인 "축사"를 보낸 셈이다(이것은 어쩌면 이 책을 쓰던 때 독일 식민지를 건설하겠다며 파라과이로 떠난, 대단한 인종주의자였던 처남에게 보내는 조롱적 성격의 환송사일 수도 있겠다■■). 오늘날에도 니체를 인종주의자나 광기 어린 민족주의자로 아는 사람이 많다. 그러나 사실 여기서 보는 것처럼 니체는 그런 것들을

■ "새로운 독일국민성Deutschthums이 강력하고 이미 확고하게 찍힌 유형의 사람들, 예컨대 마르크의 귀족 장교 같은 사람들은 그들(유대인)과 결혼할einlassen 수 있을 것임에 틀림없다: 명령과 복종의 유전적(세습적) 기술—이 둘과 관련해 앞서 언급한 지역은 오늘날 고전적이다—에 돈과 인내의 천재성(앞서 언급한 사람들은 이에 대한 마음과 정신성을 완전히 결여하고 있다)이 더해질 수 있는지, 그리고 [그런 새로운 아이들이] 육성될 수 있는지를 지켜보는 것은 여러모로 흥미로운 일일 것이다."[41)]

40)《선악의 저편》, 251절.

41)《선악의 저편》, 251절.

끔찍하게 생각했으며, 그것들이 독일인을 '왜소한 정치'로 몰아간다고 우려한 사람이었다.

영국인의 경우

니체가 유대인 다음으로 살펴보는 민족은 '영국인'이다.[42] 그가 보기에 영국인은 '깊이'나 '고귀한 천성'과는 거리가 먼 사람들이다. 한마디로 영국인은 "철학적 종족이 아니다". 영국인들이 철학으로 내세우는 경험주의나 공리주의는 '평범한 정신'의 표현이지 어떤 깊이나 높이를 가진 사유가 아니다. 니체에 따르면 영국인은 정신의 힘과 깊이를 결여했기에 '기독교'에 매달릴 수밖에 없었다. 즉 자신들을 도덕화하고 인간화하기 위해 기독교적 훈육이 필요했다는 것이다.

그런데 이런 '평범한 정신' 덕분에 '잘 인식되는 진리'도 있다. 평범한 정신의 소유자가 근면했을 때 얻을 수 있는 진리. 이를테면 '다윈식 발견'이 그렇다.[43] 일반적으로 "고귀한 천성을 가지고 멀리 떨어져 비상하는 정신을 가진 사람들"은 "사소하고 비속한 많은 사실들을 확인하거나 수집하거나 결론을 내리는 일"에 그다

■■ 니체의 처남, 즉 여동생 엘리자베스의 남편인 베른하르트 푀르스터Bernhard Förster는 굉장한 인종주의자였다. 그는 유대인을 특히 혐오해 '독일 몸에 붙은 기생충'이라고까지 불렀다. 1886년에 파라과이에 건너가 '새로운 독일Nueva Germania'이라는 이름의 독일 식민지를 만들었다.

42)《선악의 저편》, 252절.

43)《선악의 저편》, 253절.

지 능숙하지 못하다. 이들 '예외자들'은 '규칙적인 것(통상적인 것, Regeln)'을 인식하는 데 유리하지 않다. 왜냐하면 "단지 인식하는 것 이상의 것"을 해야만 하기 때문이다. "즉 어떤 새로운 존재가 되고, 어떤 새로운 것을 해석하며 새로운 가치들을 표현하지 않으면 안 된다!" 이들은 규칙을 찾기보다 규칙을 새롭게 해석하고 바꾸는 사람들이다. 또한 종종 현자가 아니라 바보처럼 등장한다. 무지한 실천가로서 말이다.※ 이런 사람들은 다윈처럼 작은 사실들을 모아 규칙을 이끌어내는 사람이 되기 어렵다. 한마디로 이들은 영국인이 되기 어렵다.

영국에 대한 니체의 언급 중 특히 흥미로운 것은 바로 여기서 '현대적 이념'이 생겨났다고 말하는 부분이다. 그는 영국인들의 평범한 정신을 현대성의 기원이라고 생각한다.[45] '현대적 이념'의 탄생과 관련해 많은 이들이 '프랑스혁명'을 떠올리지만 니체의 생각은 다르다. 그가 보기에 "프랑스인들은 단지 영국에서 탄생한 이 이념의 원숭이요 배우일 뿐이며, 훌륭한 병사였고, 유감스럽게도 최초의 가장 철저한 희생자"였을 뿐이다. 니체에 따르면 현대적 이념은 "영국인들의 정신이 유럽 취향의 중심부에서 우위를 차지하기 시작한 뒤"에 나타난다. 그리고 현대성을 설명하는 평범성, 평균성, 동질성 등등의 말은 영국의 정신과 취향이 유럽에서 거

※ 이 고귀한 천성을 가진 예외자에게는 '앎Wissen'과 '할 수 있음(행함, Können)'의 간극이 크지 않다. 어떤 점에서 '알기'보다 '행하는' 사람이다. 반면 일반적으로는 앎과 행함 사이의 간격이 매우 크다. "아는 것과 할 수 있다는 것 사이의 갈라진 간격은 아마 사람들이 생각하는 것 이상으로 더 크며 또한 섬뜩할 것이다: 대단한 능력을 가진 사람이나 창조하는 사람은 가능한 한 '무지한 사람Unwissender'이어야 할 것이다."[44] 참고로 이것은 서장에서 말한 '구원자의 유형으로서 백치'(예수)라든가, 제1장에서 말한 '죽어가는 현자와 살아 있는 바보'라는 주제와 통한다.

44) 《선악의 저편》, 253절.

45) 《선악의 저편》, 253절.

둔 승리를 표현한다.

프랑스인의 경우

니체가 보기에 '프랑스적인 것'은 현대적 이념과 거리가 멀다. 니체는 우리가 " '취미의 프랑스'를 찾아내는 법"을 알아야 한다고 말한다. 한마디로 프랑스는 "취미의 고급학교"이다. 니체에 따르면 프랑스인들에게는 자랑스럽게 내세울 수 있는 세 가지 미덕이 있다.[46]

첫째, 프랑스인들에게는 예술가적 정열과 '형식'에 헌신할 능력이 있다. '예술을 위한 예술'이라는 용어가 창안될 정도로 프랑스인들의 예술가적 정열, 예술의 '형식'에 대한 능력은 뛰어나다. 둘째, 프랑스는 온갖 종류의 아주 오래된 도덕가적 문화moralistische Cultur를 갖고 있다. 프랑스인들은 섬세한 심리학자이다. 다양한 심리적 자극에 능하고 거기에 호기심을 갖는다. 니체에 따르면 이는 순진하고 투박한 독일인에게는 거의 찾아볼 수 없는 대목이다(이것이 독일인과의 교제가 지루한 이유이다). 셋째, 프랑스인들의 기질에는 '북방과 남방'의 요소가 함께 들어 있다. 프랑스인에게는 "주기적으로 남방으로 향하거나 등을 돌리는 기질이 있"고, "때때로 프로방스나 리구리아해의 피※가 가득 넘쳐"흐른다. 니체

46) 《선악의 저편》, 254절.

※ 니체는 스스로를 자유분방한 프로방스인, 리구리아해의 피를 물려받은 이들(이를테면 콜럼버스)과 동일시하곤 했다.

에 따르면 프랑스인들은 이 남방적 기질 덕분에 '독일적 취미의 병'※이라고 할 "소름 끼치는 북방의 잿빛 음울함과 햇빛을 받지 못한 개념의 유령과 빈혈증"에 빠지지 않을 수 있었다.

※ 여기서 니체는 다시 비스마르크의 철혈정책의 위험성을 지적한다. 그에 따르면 독일에는 "북방의 잿빛 음울함과 햇빛을 받지 못한 개념의 유령과 빈혈증", 곧 "독일적 취미의 병"이 "널리 퍼지는 것을 막기 위해 순간적으로 피와 철이라는 큰 결단으로, 말하자면 (나를 기다리고 또 기다리게 했지만, 지금까지도 여전히 아무것도 희망할 수 없는 위험한 치료법에 따라서—) '위대한 정치'가 처방되었던 것이다".[47] '나를 기다리게 했다'라는 표현을 보면 니체가 비스마르크에게서 어떤 가능성을 보려던 것 같다. 물론 결국에는 '아무것도 희망할 수 없게' 되었지만. 이와 관련해서는 241절의 '두 애국자 노인의 대화' 도 참조.

04

미래의 유럽인들
—광기 어린 민족주의를 넘어서

315 어떻게 이 다양한 덕성을 가진 민족들을 하나로 엮을 수 있을까. 그것은 무엇보다 민족들이 자기극복의 힘을 얼마나 자기 안에서 찾아낼 수 있느냐에 달려 있다. 곧 자기 안에서 '선한 유럽인', 즉 '초국가적이고 노마드적 종류의 인간'을 어떻게 발견할 수 있느냐에 달려 있다고 할 수 있다.[■] 그래서였을까. 니체는 제8장의 끝에서 다시 독일로 돌아온다.

니체에 따르면 독일인이 선한 유럽인이 되기 위해서는 독일 정신에서 벗어날 수 있는 힘, 무엇보다도 남방의 정신이 필요하다. 독일의 음악에는 남방의 음악이 필요하다.[■■] 이를테면 독일인 바그너 음악의 해악을 치유하려면 프랑스인 비제Bizet가 필요하다.[50)■■■] 니체가 생각한 남방의 음악이란 이런 것이다. "선과 악을 더 이상 알지 못하는 데서 그리고 아마 어떤 선원의 향수 같은

47) 《선악의 저편》, 254절.

50) 《선악의 저편》, 25절, 255절.

것, 말하자면 어떤 황금빛 그림자와 부드러운 아지랑이가 여기저기 뛰노는 데서 그 귀한 매력을 가진 음악." [52]

제8장은 처음에 말했듯이 바그너의 음악에서 시작하고 바그너의 음악으로 끝난다. 니체는 마지막 절에서 '미래의 유럽인'을 선취한 대단한 인물들의 목록에 바그너를 넣었다.[53]■■■■ 물론 니체는 이것이 오해를 불러올 수 있음을 알았다. 그럼에도 바그너를 넣은 이유가 있다. 니체가 보기

■ 참고로 니체는《즐거운 지식》에서 기꺼이 조국을 잃은 자들, 즉 '실향민(난민)'을 '선한 유럽인'이라는 자산을 물려받고 또 그 과제를 의무로 상속한 이들이라 말한다. 니체의 다음 구절은 '조국을 상실한 자들의 국제적 연대'를 촉구한 마르크스-엥겔스의《공산주의자 선언》을 떠올리게 한다. "우리 실향민들Wir Heimatlosen.—오늘날 유럽인 중에는 영예로운 의미에서 자신을 실향민이라고 부를 수 있는 권리를 지닌 사람들이 있다. …… 한편으로 우리는 오래전부터 이 단어가 지닌 일반적 의미에서 '독일적'이지도 않다. 민족주의와 인종적 증오를 선동하기 위해 이 단어를 설교하고, 민족 감정에 의한 심장의 격분과 피의 중독에서 기쁨을 느낄 정도로 충분히 독일인이 아니라는 것이다. 이로 인해 오늘날 유럽에서는 검역제도Quarantänen처럼 민족과 민족이 갈라지고 서로 차단되어 있다. 하지만 우리는 그러기에는 너무 분방하고, 악의적이고, 제멋대로이고, 훌륭한 교육을 받았으며, 여행을 많이 했다. …… 이렇게 함으로써 우리는 독일 정신을 허영심에 들뜨게 하여 황폐화시키는 저 작은 정치의 목격자로서 느끼는 분노를 경감시킬 수 있다. …… 우리 실향민들은 인종과 출신에 있어서 지극히 다양하고 혼합적인 '현대인'이다. 따라서 우리는 오늘날 독일에서 독일적 정신의 표지로서 과시되고 있는 허위로 가득 찬 인종적 자기예찬과 무분별에 참여하려 하지 않는다. …… 한마디로 말해 우리는—이것이 우리의 명예여야 한다!—선한 유럽인, 유럽의 상속자, 수천 년에 걸쳐 풍부하고 풍요롭게 축적된 유럽 정신의 자산을 물려받은, 하지만 이와 동시에 엄청난 의무도 물려받은 상속자들이다." [48]

■■ 니체는《바그너의 경우》에서 남방의 음악이 필요하다("음악은 지중해처럼 되어야 한다")라고 말한 이유를 다음과 같이 부연하기도 했다. "자연과 건강과 명랑과 젊음과 덕으로의 회귀!" [49]

■■■ 비제와 바그너 음악의 좀 더 상세한 대비는《바그너의 경우》(1888)에서 확인할 수 있다. 참고로 니체는 비제의 음악이 북방과 남방을 종합한 프랑스의 미덕을 드러낸 것처럼 말하지만,《바그너의 경우》에서는 비제의 음악을 가리켜 프랑스적인 것을 넘어 거의 '아프리카적'이라고까지 서술하기도 했다. "무엇보다 열대지방에 속하는 것, 공기의 건조함, 대기의 투명함을 갖추고 있습니다. 여기서는 모든 면에서 기후가 바뀌어 있습니다. 여기서는 다른 감성, 다른 감수성, 다른 명랑함이 입을 엽니다. 이 음악은 명랑합니다; 그렇지만 프랑스나 독일의 명랑함은 아닙니다. 그 명랑함은 아프리카적입니다." [51]

48) 《즐거운 지식》, 377절.
49) 《바그너의 경우》, 3절.
51) 《바그너의 경우》, 2절.
52) 《선악의 저편》, 255절.
53) 《선악의 저편》, 256절.

에 바그너에게는 바그너 자신도 모르는,■■■■■ 자기극복의 요소가 있었기 때문이다.

바그너 안에서 바그너를 넘어서게 해주는 요소, 더 확대해 말하자면 독일 안에서 독일을 넘어설 수 있게 해주는 요소, 그것은 '프랑스적인 것'이다. 니체는 "1840년대 프랑스의 후기 낭만주의와 리하르트 바그너가 서로 내면적으로 가장 밀접히 연관되어 있다"고 말한다. 여기서 니체는 "하나의 유럽"을 향한 열망과 가능성을 본다. 프랑스 낭만주의자(예컨대 바그너와 가까웠던 들라크루아)와 바그너는 모두 "장엄함의 영역 그리고 추함과 잔혹의 영역에서의 위대한 발견자였고, 효과와 전시, 진열의 기술에서 더욱 위대한 발견자"들이었다. 이들은 "논리와 직선의 타고난 적이었고, 이질적인 것, 이국적인 것, 기괴한 것, 구부러진 것, 자기모순적인 것을 갈구했던" '의지의 탄탈로스들'이었다. "전체적으로 보면 대담하고 모험적이며 뛰어난 힘을 가졌고 높이 비상하며 솟구쳐 날아가는, 그런 유의 보다 높은 인간들이었다." 56)

■■■■ "이 세기의 좀 더 깊이 있고 생각이 넓은 모든 인간의 경우에는, 이 새로운 종합에 이르는 길을 준비하고 시험 삼아 미래의 유럽인들을 앞당겨 생각해보는 것은 그들 영혼의 신비적 작업에 깃든 본래의 전체 방향이었다: 이들이 '조국'에 속했던 것은 그들의 전경에서만, 혹은 그들이 약해졌을 때, 노령에 있었을 때이다. — '애국자'가 되었을 때, 그들은 단지 자기 자신에게서 벗어나 휴식을 취했던 것에 불과했다. 내가 생각하는 것은 나폴레옹, 괴테, 베토벤, 스탕달, 하인리히 하이네, 쇼펜하우어 같은 이들이다: 내가 또한 리하르트 바그너를 그들 가운데 포함시킨다 해도 나에게 화내지 말기 바란다." 54)

■■■■■ "그 사람에 대해서는 그 자신이 가진 오해 때문에 오도되어선 안 된다. — 그와 같은 천재들이 자신을 올바로 이해하는 경우는 드물다." 55)

54) 《선악의 저편》, 256절.
55) 《선악의 저편》, 256절.
56) 《선악의 저편》, 256절.

요컨대 바그너의 음악에는 '독일적인 것'만이 아니라 자신도 모르는 "독일을 초월한 근원이나 충동에서 온 것"이 있었다. 이를테면 그의 작품에는 프랑스 '파리'에 대한 그리움이 있었다. 심지어 니체는 바그너가 어떤 점에서 19세기 프랑스인보다 "더 강하고 더 대담하고 더 엄격하고 더 고귀하게 해냈다"라고 했다. "독일인들이 아직은 프랑스인들보다 야만에 더 가깝다는 사정 덕분에 말이다."[57] 독일인이 '그제의 인간'이면서 '모레의 인간'인 것도 이 '야만성' 덕분이다. 바그너는 프랑스와 같은 고차적 문화민족—하지만 이제는 이미 "늙고 약해질 대로 약해진 문화민족"—의 형식에다 매우 자유롭고 쾌활하며 너무나 건강하고 또한 반가톨릭적인 정신을 담았다.

1876년에 이미 바그너와 결별한 니체가 바그너를 높이 평가한 이유는 당시 바그너를 독일 민족의 영웅으로 떠받들던 광적인 민족주의자들을 조롱하기 위해서였는지도 모르겠다. 왜냐하면 니체는 바그너의 위대함을 추종자들의 생각과는 반대 측면에서 찾았기 때문이다. 곧 추종자들이 열광하는 '독일적인 것'이 아니라 그들이 미워하던 '프랑스적인 것', 특히 프랑스의 후기 낭만주의에서 바그너의 위대함을 찾았다. 게다가 니체는 '말년의 바그너'에게서 로마가톨릭의 냄새마저 풍긴다고 했다. '말년의 바그너'에서 나타나는 "향 피우는 연기와 향내 풍기는 관능의 자극 …… 수녀들의 추파, 아베마리아 기도 시간을 알리는 종소리" 등등은 독일 프로테스탄티즘이 아니라 로마가톨릭의 신앙을 느끼게 한다.[58] 즉 바그너는 장년기 위대한 면모를 보일 때는 파리를, 젊음과 건강을 잃어버린 말년에는 로마를 추종했던 셈이다.

57)《선악의 저편》, 256절.
58)《선악의 저편》, 256절.

하지만 니체의 이러한 바그너 평가는 제8장의 맥락에서 파악해야 한다. 1876년 결별 이후 니체는 바그너 음악의 문제들을 몇 차례 지적했고, 특히 이 시기 이후에는 바그너 음악의 폐해와 위험성을 적극적으로 지적하고 나섰다. 《선악의 저편》 다음 해에 출간한 《즐거운 지식》의 제5부(1887)■에서 니체는 자신이 '독일 음악'을 오해했다고 했다. 그는 바그너로 대표되는 독일 음악에서 "태곳적부터 축적된 근원적 힘이 마침내 분출하는 소리"를 들었으며, 그것을 "독일 영혼이 지닌 디오니소스적 힘의 표현"이라 해석했다고 말했다. 그러나 다시 보건대 바그너 음악은 '삶의 지나친 충만성'에서 나오는 디오니소스적 예술이 아니라, "삶의 궁핍으로 고뇌하는 자들의 구원, 도취, 경련, 마취, 광기 같은 것"이라고 했다. 즉 디오니소스적 인간은 넘치는 건강 때문에 대담하게 시도하고 도전하며 시련, 고통, 파괴까지도 긍정하는 데 반해, 바그너 음악에서는 삶에 지치고 병든 자들이 바라는 구원과 구원을 향한 집단적 도취와 마비, 경련, 광기 같은 것이 표현되어 있다는 것이다.[59] 니체는 《바그너의 경우》(1888)와 《니체 대 바그너》(1888)에서도 이 점을 매우 강조했다. 바그너는 음악가라기보다 배우이면서 연출가이고,■■ 청중은 모두 자신들을 잃어버리고 그저 "찬성표만을 던지는 거수기, 보호자, 바보가 되고 만다"라고

59)《즐거운 지식》, 370절.
60)《바그너의 경우》, 11절.

■ 《즐거운 지식》의 초판은 총 4부로 구성되어 1882년 8월에 나왔고, 제2판은 《선악의 저편》(1886)이 출간된 이듬해(1887)에 서문과 제5부를 덧붙여 출간되었다.
■■ "그(바그너)는 음악의 역사에는 속하지 않습니다. 그럼에도 불구하고 그가 음악사에서 갖는 의미는 무엇일까요? 음악에서 배우의 등장이라는 의미입니다."[60]

우리 안에
왜소한
우리를 넘어서는
위대한
우리가 있다

61) 《니체 대 바그너》, 내가 반박하는 곳.

했다.[61] 니체는 바그너를 통해 광기 어린 민족주의에 기반한 거대한 독재 권력이 독일에 출현하고 있음을 예감했던 셈이다.

그럼에도! 제8장의 맥락에서 니체가 바그너 음악의 가능성을 읽어내려 했던 점에는 충분히 주목해야 한다. 니체가 바그너를 조심스럽게 '미래의 유럽인' 목록에 넣은 데에서 우리는 그의 방법론을 다시 한 번 확인하게 된다. 바로 자기극복Selbstüberwindung! 그는 바그너 안에서 바그너를 넘어서는 지점, 독일 안에서 독일을 넘어서는 지점을 찾으려 했던 것이다. 비록 현실은 나쁜 방향으로 나아가고 말았지만 니체는 어떻게든 다른 방향을 드러내고 강화하기 위해 노력했다(나는 이것이 정세 속에서 투사의 실천이라고 생각한다). 독일인 안에 독일인을 넘어서는 '선한 유럽인'이 있다는 것, 우리 안에 '작은(왜소한)' 우리를 넘어서는 '큰(위대한)' 우리가 있다는 것, 니체는 제8장에서 그것을 우리에게 환기하고 있다.

제9장

가장 높은 곳에 마련된 식탁

01

거리의 파토스

325 고귀함vornehm이란 무엇인가? 우리는 마침내 《선악의 저편》의 마지막 장, 가장 높은 곳에 이르렀다. '가장 높은 곳'이라 했지만 '가장 깊은 곳'이라 불러도 좋으리라. 이곳은 전망이 완전히 트여 있으며 때로는 번개를 머금은 구름들이 머무는 산의 정상 같은 곳이지만,[1] 밑바닥을 뚫고 저 아래까지 이어진 갱도, 영혼들의 지하세계, 괴물이 사는 미궁, 정신적 숙명의 화강암이 있는 곳이기도 하다.[2]

니체가 제9장에서 말하는 '고귀함'이란 제7장에서 말한 '우리의 덕'과 다른 것이 아니다. '우리의 덕'이란 "우리의 가장 은밀하고 진실한 경향이나 강렬한 요구에 가장 잘 부합하는 덕"이다.[3] 우리 안에서 "살아 있고 성장하며 번식"하고 우리 '내부'와 '주변'에서 "지배자가 되려 하고 또 스스로를 지배자로 느끼고자" 하

1) 《선악의 저편》, 286절, 292절.

2) 《선악의 저편》, 231절, 289절, 290절.

3) 《선악의 저편》, 214절.

는 우리 '정신의 근본의지'에 부합하는 것이기도 하다.[4] 한마디로 '우리의 덕'이란 우리 '힘에의 의지'에 부합하는 것이다. '고귀함' 역시 다르지 않다. 그것은 우리 정신의 근본의지인 '힘에의 의지'에 충실한 것이다.

니체에 따르면 '힘에의 의지'는 '인간과 인간', '가치와 가치' 사이의 위계질서Rangordnung를 감각하고 의욕하는 파토스를 전제한다. 즉 끊임없이 스스로를 강화하고 지배자로 느끼려는 의지는 자신이 거리를 두고 싶어 하는 것, 자신이 차이를 벌리고 싶어 하는 것에 대한 감각을 전제하고 있다. 흡사 지배 신분herrschenden Kaste이 자신에게 예속된 자나 도구에 느끼는 거리감 같은 것이다. 니체는 이를 '거리의 파토스Pathos der Distanz'라고 불렀다.[5] 그리고 '거리의 파토스' 위에서만 "다른 더욱 신비한 파토스", 즉 "영혼 자체의 내부에서 점점 더 새로운 거리를 확대하고자 하는 요구"(힘에의 의지)가 생겨난다고 했다.

"인간이라는 유형을 향상시키는 일", 고귀한 인간을 만드는 일, "인간의 자기극복" 등은 모두 '거리의 파토스'에 기반한다. 저속한 것과 거리를 두고자 하는 열정 내지 감각 덕분에 우리 영혼은 고귀한 쪽으로 나아가려고 노력한다. 우리의 귀족이란 이렇게 해서 생겨난다. 말하자면 이것이 '귀족 사회의 발생사Entstehungsgeschichte einer aristokratischen Gesellschaft'이다.

근원적 사실 — 생명은 착취한다

따라서 누군가 고귀한 인간에 이르는 길은 '고상한' 휴먼스토리를 통해서가 아니라 어떤 적나라함, 즉 성장하고 번식하며 스스로를 지배자로 느

4) 《선악의 저편》, 230절.
5) 《선악의 저편》, 257절.

끼고자 하는 '힘에의 의지'를 통해서다. 고귀한 자의 정신은 차라리 냉혹한 야만인들Barbaren Kaste을 닮았다. 아마도 고귀한 자는 처음에는 야만인이었을 것이다.■ 그들은 '정신적 측면'에서 '더 완전한 인간'이었다. 그들이 '더 완전한 야수ganzeren Bestien'였다는 의미에서 그렇다.[7]

야수성은 생명의 본질적 성격이기도 하다. "생명 자체는 본질적으로 이질적인 것과 좀 더 약한 것을 자기 것으로 만드는 것이며, 침해하고 제압하고 억압하는 것이며, 냉혹한 것이고, 자기 자신의 형식을 강요하며 동화시키는 것이며, 가장 부드럽게 말한다고 해도 적어도 착취이다."[8] 생명현상, 이를테면 소화작용 자체가 제압과 해체, 동화, 양분의 착취 과정이다. 도덕이나 부도덕은 여기서 논할 문제가 아니다. '생명'이 '힘에의 의지'라는 것은 '근원적 사실Ur-Faktum'이다.[9]

따라서 한 생명체가 이런 움직임을 보이지 않는다면, 다시 말해 '힘에의 의지'를 부인하는 듯 보인다면 그것은 '죽어가는 조직체'임에 틀림없다. 니체는 이를 '부패' 내지 '타락'이라 부른다. 부패란 " '생명'이라 불리는 정동들의 기초Grundbau der Affekte가 흔들리는 것"이다.[10] 생명체가 생명의 성장과 증식에 반하거나 그것을 포기하려는 것이라 할 수 있다. 스피노자식으로 말한다면 일종의 '코나투스'의 전도가 일어난 셈이다.■■ 그리고 이처럼

■ 제5장에서 우리는 이미 맹수인간Raubmenschen, 열대인간tropische Mensch을 살펴본 바 있다.[6]

6) 《선악의 저편》, 197절.
7) 《선악의 저편》, 257절.
8) 《선악의 저편》, 259절.
9) 《선악의 저편》, 259절.
10) 《선악의 저편》, 258절.

"삶을 부정하는 의지"가 사회 전반으로 퍼져 나가 근본원리까지 되면 사회는 타락하고 해체된다.[12)]

고귀한 인간은 국가를 착취한다

니체는 프랑스혁명이 발발하기 훨씬 전부터 귀족제에서 이런 부패와 타락이 일어났다고 말한다. 오래전부터 프랑스 귀족들은 기껏해야 왕국을 유지하는 하나의 '기능Funktion', 하나의 부품에 불과했다.[13)] 건강한 귀족제gesunden Aristokratie라면 있을 수 없는 일이다. 건강한 귀족제에서는 귀족이 자신의 지배 의지, 힘에의 의지를 포기하지 않기 때문이다. 전도된 것을 뒤집어야 그들과 국가의 관계를 바로 보게 된다. 건강한 귀족제에서 귀족은 국가나 공동체를 위한 기능이 아니라 오히려 존재 이유이다. 귀족이 국가를 위해 존재하는 것이 아니라 국가가 귀족을 위해 존재하는 것이다.

국가는 귀족이 "더 높은 존재로 고양될 수 있는 토대나 발판"으로서만 의의를 갖는다. 그래서 이 고귀한 인간들은 처음에는 덩굴이 참나무에 의지해 성장하듯 국가나 공동체를 기반으로 커가지만, "마침내 그것을 넘어서서 자유로운 햇빛 속에 그 화관을 펼치고 자신의 행복을 드러내 보일, 자바섬의 저 햇빛을 갈구하는 덩굴식물"과 같다.[14)] 다시 한 번 강조하건대, 국가나 공동체는 왜 존재하는가. 고귀한 자는 자신이야말로 존재 이유

■■ 스피노자의 《신학정치논고*Tractatus theologico-politicus*》의 중요한 화두는 이것이었다. "사람들은 어떻게 마치 구원이라도 되는 양 자신들의 예속을 위해 싸우고, 한 사람의 허영을 위해 피와 목숨을 바치는 것을 수치가 아니라 최고의 영예로 간주하게 되는가." 11)

임을 아는 사람이다. 국가나 공동체는 이 주권적 인간들의 성장을 위한 발판이자 토양으로서 존재한다. 그러므로 구성원들이 아니라 국가와 공동체가 착취당해야 한다.

11) B. Spinoza, 《신학정치논고》, 서문.

12) 《선악의 저편》, 259절.

13) 《선악의 저편》, 258절.

14) 《선악의 저편》, 258절.

02

귀족의 도덕과 노예의 도덕

앞서 장들에서 본 것처럼 니체는 다양한 도덕의 존재를 긍정하면서도 도덕들 사이에 '위계질서'가 있음을 부인하지 않았다. 특히 제7장에서 '위계질서'라는 말을 명시적으로 여러 차례 사용했다.[15] 이때 위계질서란 개별 도덕들을 한 줄로 세웠다는 뜻이 아니다. 위계질서는 개별 도덕이 아니라 그것들에서 뽑아낸 '기본 유형들Grundtypen' 사이에 존재한다. 기본 유형들은 여러 시대의 도덕을 가로질러 존재하기도 하고, 한 시대, 한 인간의 영혼 안에서 병존하기도 한다. 니체는 이 점을 제9장에서 다시 한 번 강조한다.

"지금까지 지상을 지배해왔고 또 여전히 지배하고 있는 좀 더 세련되지만 거친 많은 도덕을 편력하면서, 나는 어떤 특질이 규칙적으로 반복되거나 연결되어 있다는 것을 알았다: 결국 두 가지 기본 유형이 나타났고, 하나의 근본적 차이가 튀어나왔다. 즉 주인의 도덕과 노예의 도덕이 있다.—

15) 《선악의 저편》, 219절, 221절, 228절.

내가 여기에 바로 덧붙이려는 것은, 고도로 혼합된 모든 문화에서는 이 두 가지 도덕에 대한 조정의 시도가 나타나며, 종종 이 둘을 뒤섞거나 오해하기도 하고, 때로는—심지어는 동일한 인간 안에서나, 하나의 영혼 안에서조차—그것들이 굳게 병존한다는 사실이다."[16]

귀족의 도덕

도덕의 두 가지 기본 유형은 어떻게 다른가. 먼저 주인의 도덕, 귀족의 도덕의 경우. 니체에 따르면 고귀한 인간은 스스로 '좋음gut'을 정의한다.[17] '거리의 파토스'를 가진 자들이다. 이들은 가치들의 차이를 감각하며, 차이를 더욱 확대하려 한다. 더욱 높아지려는 것이다. 고귀한 인간은 자신들의 영혼을 "고양하고 자부심을 주는" 것을 '좋음'으로, 그와 반대되는 것을 '나쁨schlecht'으로 정의한다.

유의할 점은 이 '나쁨'이라는 말에 적대감이 담기지 않았다는 사실이다. 니체는 《도덕의 계보》에서 이렇게 말했다. "예컨대 그리스 귀족이 자신과 하층민을 구별하는 데 사용한 모든 단어에는 거의 호의적이라고까지 할 뉘앙스가 있음을 간과하지 말기 바란다. 그 단어들에 끊임없이 일종의 동정, 배려, 관용이 혼합되고 가미된 결과, 마침내 평민을 나타내는 데 어울리는 거의 모든 단어들은 '불행한', '불쌍한'이라는 뜻을 갖게 되었다."[18]

16) 《선악의 저편》, 260절.

17) 《선악의 저편》, 260절.

18) 《도덕의 계보》 I, 10절.

고귀한 인간, 귀족은 '나쁨'을 일종의 '보색대비'로 사용했다.[20] 자신과 상반된 이들을 '나쁨'이라 지칭했을 뿐이다. 처음에는 측은함의 표현이었고 곧이어 경멸의 의미가 담겼다(그러나 이때도 적대하는 것은 아니다). 고귀한 인간이 '나쁘다'고 말하는 유형은 "겁쟁이, 불안해하는 자, 소심한 자, 편협한 이익만 생각하는 자", "자유롭지 않은 눈매로 의심하는 자, 스스로를 비하하는 자, 학대할 수 있는 개 같은 인간Hunde-Art von Mensch,■■ 구걸하는 아첨꾼 그리고 무엇보다 거짓말쟁이" 등이었다. 스스로 책임질 수 없는 말, 자신과 일치하지 않는 말을 내뱉는, 또한 말로써 자신을 위장하려는 거짓말쟁이들을 경멸했다. 그리고 그와 반대되는 자신들을 가리켜 '우리 진실한 자들Wir Wahrhaftigen'이라고 불렀다.[22]

특별히 주목할 것은 니체가 '고귀한 행위'에서 '고귀한 자'를 도출하지 332
않고 '고귀한 자'에서 '고귀한 행위'를 도출한다는 점이다. 그는 말한다. "도덕적 가치표시가 어디에서나 먼저 인간에게 붙여지고 비로소 파생되어서 나중에 행위에 붙여졌다는 사실은 명백하다."[23] 그래서 제7장에서도 "항상 문제가 되는 것은 그가 어떤 사람이며 다른 사람은 어떤 사람인가 하는 것"이라고 했다.[24] 고귀한 행위란 고귀한 인간이 하는 것이다. 고귀한 인간은 고귀한 행위를 하기 이전에 어떤 행위가 고귀한 행위인지를

■ 니체는 그리스어 "데이로스 δειλός, 데이라이오스 δείλαιος, 포네로스 πονηρός, 모크테로스 μοχθηρός 같은 말들"을 예로 들었다. 이 말들에는 '불쌍하다'라는 뜻이 담겼지만 원래는 '일하는 노예'(포네로스)와 '짐 나르는 짐승'(모크테로스)이라는 뜻이었다.[19] 참고로 니체는 《도덕의 계보》 첫 번째 논문에서 어원학적 연구를 통해 '좋음과 나쁨', '선과 악'의 유래를 흥미로운 관점으로 제시한다.

■■ 약자의 도덕에서 가치전도 내지 가치날조가 어떻게 일어나는지를 묘사하면서 니체는 비슷한 표현을 사용했다. "그들은 자신의 가련함이 신에 의해 선택받은 영예이며, 마치 사람들이 가장 사랑하는 개를 때리는 것과 같은 것이라고 내게 말합니다."[21]

19)《도덕의 계보》I, 10절.
20)《도덕의 계보》I, 11절.
21)《도덕의 계보》I, 14절.
22)《선악의 저편》, 260절; 《도덕의 계보》I, 10절.
23)《선악의 저편》, 260절.
24)《선악의 저편》, 221절.

정하는 자이다. "그는 자신을 사물에 처음으로 영예를 부여하는 사람으로 알고 있다. 그는 가치를 창조하는wertheschaffend 자이다."[25)]

고귀한 행위를 하려면 먼저 고귀한 사람이어야 한다. 먼저 "충만한 감정과 넘쳐흐르는 힘Macht의 느낌", "선물하고 선사하고 싶어 하는 부유함에 대한 의식"이 있어야 한다.[26)] 그래서 고귀한 자는 불행한 자를 돕는다 해도 동정하는 자와는 다르다. 누군가를 도울 때 "넘치는 힘이 낳은 충동에서 돕는다". 타인의 감사나 평판 때문이 아니라 고귀한 자로서 자신을 행할 뿐이다. 고귀한 자는 자기 안의 고귀함, 자기 안의 강자를 존중한다. 그러므로 또한 자기 바깥에 있는 고귀한 자와 강자를 알아보고 존경한다. 타인을 돕는다는 것은 타인의 고귀함을 알아보고 일깨우고 존경하는 것이다.※ "강자들은 존경하는 법을 아는 사람들이고, 그것이 그들의 기예이자 발명의 영역이다."[27)]

노예의 도덕

도덕의 또 다른 기본 유형인 '노예의 도덕'에서는 사정이 완전히 반대다. 이 도덕은 고통받고 자유롭지 못하며 스스로를 불신하며 피로에 지친 자들의 도덕이다. 말하자면 병든 자들의 세계

25)《선악의 저편》, 260절.
26)《선악의 저편》, 260절.
27)《선악의 저편》, 260절.

※ 한편으로 고귀한 자들은 자기 안의 노예, 자기 안의 나약하고 나쁜 것들에 매우 엄격하고 가혹하며, 타인에 대해서도 마찬가지다.

고귀한 인간,
그는 가치를
창조하는
자이다

관이다. 고통과 부자유, 불신과 피로 속에서는 염세주의나 심판적 세계관이 싹트기가 너무 쉽다. 타인과 세계를 향한 증오(결국에는 자신을 향한 증오와 학대까지)가 아프고 병약한 생리적 상태에서 자라나는 것이다.

노예의 도덕은 타자의 덕에 대한 증오에서 시작한다. 노예, 약자들은 무엇보다 귀족의 도덕, 주인의 도덕을 비난하는 것에서 시작하고 그 반대로서 자신의 도덕을 정립한다. 말하자면 그들은 '악Böse'을 먼저 규정한다. 누가 악한가? 고귀한 자가 자신에서 시작하는 것과 달리 이들은 "'밖에 있는 것', '다른 것', '자기가 아닌 것'을 부정"하는 데서 시작한다.[28] 자기처럼 느끼지 않은 이들, 자기처럼 행동하지 않는 이들, 즉 고귀한 자, 강한 자, 위험한 자(혹은 위험을 사랑하는 자) 등이 악하다고 규정하는 데서 시작하는 것이다. 그러고는 부정한 이들과 대립하는 자신을 '선하다gut'라고 말한다. '부정의 부정'을 통해 '선gut'을 정립하는 것이다.

노예의 도덕은 적대와 원한, 즉 부정적 감정을 가치날조의 동력으로 삼는다. 니체가 《도덕의 계보》에서 쓴 표현을 빌리자면, 이것이 노예가 "이상을 제조하는 방식wie man Ideale fabrizirt"이다.[29] 여기서 가치는 완전히 전도된다. 귀족의 도덕에서 '좋은 사람'이 노예의 도덕에서 '악인'이 되고, 주인의 도덕에서 '경멸할 만한' 사람이 노예의 도덕에서 '선한' 사람이 된다. 즉 노예의 도덕에서는 '위험하지 않은 인간', "착하고 속기 쉽고 아마도 약간은 어리석은" 사람, 사람들이 통상적으로 말하는 '좋은 사람un bonhomme'

28) 《도덕의 계보》 I, 10절.
29) 《도덕의 계보》 I, 14절.

이 선한 사람이다.[30)]

현대사회를 지배하는 것은 이러한 노예의 도덕이다. 오늘날 도덕적 행동으로 칭송되는 행동들, 이를테면 동정을 베푸는 손, 따뜻한 마음, 인내, 근면, 겸손, 친절 등등은 발상에서 노예의 도덕과 친화력이 크다. 니체에 따르면 현대인이 고귀한 도덕, 귀족의 도덕을 느끼거나 알아보는 것은 매우 어려운 일이다.[31)]

덕의 성장과 부패

도대체 귀족의 도덕은 어떻게 사라져버린 것일까. 도덕은 어떻게 성장하고 부패하는가. 262절에서 니체는 귀족의 도덕이 어떻게 퇴화하고 평범성의 도덕, 곧 '현대성의 이념'이 지배하게 되는지를, 생물의 진화를 설명하듯 단계적으로 보여준다(도덕의 실제 역사가 아니라 일종의 전개 도식이다).

니체에 따르면, 하나의 종족이 발생하고 하나의 유형이 고정되고 강해지는 것은 '불리한 조건들과의 오랜 투쟁'을 통해서다. 초기의 훈련자, 육성자들은 다른 종족을 관찰하고 스스로의 경험을 통해, 풍부한 영양과 지나친 보호가 사람들을 변형시키고 기형적인 것을 낳게 한다는 생각을 가졌다. 과도한 돌봄이 사람들을 망친다는 것이다.[32)]

니체는 고대 그리스의 폴리스나 베니스 같은 귀족공동체를 예로 든다. 그들은 "스스로를 지키지 않으면 뿌리째 뽑히게 되는 무서운 위험에 처해 있었기에" 서로를 믿고 스스로에게 의지할 수밖에 없었다. 이웃 종족의 침략을 저지하고 내부 반란에 대처하면서 그들은 별 수 없이 스스로를, 그

30) 《선악의 저편》, 260절.
31) 《선악의 저편》, 260절.
32) 《선악의 저편》, 262절.

리고 서로를 강하게 만들어야 했다. "그들은 자신들이 어떤 특성들Eigenschaften 덕분에 신과 인간들에게 저항하고 또 항상 승리를 거두었는지 다양한 경험을 통해 배웠다." 그들은 그런 특성들을 '덕'이라 불렀고, 크게 육성했다. 물론 과정은 매우 엄격하고 혹독했다.[33)]

그런데 이 과정이 세대를 거쳐 확립되다가 마침내 긴장을 놓는 상황, 소위 '행복한 상황'이 발생한다. 더 이상 주변에 위협적인 적이 없고, 생활 수단도 매우 풍족해진 상황 말이다. 덕을 육성하기 위해 동원된 속박과 강제가 이때 풀어진다. "종족의 변화는 갑자기 풍부하고 화려하게 무대 위에 나타나며, [이제] 개인은 감히 개별적으로 존재하고자 하며 스스로를 드러내고자 한다." 한편으로는 치열한 경쟁 속에서 엄청난 속도로 성장하는 열대식물의 원시림이 만들어지고, 다른 한편으로는 어떤 퇴화와 변종이 나타나기도 한다. 온갖 유형이 폭발하듯 함께 출현하는 것이다. 돌이켜보면 그동안 "이 도덕 자체는 그렇게 위험할 정도로 활을 당길 힘을 엄청나게 축적했던 것이다".[34)]

그러다 이처럼 크고 다양하며 광범위한 삶을 더 이상 감당하기 어렵다는 느낌이 들 때가 온다. "새로운 목적과 방법들만 있을 뿐 공통의 형식은 없고, 오해와 경멸이 결합하며, 몰락과 부패, 최고의 욕망이 소름 끼치게 얽히고, 선과 악의 온갖 풍요의 뿔에서 종족의 천재들이 넘쳐흐를 때", 생성과 소멸, 즉 "봄과 가을이 숙명적으로 동시에 공존할 때", 사람들에게 갑자기 커다란 두려움이

33) 《선악의 저편》, 262절.
34) 《선악의 저편》, 262절.

엄습한다. 어떤 섬뜩함을 감지하는 것이다.

그러면 '도덕철학자들'은 "사태가 빠르게 끝나감"을 감지하고, "오직 평범한 인간들만이 존속하고 번식할 것이라는 전망을 갖게 된다". 그리고 곧장 평범함을 덕으로서 칭송하기 시작한다. 물론 이것은 역설적인 일이다. 평범함이란 적극적 내용이 없는 것이니, 현대 도덕철학자는 자신이 원하는 것을 말할 수 없는 채로 그것의 훌륭함을 떠드는 꼴이다. 이들이 말할 수 있는 것은 오직 "절도와 품위, 의무와 이웃사랑"뿐이다.[35)]

03

위계에 대한 본능

339 우리는 고귀함을 어떻게 알아보는가. 니체는 고귀한 자들에게는 고귀함을 알아보는 본능이 있다고 말한다. 이들에게는 위계에 대한 본능Instinkt für den Rang이 있다. 한 존재가 매우 위계가 높은데도 불구하고 두드러지지 않게, 오히려 "몸을 숨기고 변장하면서" 곁을 지나갈 때, 고귀한 자는 그 '살아 있는 시금석lebendiger Prüfstein'에 의해 자기 영혼이 시험받고 있음을 알아차린다. 알아보았다는 것 자체가 영혼의 높이를 말해준다.[36]

고귀한 경외감 vs. 노예적 허영심

가령 성스러운 물건이나 위대한 책을 보았을 때 어떤 태도를 취하는가가 그를 말해준다. 한편으로는 "차이가 증오를 낳"을 수

35) 《선악의 저편》, 262절.
36) 《선악의 저편》, 263절.

있다. 자기 안에서 어떤 "비열함이 갑자기 더러운 강물처럼 튀어오르는 것"을 느끼는 것이다. 그러나 다른 한편으로는 갑자기 "입이 다물어지고 시선을 머뭇거리며 모든 거동을 멈"춘다. '경외의 본능Instinkt der Ehrfurcht' 때문이다. "가장 존경할 만한 것이 다가오고 있음"을 느낀 것이다.[37)]

경외감은 고귀한 자의 감정이다. 고귀한 것, 좋은 것, 높은 것에 함부로 손을 대서는 안 되고, 그 앞에서는 신발을 벗어야 하며, 불결한 것을 멀리해야 한다는 것. 니체는 성스러운 감정이 생겨난다면 이미 "많은 것이 성취된 것"이라고 했다. 그리고 교양인보다는 민중에게서 이런 감정과 태도를 더 쉽게 찾아볼 수 있다고 했다. 그에 따르면 "교양인들, '현대적 이념'을 믿는 신봉자들"은 오히려 '부끄러움이 결여된' 자여서 고귀한 것, 좋은 것을 보면 "만져보고 핥아보고 쓰다듬는", 말하자면 "눈과 손이 후안무치한" 이들이다.[38)]

우리는 착각하지 말아야 한다. 부끄러움을 모르는 안하무인은 주인과 귀족, 강자와 아무 관련이 없다. 무례한 자유는 노예가 은밀히 갈망하는 것이다. 이 점에서 '귀족적 헌신'은 '노예적 자유'와 좋은 대비를 이룬다. 니체는 '프로방스 기사 시인'들의 '열정으로서 사랑Liebe als Passion'을 예로 든다. 그는 기사의 헌신적 사랑이 '고귀한 유래'를 갖고 있다고 말한다. '더 높은 것'을 향한 귀족들의 경외와 헌신, 열광을 잘 보여주기 때문이다.[39)]

귀족의 경외감과 대비되는 것이 노예의 '허영심Eitelkeit'이다.[40)] 귀족은 누군가가 자신이 갖고 있지 않거나 그럴 만한 자격이 없는 '좋은 평판'을 스스로에게 부여하고, 그렇다고 믿는 인간을 이해할 수 없다. 어떻게 갖고

37) 《선악의 저편》, 263절.

38) 《선악의 저편》, 263절.

39) 《선악의 저편》, 260절.

40) 《선악의 저편》, 261절.

있지 않은 것을 자랑할 수 있는가.

물론 귀족들도 자부심이 과해 스스로를 과대평가할 수 있다. 그리고 그들이 존경하고 사랑하는 사람이 자신에게 좋은 평가를 내리는 것을 기뻐할 수도 있다. 그러나 허영심과는 거리가 멀다. 이는 좋아하는 사람이 기뻐하는 것을 그들 자신이 좋아하기 때문이거나, 자기가 듣는 평판이 '나 스스로에 대한 믿음'을 강화해주기 때문일 수 있다. 또한 평판이 나에게 어떤 이로움을 약속해주기 때문일 수도 있다. 그러나 이 모든 것은 스스로 가치를 설정할 수 없기에 타인의 평가에 의존하는 것과는 아주 다른 이야기다. 고귀한 인간이라면 어떤 평판을 들었을 때 자신이 화폐처럼 세상에서 통용되는 흔한 인간이 된 것은 아닌지를 자문해보았을 것이다. 노예는 타인의 평가, 세상의 평가에 굴복하는 사람이다. 좋은 평판이든 나쁜 평판이든, 타인의 평가 앞에 무릎을 꿇는 사람은 노예이다. 니체에 따르면 허영심에 빠진 사람의 피 속에는 이 노예가 있다.[41]

'교양인'의 속물성도 아마 허영심과 그리 멀지 않을 것이다. 속물성 역시 자신의 것이 아닌 것으로 스스로를 위장하고 치장하려는 성향이기 때문이다. 니체에 따르면 교양은 격세유전한 노예적 혈통을 감추는 기술이다.[42] 귀족적인 것만큼이나 노예적인 것도 "썩은 피처럼 자식에게 확실히 옮아"간다. 교양은 위계와 차이들을 가리고 섞어버리는 기술이고, 노예적이고 천민적인 것을 가리는 기술이다. 앞서 표현을 빌리면, 교양인은 취향 없이 아무것이

41) 《선악의 저편》, 261절.

42) 《선악의 저편》, 264절.

나 만지고 핥고 쓰다듬는다. 교양인은 '자기 자신을 진실하게 드러낸다'는 말이 무슨 말인지를 모른다.

각자 빛나면서 함께 빛나는 귀족의 천체역학

반대로 귀족들은 자기 자신을 드러낸다. 타인의 평가가 아니라 자신의 평가를 드러내고, 세상 사람이 높이 평가하는 것이 아니라 자신이 높이 평가하는 것을 드러낸다. 자신의 독특성, 자신의 덕, 자신의 빛나는 부분을 경쟁적으로 표현하려 한다. 무엇보다도 자기를 중심에 둔다는 점에서 이들이야말로 참된 이기주의자이다.[43]

귀족은 더 좋은 것을 향한 '거리의 파토스', 더 높은 것을 알아보는 '위계의 본능', 더 고귀한 것에 대한 '경외심'을 가졌다. 그 덕분에 자기 안에서 좋은 것, 높은 것, 고귀한 것을 찾아내고 키우고 단련한다. 또한 자기 바깥에 있는 고귀한 존재를 알아보고 외경심을 갖는다. 이들은 자기 안의 강자를 존경하듯 자기 바깥의 강자를 존경한다.

이것이 니체가 말한 고귀한 자들의 '타고난 천체역학eingebornen himmlischen Mechanik'이다.[44] 마치 각각의 별들이 스스로 빛나면서 고유한 역학에 따라 다른 별들과 어울리듯 고귀한 자는 타인과 어울린다. "자기와 동등한 권리를 가진 사람이 있음을 인정"하고, "자신과 관계할 때와 동일한 부끄러움과 존경심"을 갖고서 또한 "섬세함과 자기절제를 갖고서" 자신과 "동등한 인간이나 동등한 권리를 가진 사람들" 사이에서 움직인다. 이들이 타인을 존경하고 상대의 권리를 존중하는 이유는 무엇보다 자기 자신

43)《선악의 저편》, 265절.
44)《선악의 저편》, 265절.

을 존중하기 때문이다. 존경과 권리를 이처럼 교환하는 것이 이들 교류의 본질이다.■

참고로 우리의 교류가 어떤 것이냐에 따라 우리 영혼에 일깨워지는 본능이 달라진다. 우리가 자주 만나는 사람, 자주 겪는 일, 일상 환경, 한마디로 우리가 속한 공동체가 내 영혼에서 가장 빨리 깨어나는 감각을 결정한다. 예컨대 화폐 문화가 만연한 사회에서 자란 사람은 어떤 사물을 접할 때 가장 먼저 돈에 대한 감각이 깨어난다. 이를테면 가격은 얼마일지, 어떻게 하면 돈을 벌 수 있을지를 먼저 생각하는 것이다. 그러므로 귀족공동체에서 자랐느냐, 노예공동체에서 자랐느냐에 따라 우리 영혼은 완전히 다른 재산목록을 갖는다.[48] 소중한 것과 무가치한 것, 고귀한 것과 저속한 것의 가치표가 다른 것이다. 그리고 그 가치표가 우리의 영혼이 얼마나 고귀한지를 보여준다.■■

■ '동등한 이를 향한 존경과 권리의 교환' 과 현대적 평등론(법 앞에서 만인의 평등)의 차이가 여기서 잘 드러난다. 니체는 독특한 존재, 고유한 덕에 대해서는 서로 다름에도 불구하고 그 자체를 존귀한 것으로 받아들인다(각각이 고유하다는 점에서 척도로 잴 수 없는 동등성이다). 그리고 보편성(척도)의 이름으로 이것들을 나약하고 병적인 것과 뒤섞는 것에 반대한다. 니체가 말하는 건강한 귀족제란 "각 개인이 서로 동등하게 행동하는 조직체"이며,[45] 여기서는 "자신과 대등한 사람에 대해서만 의무를 진다".[46] 니체는 감사와 답례, 보복, 복수도 대등한 존재들 사이에서만 정당하다고 보았다. "오랫동안 감사하고 복수할 수 있는 능력과 의무—이 두 가지는 오직 그와 대등한 자 안에서만 있을 수 있다."[47] 대등한 존재 사이에서 이루어진 감사와 보복만이, 노예의 도덕에서처럼 동정이나 원한이 되지 않고, 친구들의 우정이 된다.

■■ 니체는 호메로스가 트로이 사람과 그리스 사람을 모두 좋은 사람으로 그리고 있음을 언급하며, 그것이 공동체 덕분이라고 말한 바 있다.[49] 트로이 사람과 그리스 사람은 서로를 죽이고 해를 가했지만 양측 모두 훌륭했다. 이는 호메로스가 "선은 선한 사람들의 공동체에 유전"되며 "나쁜 사람이 아주 좋은 토양에서 성장한다는 것은 불가능"하다고 보았기 때문이다.

45)《선악의 저편》, 259절.
46)《선악의 저편》, 260절.
47)《선악의 저편》, 260절.
48)《선악의 저편》, 268절.
49)《인간적인 너무나 인간적인》 I , 45절.

04

심리학자의 우울
─고귀한 것의 몰락

공동체 경험을 잘 보여주는 것이 바로 '개념들Begriffe'이다. 니체에 따르면 "개념이란 자주 반복되며 서로 연결되어 나타나는 감각이나 감각군에 대한 확정된 영상기호(이미지기호, Bildzeichen)다".[50] 즉 개념은 체험이 일깨운 감각군에 대한 이미지인 셈이다. 따라서 개념을 이해하기 위해서는 동일한 말을 쓰는 것만으로 충분치 않다. 동일한 말에 비슷한 일련의 감각을 떠올릴 수 있어야 개념을 이해하는 것이다. 그러려면 공동의 생활, 유사한 체험의 반복이 있어야 한다. 동일한 언어를 쓰는 경우에도 "한 민족에 속한 사람들이 다른 민족에 속한 사람들보다 서로를 더 잘 이해하는 것"은 그 때문이다. 그리고 서로를 더 잘 이해할수록 사람들은 더 많은 것을 생략할 수 있다.*

생략과 단축의 과정은 '위험'에 직면했다고 생각할 때 더 빨라진다. 의견 일치의 필요를 더 강하게 느끼기 때문이다. 이런 상황에서 사람들은 이

50) 《선악의 저편》, 268절.

해하기 쉽지 않은 자, 오해를 불러일으킬 수 있는 자를 미워하기 마련이다.■■ 자신들과 공동의 체험을 나누지 않은 자, 공동으로 겪은 일을 다르게 감각한 자를 위험한 존재로 간주한다. 이처럼 "평균적이고 공통적인(비속한, gemein) 체험"을 강요하는 상황은 강자, 고귀한 자에게 매우 불리하다. 사람들로부터 고립되기 쉽고 재난을 당하기도 쉽다. 그 대신 평균적이고(평범하고) 무리 짓기를 좋아하는 자들이 번성하기 좋다.

현대사회에서 우리는 고귀한 것이 몰락하고 평균적이고 무리적인 것, 비속한 것이 승리했음을 보여주는 표시를 쉽게 발견한다. 오늘날 사람들은 "자신을 구하지 않는 사람", 즉 무리 속에 있고 무리를 위해 있는 사람만을 존경하며,[53] 무리 속에서 도드라지지 말 것을, 다시 말해 "마음을 작게 가질 것을" 가르친다. 일종의 '자기왜소화Selbstverkleinerung'가 일어난 것이다.[54]

■ 니체에 따르면 이것이 민족의 탄생이고 언어의 역사이다. 사람들이 오랜 시간 유사한 조건에서 함께 살다 보면, 체험의 공동성 덕분에 "서로를 이해"하는데, 이 상호 이해의 결과물이 민족이다. 말하자면 '민족'의 탄생은 '개념'의 탄생과 같다. 그리고 서로를 더 빨리 이해할 수 있게 되면서 사람들은 많은 것을 생략한 채 의미를 전달할 수 있다. 그래서 "언어의 역사는 단축 과정의 역사이다".[51]

■■ '오해에 갖는 공포'는 성급한 결합을 막아주는 수호신이기도 하다. 니체는 여자와 남자 사이에서 특히 그렇다고 말한다. " '영원한 오해'에 대한 공포: 이것은 다른 성性을 가진 인간들이 실로 자주 관능과 심정이 권하듯 너무 성급하게 결합하지 못하게 해주는 호의적인 수호신이다."[52]

51) 《선악의 저편》, 268절.

52) 《선악의 저편》, 268절.

53) 《선악의 저편》, 266절.

54) 《선악의 저편》, 267절.

화폐위조

어떤 심리학자가 이러한 과정을 지켜본다면 어떻게 될까(이 심리학자는 어쩌면 마지막 변신을 앞두고 '더 높은 인간들'을 맞이하는 차라투스트라일 수도 있고, 이 책을 통해 상당한 높이에 이른 사람들, 이제 산 정상을 눈앞에 둔 '우리'일 수도 있다). 만약 그가 "타고난 심리학자"이고 "영혼을 해명하는 자"라면 "연민 때문에 질식"하지 않을까.[55] "더 높은 인간, 낯선 기질을 가진 영혼이 파멸하고 몰락하는" 과정을 본다면 말이다. 그는 위계질서가 완전히 뒤바뀐 것, '커다란 경멸'과 '커다란 존경'이 뒤바뀐 것, 한마디로 '화폐위조Falschmünzerei'※가 행해진 것에 격분하여 스스로를 파괴하려 들지도 모른다. 따라서 그에게는 일종의 치료로서 침묵과 은둔, 망각이 필요하다.

'더 높은 인간들'의 최대 위험은 과도한 연민이다. 자신의 역량을 넘어서까지 남을 동정할 때 그들은 파멸하기 시작한다. 니체는 다양한 이름을 예로서 제시한다. "바이런, 뮈세, 포, 레오파르디, 클라이스트, 고골 등등 …… 순간을 사는 인간, 열광하며 관능적이고, 어린아이 같고 불신과 신뢰

※ 화폐는 그리스어로 '노미스마nomisma'인데, 법률을 뜻하는 '노모스nomos'와 같은 뿌리에서 나온 말이다. 흥미롭게도 그리스 견유주의자 디오게네스는 델포이 신전에서 '화폐를 위조하라'라는 신탁을 받은 것으로 유명하다. 신탁은 화폐의 액면에 적힌 가짜 가치를 지우고 진짜 가치를 새기라는 뜻이기도 하고(즉 문명적이고 인위적인 것을 지우고 자연(본성)적인 것을 추구하라는 뜻), 사회적 규범과 질서를 전도하라는 뜻이기도 했다. 니체 역시 '화폐위조'라는 말을 몇 차례 사용했는데 표면적으로는 디오게네스의 신탁과 반대의 부정적 의미를 갖는다. '화폐위조'란 참된 가치가 전도되었음을 가리키는 말이다. 하지만 따져보면 말하려는 바는 디오게네스의 경우와 다르지 않다. 니체의 말 역시 가치전도된 것을 다시 전도해야 한다는 주장을 담았기 때문이다. 참고로 니체의 저술에는 디오게네스를 연상시키는 장면이 몇 있는데, 대표적으로 《즐거운 지식》에 등장하는 광인의 모습이다.[56] 광인은 대낮에 등불을 들고 시장을 돌아다니며 "나는 신을 찾고 있노라!"라고 외친다. 이 모습은 역시 대낮에 등불을 들고 다니며 "나는 인간을 찾고 있노라"라고 외쳤던 디오게네스를 무척 닮았다.

55) 《선악의 저편》, 269절.
56) 《즐거운 지식》, 125절.

에서 경솔하고 당돌한" 인간이 그렇다. 이들은 때로는 "자신의 작품으로 내적인 오욕에 복수"했고, 때로는 "영혼을 비상시켜 너무나 정확한 기억을 잊어버리려" 했으며, 때로는 "진흙탕 속을 헤매다가 거기 탐닉해서는 끝내 늪 언저리의 도깨비불처럼 되었는데도 스스로는 별이 되었다고 착각"했다. 오랜 역겨움과 싸웠지만 이 과정에서 '반복해 찾아오는 불신의 유령' 때문에 차가워지고, 지지자들의 열광을 갈구했다. 즉 이 과정에서 '자기 자신에 대한 믿음Glauben an sich'을 상실했다. 이렇게 그들은 몰락한다.[57)]

이런 인간을 사람들은 '이상주의자'라고 부른다. 그런데 니체가 보기에 이들은 "고통의 세계에 대한 투시력을 지녔지만 유감스럽게도 자기 힘을 넘어서까지 도움과 구원을 주려 했던", 감당할 수 없는 동정의 희생자이다. 말하자면 "사랑으로 모든 것을 해낼 수 있다고 믿는 여성들"처럼 순진했다.[58)]

니체가 보기에 그 누구보다 예수가 그랬다. 사랑의 무제한적 힘을 믿었던 인물이고, 끝없는 연민과 헌신의 희생자였다. 그는 사랑을 제대로 알았어야 했다. 사랑은 제아무리 훌륭하고 깊은 것일 때조차 사람을 어리석고 무력하고 불손하게 만들며, 쉽게 잘못을 저지르게 하고, 구원하는 것 이상으로 파괴한다는 것을 말이다. 그러나 예수는 "사랑에 싫증내지 않고 만족할 줄도 몰랐던" 인간이었다. 니체는 예수야말로 "'사랑에 대한 앎의 순교Martyrium des Wissens um die Liebe'의 가장 고통스러운 사례"라 말한다. 사랑 앞에 인식이 죽은 것이다. 니체에 따르면 예수는 '인간적 사랑'이

57) 《선악의 저편》, 269절.
58) 《선악의 저편》, 269절.

무엇인지를 나중에 깨달았다. 그때 그는 "'인간적 사랑'의 보잘것없음을 알아채고 '완전한 사랑'으로서 '신'을 고안해야 했다". 인간적 사랑의 정체를 알고, 딱하게 여긴 그는 결국 "죽음을 찾았다".[59]

고귀한 자는 가면을 쓴다

이를 지켜본 심리학자는 물을 것이다. 꼭 그래야만 했는가. "왜 그렇게 고통스러운 일에 매달리는가? 가령, 그럴 필요가 없다면 말이다."[60] 물론 깊은 고통을 겪어보았다는 것은 고귀함의 표시다. "깊은 고통은 사람을 고귀하게 만든다." 니체는 "얼마나 깊이 고통스러워할 수 있는가에 따라 위계질서를 정할" 수도 있다고 말한다.[61] 고귀한 자는 누구보다 자부심이 높기에 역겨운 것 앞에서 누구보다 깊은 고통을 맛보고 누구보다 큰 구토감을 느낀다. 그러나 바로 그렇기 때문에 이들은 자신을 보호할 수 있어야 한다.

고귀한 자들은 그래서 '가면'을 쓴다. 사람들의 오해를 오히려 이용한다. 이들은 깊은 고통을 지녔지만 "명랑하다고 오해받기 때문에, 명랑함을 이용하는 '좀 더 명랑한 인간'"이고, "학문이 명랑한 외관을 주기 때문에 그리고 학문이 인간이란 피상적이다(천박하다, oberflächlich)라는 결론을 가능케 하기에, 학문을 이용하는 '학문적 인간'"이다. 고귀한 자들은 때로 뻔뻔한 정신을 가면으로 쓰기도 하고 심지어 어리석음까지도 이용한다.[62]

그러나 우리는 이들을 식별할 수 있다. 니체는 '고귀함'을 식별할 몇 가지 표식을 제시한다. "고귀함의 표시: 우리의 의무를 모든 사람에 대한 의

59) 《선악의 저편》, 269절.
60) 《선악의 저편》, 269절.
61) 《선악의 저편》, 270절.
62) 《선악의 저편》, 270절.

무로까지 끌어내리려는 생각을 하지 않는 것. 자기 자신의 책임을 양도하려 하거나 분담하려 하지 않는 것. 자신의 특권과 그것의 행사를 자신의 의무들 중에서 생각하는 것."[63]

가면을 썼다 해서 고귀한 자들이 위생관념을 잃은 것은 아니다. 임신부가 그렇듯이 이들은 가면을 썼지만 좋은 것과 나쁜 것을 가리는 데 철저하다. 니체에 따르면 고귀한 자들은 청결이나 위생에 매우 예민한 본능을※ 갖는다.[65] 그들은 모든 인간을 구원한다는 생각, 모든 도덕을 긍정한다는 생각을 하지 않는다. 고귀한 인간은 자신이 만나는 인간을 '발판'으로 여기거나 '장애물'로 여긴다. 그것도 아니라면 잠시 쉴 수 있는 '침대'로 여긴다. 그는 이로운 것과 해로운 것을 식별할 줄 안다. 하지만 위생본능 때문에 고독할 수밖에 없기도 하다. 고귀한 자에게는 위대함에 이를 때까지 가면을 쓸 수밖에 없으며 "언제나 희극을 연출하도록 운명 지어져 있다"라는 의식이 있다(여기에 성급함이 더해지면 모든 교제가 망가진다). 이런 인간은 고독이 자신의 운명이라는 것도 알며, 고독의 독성이 얼마나 강한지도 알 것이다.[66]

63) 《선악의 저편》, 272절.
64) 《안티크리스트》, 21절.
65) 《선악의 저편》, 271절.
66) 《선악의 저편》, 273절.

※ 니체는 《안티크리스트》에서도 위생에 대한 기독교의 무지 내지 무감각을 지적한 바 있다. "이 종교에서는 육체가 경멸된다. 위생은 육체적인 것이라 하여 거부된다; 교회는 위생에 저항하기까지 한다(—무어인들을 추방한 후, 기독교가 맨 먼저 한 조치는 코르도바에만도 270개나 있었던 공중목욕탕을 폐쇄한 일이다)."[64]

05

고귀한 자여,
그대에게 무슨 일이 일어났는가

도대체 언제 고귀한 자는 고독한 은둔의 시간에서 벗어나는가. 언제 자신의 '때'를 맞이하는가. 불행히도 '때'는 좀처럼 오지 않으며 종종 "너무 늦게" 온다.[67] '때'는 "행동하기 위한 최상의 청춘과 힘을 이미 다 써버린" 후에, '벌떡 일어났지만', 자신의 "사지가 마비되고 정신이 너무 무거워졌음"을 알게 되었을 때, 한마디로 "너무 늦었다Es ist zu spät"라고 탄식할 때 오기도 한다. 천재는 드물지 않게 나타날 수 있지만, '올바른 때kairos'에 나타나는 것은 너무 드문 일이다.■

고귀한 자에게는 그야말로 모든 것이 불리해 보인다. 그는 사람들에게서 자주 고립되며 생존 조건 역시 자주 위협받는다. 심지어 "상해나 손해를 입었을 때, …… 생존 조건이 복잡하기 때문에 재난을 당하고 파멸할

■ "천재란 어쩌면 그렇게 드문 것은 아니리라: 그러나 드문 것은 '올바른 때'—를 마음대로 지배하기 위해, 우연의 앞 머리털을 잡기 위해, 필요한 500개의 손이다!"[68]

67) 《선악의 저편》, 274절.

68) 《선악의 저편》, 274절.

개연성이 크다". 손상된 부분은 쉽게 재생되지 않는다. "도마뱀의 경우에는 없어진 꼬리가 다시 자라나지만 인간의 경우에는 그렇게 되지 않는" 것처럼 말이다.[69] 그리고 이어지는 또 한 번의 탄식! 고귀한 자에게는 깨달음이 종종 너무 늦게 찾아온다. 마치 "건축을 시작하기 전에 꼭 알았어야 할 것을 집을 완성했을 때 문득 깨닫는" 것과 같다. "영원히 싫은 말, '너무 늦었다!' — 끝나버린 모든 것에 대한 우울!"[70] 고귀한 것에 관한 이야기는 옛 귀족의 이야기로 이제 다 끝나버린 것일까.

건강을 회복한 자 1 — 변신

278절에서 놀라운 변화가 나타난다. "방랑자여, 그대는 누구인가?"[71] 그를 쭉 지켜본 듯한 누군가의 음성이 울려 퍼진다. 아마 최후의 유혹자이리라. 그는 탄식하던 우리의 방랑자를 가엾게 여기는 목소리로 묻는다. 도대체 그대는 저 심연 아래서 무엇을 찾았는가. 구토를 감추고 가까스로 무언가를 잡으러 걸어가는 너는 누구인가. 이제 여기서 방랑을 멈추고 쉬어라. 여기서 네 기운을 회복하라. 내가 가진 것을 너에게 주겠다.

여기서 놀라운 일이 벌어진다. 방랑자의 목소리가 뜻밖에 너무나 밝다. 유혹자의 동정에 웃음을 터뜨리듯 내꾸한다. "오 그대, 호기심 많은 이여, 당신은 거기서 무엇을 말하고 있는 건가. 뭘 주겠다고? 그럼 …… 또 하나의 가면을 다오! 두 번째 가면을!"[72] 고

69) 《선악의 저편》, 276절.

70) 《선악의 저편》, 277절.

71) 《선악의 저편》, 278절.

72) 《선악의 저편》, 278절.

독한 은둔자에게 무슨 일이 일어났음에 틀림없다.■ 그는 자부심만큼이나 깊은 고통을 아는 사람이지만, 이제는 더 이상 우울한 사람이 아니며, '행복이 달아날까' 두려워하며 서툴게 행동하는 사람도 아니다.[74] 그는 머지않아 '황금의 웃음'을 터뜨릴 것 같다.[75]

처음에 방랑자는 생존을 위해 침묵과 가면, 은둔을 처방받은 사람이었다. 그러나 니체는 이제 그의 은둔이 회피와 도망이 아니라는 점을 분명히 한다. 은둔은 마치 "위대한 도약을 하려는 사람이 뒤로 물러서는 것"과 같다.[76] 말하자면 높이 뛰고 멀리 뛰기 위해 도움닫기 거리를 확보하는 중이다. 그에게 어떤 변화가 일어났음에 틀림없다. '불신'에 대해서도 그렇다. 이제 방랑자 자신이 "아주 드문 경우에만, 그것도 강제적으로만 자신에 대해 나쁘게 생각"해왔다는 점을 믿어달라 청한다. 그리고 자신에게 내재한 "인식 가능성에 대한 억제할 수 없는 불신" 덕분에, 이를테면 철학자들의 '직접적 인식unmittelbare Erkenntniss'이라는 말이 형용모순임을 느낄 수 있었다고 말한다.■■ 그는 어쩌면 '불신'에 인간이라는 '종'의 정체를 드러내는 '수수께끼'가 들었을지 모른다고 이야기한다.[78] 확정적인 것에 품는 불신

■ 이 글을 쓸 당시 집필한《인간적인 너무나 인간적인》2권에 덧붙인 서문(1886년 9월)에서 니체는 이렇게 말했다. "당시 나는 처음으로 가장 과묵한 사람, 가장 깊이 고뇌하는 사람만이 통달하는 은둔자 같은 말투를 배웠다: 침묵 때문에 고통받지 않기 위해 증인도 없이 아니 오히려 증인에 대해서는 무관심한 채 말했다." 니체는 이러한 방황과 탐구 속에서 "최소한 삶, 모든 조야한 욕망의 사슬로부터의 해방, 모든 종류의 외적 불리함 가운데서의 독립, 이러한 불리함 속에서도 살 수 있다는 긍지"를 가졌고, 염세적인 것조차 활용할 수 있는 강한 정신을 갖게 되었다고 말했다.[73] 참고로 '방랑자'와의 대화 형식은《인간적인 너무나 인간적인》2권,《즐거운 지식》,《차라투스트라》등에도 나온다.

■■ 니체는 앞서《선악의 저편》16절에서 '직접적 인식' 내지 '직접적 확실성'의 형용모순을 상세히 언급한 바 있다.[77]

73) 《인간적인 너무나 인간적인》 II, 서문, 5절.

74) 《선악의 저편》, 279절.

75) 《선악의 저편》, 294절.

76) 《선악의 저편》, 280절.

77) 《선악의 저편》, 16절.

78) 《선악의 저편》, 281절.

과 반감은 어떤 가능성을 향한 자신의 믿음을 표현한 것일 수 있다는 말이다. 즉 여기서 그는 '불신'조차 자기 자신에 대한 '믿음'으로 전환하고 있다.

건강을 회복한 자 2 – 임신

니체는 282절에서 앞서의 음성(유혹자의 음성)을 다시 끌어들인다. "그런데 네게 무슨 일이 일어난 것인가?" 그러자 방랑자는 답한다. "내 식탁 위로 하르피아들Harpyien이 날아간 것 같아." 하르피아는 여성의 얼굴을 한 새 괴물이다. 니체는 제7장에서 이미 '여성'을 '새'에 비유한 적이 있다. 남성(철학자)의 과제는 저 위에서 날아온 새, 즉 여성(진리)을 어떻게 다루느냐에 달려 있었다. 우리의 방랑자에게도 새가 날아온 것이다.

방랑자는 갑자기 딴사람이 된 듯 행동한다. "얌전하고 절도 있으며 조심스러워하는 사람이 갑자기 미친 듯이 접시를 때려 부수고, 식탁을 뒤집어엎고 고함을 지르고 미쳐 날뛰고 주변의 모든 사람에게 모욕을 주고 – 결국에는 부끄러워하면서 자신에 대해 분노하면서 그것을 떠나는 일, 이런 일은 오늘날 때때로 일어난다." 그는 좀처럼 식탁에서 자신의 음식을 찾지 못한다. 그는 구토를 해댄다.[79)]

이런 이상한 행위는 무엇을 말해주는가. 그것들은 틀림없는 '임신'의 징표이다. 니체는 《서광》에서 철학자의 권리를 임신부

79) 《선악의 저편》, 282절.

의 권리에 비유했다. 임신한 이는 원래 기묘한 법이기에, 자기 안에 생명을 키우는 자("생성하는 자")에 갖는 외경심 측면에서 그들을 이해하고 또 존중해야 한다고 했다.※ 임신이라는 관점에서 보면 방랑자의 기묘한 행동을 충분히 이해할 수 있다. 구토 역시 마찬가지다. 이는 앞서 살핀 '역겨운 것에 대한 혐오'와는 다르다. "좀처럼 식탁에서 자신의 음식을 찾지 못하는" 임신부의 입덧임에 틀림없다. 그는 자기 안의 고귀한 존재를 느끼는 것이다.

이제 방랑자는 충분히 강해졌다. 다른 이의 칭찬에 기대어 살지 않는 그는 우울함도 없이 기꺼이 고독을 택할 것이다.[81] 그러나 또한 사람들 사이에 자신을 내맡기며, 심지어 어리석음 속에서도 그리고 반대하는 것 속에서도, "말을 타고 때로는 당나귀를 타듯" 편히 어울릴 줄 안다. 자신을 쉽게 드러내지 않도록 가면으로서 "300개의 전경Vordergründe을 가졌고 (눈 안을 가리는) 검정 안경 또한 가졌다".[82] 어리석음도, 열정도, 예의도 이용할 줄 안다. 이제 그는 저속한 공동체 속에서 자신의 청결을 유지하며 함께 어울릴 정도로 강해졌다.

즐거운 지식gai saber—번개 가까이

좀처럼 오지 않는 '때'를 한탄하던 사람은 사라졌다. 이제 '때'가 '너무 늦다'는 말은 한탄이 아니다. 그는 자신의 '때'가 '늦게 온다'는 것을 자랑

※ "임신한 사람들은 기묘하다wunderlich! 따라서 우리도 기묘한 존재가 되자. 그리고 타인이 그렇게 기묘할 수밖에 없다고 해도 그들을 비난하지 말자!" 80)

80) 《서광》, 552절.

81) 《선악의 저편》, 283절.

82) 《선악의 저편》, 284절.

스럽게 말한다. "가장 위대한 사건과 사상은—그러나 가장 위대한 사상이 가장 위대한 사건이다—가장 늦게 이해된다. …… 가장 멀리 떨어진 별빛이 인간에게 가장 늦게 이른다." 시대로부터 멀리 떨어진 사상이 늦게 도착하는 것은 당연하지 않은가. "'하나의 정신이 이해되는 데 몇 세기가 필요한 것일까?'—이것 역시 정신과 별에게 필요한 위계질서와 예법을 만들어내기 위한 척도인 것이다."[83] 바꾸어 말하면 우리 시대와 멀리 떨어진 사상일수록 우리 시대를 크게 바꾸어놓을 것이며, 또한 그만큼 위대한 것이다.

철학자는 자신의 때가 "너무 늦게 온다"는 말을 자신이 "너무 일찍 왔다"는 말로 바꾸어 쓸 수도 있다. 동시대인에게 이해되지 않는다는 것은 결코 나쁜 일이 아니다. 우리의 방랑자는 아주 높은 곳에 이르렀다. "여기에서는 전망이 트이고 정신은 고양된다."[84] 니체는 이 문장을 괴테의 《파우스트》의 끝부분에서 따왔다. 높고 경건한 동굴에서 마리아누스Marianus 박사가 천상의 여왕인 마리아를 찬양하면서 한 말이다. 우리의 방랑자, 우리의 은둔자는 마리아누스 박사와는 반대편을 본다. 그는 오히려 "아래를 내려다보는 반대 부류의 인간"이다. 천상에서 오는 구원이 아니라, 인간 안에 있는 '최대의 가능성'을 믿는다. 즉 그는 인간의 자기극복을 원한다. 구원은 초월적인 신으로부터 오는 게 아니다.

83) 《선악의 저편》, 285절.

84) 《선악의 저편》, 286절.

우리, 다른 신앙을 가진 자들

고귀함이란 무엇인가. 287절에서 니체는 제9장의 제목이기도 한 질문을 던진다. 우리는 고귀한 인간을 무엇으로 식별할 수 있는가. 니체는 272절에서 고귀한 인간의 행동에서 엿볼 수 있는 몇 가지 표식을 말했다. 하지만 엄밀히 말해 고귀함을 입증하는 것은 '행위' 자체가 아니다. 행위는 너무 다의적이기 때문이다. 고귀한 열망을 담은 '작품'도 아니다. 왜냐하면 열망 자체가 작가 자신이 아직 그것을 갖추지 못했다는 표시이기 때문이다. 그렇다면 고귀한 인간, 고귀함의 순위를 정하는 것은 무엇인가.

니체는 '믿음(신앙, Glauber)'이라고 단도직입적으로 말한다. 유일신도, 마리아('영원히-여성적인 것')도 우리를 구원하지 않는다. 우리는 다른 신앙을 가져야 한다. 이미 니체는 제5장에서 새롭게 도래하는 자들의 이름을 '우리, 다른 신앙을 가진 자들Wir, die wir eines andren Glaubens sind'이라 부른 바 있다.[85] 유일신도 마리아도 아니라면 누구인가. 그것은 바로 '자기 자신에 대한 믿음'이다. "고귀한 영혼이 자기 자신에 대해 가진 근본확신이며, 찾아 나설 수 없고 발견할 수도 없으며, 어쩌면 잃어버릴 수도 없는 그 무엇이다.-**고귀한 영혼은 자기 자신에 대한 경외심Ehrfurcht vor sich을 갖고 있다.**"[86] 고귀한 인간은 자기 안에 자기를 극복하는 힘이 있다는 것을 믿는다.

다만 우리의 방랑자는 은둔자이고, 아직 '도래하는 철학자'가 아니다("철학자란 언제나 우선 은둔자였다고 가정하고"[87]). 그는 아직 자신을 적극적으로 드러내지 않는다. 무척 조심스러워한다. 아직은 그에게 "모든 사람

85) 《선악의 저편》, 203절.
86) 《선악의 저편》, 287절.
87) 《선악의 저편》, 289절.

에게 내뿜는 찬 기운"이 남아 있다. 그는 자신의 정신을 가능한 오래 숨기려 한다.▩ 어리석어 보이기 위해 '열광Begeisterung'을 활용하기도 한다.[89] 철학자는 책을 쓰지만 '최종 생각'을 표현하기 위한 것이 아니다. 혹시 그는 "자기 안에 숨겨진 것을 감추기 위해 책을 쓰는 것이 아닐까?" "모든 근거들의 배후에, '모든 근거를 마련하는 작업' 아래 하나의 심연이 있는 게 아닐까?" 은둔자는 이렇게 판단한다. "모든 철학은 하나의 철학을 숨기고 있다. 모든 생각도 하나의 은신처이고, 모든 말도 하나의 가면이다."[90]

방랑자는 철학자들이 자의적으로 멈춘 곳, "더 이상 파고들어가지 않고 삽을 내던져버린" 곳에서 더 나아가려 한다. 그에게는 두려움만큼이나 억누를 수 없는 호기심이 있기 때문이다. 게다가 인간은 "몇 겹으로 기만적이고 기교적이며 불투명"하고, '대담한 기만'과 창조에 능한 '예술적' 존재가 아닌가.[91] 한편으로는 인식자로서, 한편으로는 예술가로서 그는 저 수직갱도에서 삶의 '황금알'을 찾아올지도 모른다.

그러고는 292절에서 우리는 드디어 우리의 방랑자, 우리의 은둔자가 진정한 철학자가 되었음을 본다. "철학자란 끊임없이 이상한 일들을 체험하고 보고 듣고 의심하고 희망하고 꿈꾸는 인간

▩ 은둔자가 자신을 감추는 것은 배려 때문일 수도 있다. "깊이 있는 사상가는 모두 오해받기보다 이해되는 것을 두려워한다." 오해받는 것이 괴롭다면 허영심에 빠진 자겠지만 이해되는 것이 괴로운 것은 사람들에 갖는 '마음Herz'과 '공감Mitgefühl' 때문이다. 즉 그는 사람들에게 자신의 과제와 같은 힘든 일을 떠맡는 고통을 주고 싶지 않은 것이다.[88]

88) 《선악의 저편》, 290절.
89) 《선악의 저편》, 288절.
90) 《선악의 저편》, 289절.
91) 《선악의 저편》, 291절.

이다. 그는 자기 자신의 사상에 의해 밖이나 위나 아래서도, 그리고 또한 자기에게 독특한 사건이나 번갯불에 얻어맞는다. 그 자신은 아마 새로운 번개를 잉태하는 뇌우인 것이다. …… 철학자: 아, 때로는 자기에게서 도망치고, 때로는 자기 자신에 대해 두려움을 가진 존재－그러나 너무나 호기심이 강해, 언제나 다시 '자기 자신에게 돌아오는' 존재…."[92]

철학자, 그는 저 높은 산에서 번개를 맞는 나무이자 스스로 새로운 번개를 잉태하고 있는 구름이다. 그는 번개를 맞기도 하고 번개를 낳기도 한다. 무엇보다 엄청난 긴장을, 엄청난 폭발력을 품고 있는 다이너마이트다. 그의 가슴과 목에는 하나의 부적이 걸려 있다. '가이 사베르gai saber', 즉 '즐거운 지식'이라고 하는 부적이.[93]

06

철학하는 신
—디오니소스와 아리아드네

359 우리는 《선악의 저편》 맨 마지막에 와서 드디어 가장 높은 곳, 신들의 세계(올림포스)에 이르렀다. 그런데 이 신들은 동정과 연민의 신(기독교적 신)이 아니라, '황금의 웃음'을 터뜨리는 신들이고, "신성한 행위를 할 때조차 웃음을 멈출 수 없는" 존재들이다.[94) ■]

우리 안에 있는 천재, 우리 안에 있는 신, 그들은 철학자다. 그 누구보다 우리 '마음의 천재Genie des Herzens', '유혹자—신Versucher-Gott', 영혼의 지하 세계Unterwelt까지 내려가는 목소리를 가진 신, 즉 디오니소스를 여기서 만난다. 니체는 앞서 '악순환인 신'으로 슬쩍 고개를 내비쳤던 '철학자—신'을 정식으로 소개한다.

92) 《선악의 저편》, 292절.

93) 《선악의 저편》, 293절.

94) 《선악의 저편》, 294절.

95) 《선악의 저편》, 294절.

■ "나는 그 웃음의 등급에 따라—황금의 웃음을 웃을 수 있는 사람들에 이르기까지—심지어 철학자들의 순위가 있음을 인정하고 싶다."[95)]

"이 정신은 언제나 다시 나타나는 디오니소스 신"이다. 그리고 자신을 디오니소스의 사도로서 소개한다. "나는 디오니소스 신의 마지막 제자이자 정통한 자이다."[96)]

니체가 디오니소스를 '철학하는 신'으로 부른 데에서 철학과 철학자에 대한 그의 생각이 잘 나타난다. 앞서 그는 철학자를 "끊임없이 이상한 일들을 체험하고 보고 듣고 의심하고 희망하고 꿈꾸는 인간"이라고 했다. 즉 철학자란 규칙이나 규범의 전파자가 아니라 그것의 기이함을 드러내는 자이고, 금지된 것 안에서 무언가 귀중한 것이 있음을 알아차리는 예민한 후각의 소유자이다. 디오니소스가 철학자라는 것은, 한 발 더 나아가 신들이 철학자라고 하는 것은, 우리의 규범과 규칙, 율법, 상식이 깨져 나가는 곳에서 '신적인 것'을 우리가 경험하기 때문일 것이다. "당연히 반쯤 낮은 목소리로 말해야 할 것이다: 왜냐하면 여기서 문제가 되고 있는 것은 여러 가지 은밀한 것Heimliches, 새로운 것Neues, 낯선 것Fremdes, 기이한 것Wunderliches, 섬뜩한 것Unheimliches에 관한 것이기 때문이다. 디오니소스가 철학자라는 것 그리고 다른 신들도 역시 철학자라는 것은 새로운 주장인 것 같다. 여기에는 어떤 악의가 없지는 않으며, 철학자들은 아마도 이를 믿지 않을 것 같다."[97)]

신이 철학한다는 말이 논란을 불러올 수 있음을 잘 알지만, 니체는 디오니소스가 통상적으로 사람들이 생각하는 그런 신보다 훨씬 멀리 나아갔다고 했다. 디오니소스 신은 훌륭한 철학자의 덕목인 "탐구자이자 발견자로서의 용기, 대담한 정직성과 진실성, 지혜에 대한 사랑"의 신이다. 물론 니체에 따르면 디오니소스 신은 이런 반짝거리는 장신구들을 받지 않을 것

96)《선악의 저편》, 295절.
97)《선악의 저편》, 295절.

이다. 그 신은 그런 것들로 자신을 가리는 것을 좋아하지 않는다. 그래서 이렇게 말한다. "나 자신의 벌거벗은 모습을 감출 이유가 없다!" 이 말은 한편으로 앎을 자신을 은폐하는 치장으로 쓰지 않는다는 뜻이지만, 다른 한편으로는 그에게 '부끄러움' 내지 '수줍음'이 없다는 뜻이기도 하다. 말하자면 그에게는 '여성'이 없다. 그에게는 '임신', '무르익음'이 없고 '출산'이 없다. 이것은 그에게 피앙세, 즉 사랑하는 여인이 필요하다는 뜻이기도 하다.

디오니소스는 언제나 영원회귀하는 신이지만 아무와 사랑을 나누는 신은 아니다. 니체는 "나 자신의 벌거벗은 모습을 감출 이유가 없다"라는 디오니소스의 말을 전한 뒤 다음 말도 전한다. "나는 상황들에 따라 인간들을 사랑한다.—이때 그 신은 그 자리에 있던 아리아드네를 넌지시 암시했다." 즉 디오니소스는 "어떤 미궁에서도 여전히 가야 할 올바른 길을 찾아낸", "유쾌하고 용기 있고 창의적인 동물"로서의 인간을 사랑한다고 말한다.[98]

더 강하게, 더 악하게, 더 깊게, 하지만 더 아름답게!

디오니소스는 어떻게 인간을 사랑하는가. 철학하는 신은 인간에게 어떻게 호의를 표현하는가. 디오니소스는 말한다. "나는 인간에게 호의를 가지고 있다. 나는 종종 현재의 그보다 어떻게 하면 그를 앞으로 진전시키고, 그를 좀 더 강하게, 좀 더 악하게, 좀 더 깊이 있게 만들 것인가를 숙고하곤 한다." 그러고는 다시 확인

98)《선악의 저편》, 295절.

더 강하게
약하게,
깊게,
하지만
더 아름답게!

한다. "그렇다. 더 강하게stärker, 더 악하게böser, 더 깊게tiefer [하지만] 또한 더 아름답게schöner." 그런데 이것은 마치 디오니소스의 프러포즈로 들린다. 나의 연인이 된다면 나는 너를 "더 강하게, 더 악하게, 더 깊게 또한 더 아름답게" 만들어주겠다는 약속!

확실히 이 '철학자-신'은 '유혹자-신'이기도 하다. 실제로 니체는 디오니소스가 "유혹하는 멘트bezaubernde Artigkeit라도 던진 것처럼 온화한 미소를 지으며 웃었다"라고 했다. 왜 그는 인간을 유혹하는가. 니체는 "몇 가지 점에서 신들도 인간들에게 배울" 것이 있다고 말한다. 그러면서 덧붙였다. "우리는 인간들이다-(그리고) 더 인간적이다…."[99] 한마디로 '인간적인 것'에는 신이 갖지 못한 것이 있다는 뜻이다. 디오니소스 신이 갖지 못한 '인간적인 것'이란 무엇인가. 나는 그것을 앞서 말했듯이 '임신'과 '출산' 능력, 곧 '여성'이라 생각한다. '철학자-신'은 '철학자-인간'과 결혼하고 싶은 것이다. 그래서 '철학자-인간'을 통해 아이를 낳고 싶어 한다.

나는 여기서 이 책 서문의 첫 문장과 반대되는 대담한 가정을 해보고 싶다. '진리가 여자라면….' 니체는 그렇게 가정했다. 나는 이런 가정을 하고 싶다. '철학자가 여자라면….' 왜냐하면 '철학자-신', '철학자-남성'은 아이를 낳게 할 수는 있지만 아이를 낳을 수는 없기 때문이다. 신은 임신하지 못하고 신은 출산하지 못한다. '철학자-디오니소스'와는 다른 형상의 철학자로서 '철학자-아리아드네'가 존재한다. 메시아의 도래와 선지자의 다가

99) 《선악의 저편》, 295절.

감, 낳게 하는 신과 낳는 인간, 디오니소스와 아리아드네. 철학은 두 가지 형상을 함께 품고 있다.

철학자는 디오니소스를 만나야 하지만 그 전에 아리아드네가 되어야 한다. 아리아드네가 되지 않고서는 미궁에서 길을 찾을 수 없고, 아리아드네의 작은 귀를 갖지 않고서는 디오니소스의 음성을 들을 수 없으며, 아리아드네가 되지 않고서는 디오니소스의 아이를 가질 수 없다.※ 반대로 말해 아리아드네처럼 용감하고 지혜롭고 섬세하다면 우리는 디오니소스에게 가는 길을 잃어버리지 않을 것이다. 우리는 우리 자신을 믿어야 한다. 우리의 본성, 우리 안에 있는 가능성, 우리 안에 있는 여성을.

추신 – 말과 글로는 향기를 잡을 수 없다

이 책은 여기까지였다. 그런데 니체는 《선악의 저편》의 출판인인 나우만G. Naumann에게 편지를 보낸다.[101] "지금 제4장의 맨 처음에 둔, 숫자 없이 세 개의 별표를 붙여놓은 토막글("아, 그대들은 도대체 무엇이란 말인가 등등")을 제9장의 맨 마지막으로, 그러니까 이 책의 끝으로 자리를 옮겨야 합니다. 별표는 지우고 마지막 번호를 매겨주세요." 즉 이 책의 마지막 소절인

※ 니체는 《디오니소스 찬가》 중 〈아리아드네의 탄식〉에서 둘의 사랑을 길게 노래했다. 처음에 아리아드네는 디오니소스라는 '미지의 신'을, 자신에게 화살을 쏜 '구름 뒤의 사냥꾼', '고문가', '약탈자' 등으로 부른다. 처음에 그녀는 두려움과 고통을 느낀다. 하지만 이내 곧 그와 사랑에 빠지고 나중에는 사랑을 나눈 뒤 떠나는 디오니소스를 갈구한다. 그때 디오니소스가 답한다. "현명해라, 아리아드네여!/너는 작은 귀를 가졌으며, 너는 내 귀를 갖고 있느니/그 안에 현명한 말을 하나 넣으라!/사람은 자신이 사랑해야만 하는 것을 먼저 미워해서는 안 된다!/나는 너의 미궁이다." 100)

100) 《디오니소스 찬가》, 아리아드네의 탄식.

101) 라이프치히의 콘스탄틴 게오르크 나우만Constantin Georg Naumann에게 보낸 편지(1883. 6. 13.).

296절은 원래 구성상 제4장에 있던 것인데, 맨 뒤로 돌린 것이다. 책의 마무리로 이 소절이 적합하다고 생각했기 때문일 것이다.

니체는 무슨 생각을 했던 것일까. 마지막 소절에서 그는 자신이 "기록하고 그려낸 사상"이 벌써 "참신함을 잃어버렸고", "그 가운데 몇몇은 두렵게도 진리가 되어가고 있다"고 말한다. "우리가 도대체 어떤 것들을 기록하고 그린다는 말인가, 중국 붓을 사용하는 중국 관리Mandarinen인 우리, 기록할 수 있는 사물들이 영원히 전해지게 만드는 자인 우리, 우리가 오로지 그릴 수 있는 것이란 도대체 무엇이란 말인가? 아, 언제나 막 시들어가려 하고 향기를 잃어가기 시작하는 것뿐이다! …… 그대들 내가 기록하고 그려낸 사상들이여, 오직 그대들의 오후만을 위해 나는 색깔을, 아마 많은 색과 많은 다채로운 애정을, 50가지 정도의 황색, 갈색, 녹색, 적색을 가지고 있다:—그러나 그 누구도 그대들이 아침에 어떤 모습을 하고 있었는지 알아낼 수 있는 사람은 없다. 나의 고독에서 갑자기 나타난 불꽃과 기적이여, 그대 나의 오래되고 사랑스러운—나쁜 사상들이여!"[102)]

철학은, 사상은, 사건이다.* 다시 말해 철학은 철학책이 아니다. 말과 글은 기껏해야 '사건으로서 철학'의 흔적이며, 그냥 말하자면 철학의 시체일 뿐이다. 말과 글은 번개를 맞는 순간, 불꽃이 이는 순간을 담아낼 수 없다.** 니체는 왜 이 말을 책의 마지

102) 《선악의 저편》, 296절.

103) 《선악의 저편》, 285절.

104) Platon, *Epistolai VII*, 341c~341d, 강철웅·김주일·이정호 옮김, 《편지들》, 이제이북스, 2009, 111쪽.

* "가장 위대한 사상이 가장 위대한 사건이다."[103)]

막에 배치하려 했을까. 철학에 관한 말과 글은 철학의 가장 향기로운 순간, '철학의 아침'을 담지 못한다. 철학책이란 기껏해야 '오후의 색깔'일 뿐이다. 철학은, 사건은, 체험의 문제이다. 철학자는 체험하는 자이다. 그러므로 이 책을 읽는 당신이 철학자이고자 한다면, 말과 글을 믿지 말고, 당신을 믿어야 한다. 당장 실험하고 시도해야 한다!

■■ 니체가 의도적으로 배치한 이 마지막 소절은 플라톤이 시칠리아의 친구들에게 보낸 편지의 한 구절을 생각나게 한다. "그것들(내가 몰두하고 있는 것들 — 철학)에 대한 나의 책은 있지도 않고 나오지도 않을 겁니다. 왜냐하면 그것은 다른 학문들처럼 말로 옮길 수 있는 것이 아니라, 주제 자체와 관련하여 이루어진 오랜 교유와 공동생활에서, 예컨대 튀는 불꽃에서 댕겨진 불빛처럼 갑자기 영혼 안에서 생겨나 비로소 자신을 스스로 길러내기 때문입니다." 104)

후곡
—높은 산에서

후곡
—높은 산에서

니체는 《선악의 저편》 끝에 '높은 산에서'라는 제목의 후곡Nachgesang을 덧붙였다(직접 읽어보시길!). 아래는 그 후곡에 대한 나의 변주곡이다.

저기 내가 올라오고 있구나.
그대, 나를 알아보겠는가, 또 하나의 나여!
가장 높은 곳에 마련된 식탁은 그대를 위한 것.
바람이 매섭고, 만년설이 덮인 이곳,
모두에게 열려 있으나 아무나 허락하지는 않는 이곳,
친구여, 그대가 여기를 찾아왔구나
네가 쏜 화살이 나였고,
너를 길어 올린 것 또한 나였다.

혹시, 친구여 이것은 네가 아닌가.
너는 아직 당도하지 않은 것인가.
여기 온 것은 네 염원뿐인가.
언젠가의 그들처럼 너는 비명만을 올려 보낸 것인가.
그렇다면 친구여,
그만 발길을 돌려라.
거기서 비명을 질렀다면 여기서는 송장이 되리라.
그곳이 무서웠다면 여기는 지옥이 되리라.
거기서 자꾸 뒤돌아볼 것이면
그냥 시간의 갈고리에 걸려 과거로 끌려가거라.

오, 친구여!
나는 다른 너를 기다린다.
화살통의 화살로서 나는 그대를 기다리고 있다.
여기 활은 아무나 당길 수 있는 것이 아니다.
나의 여인은 그녀의 남자를 알아볼 때 이 활을 쓴다.
나는 그대가 이 활의 주인이기를 바라노라.
이 활이 긴장 속에서 매섭게 울어대기를.
나는 다른 나를 기다린다.

오, 친구여!
네가 올려다보는 내가 바로 너이다.
너를 내려다보는 내가 바로 너이다.
우리는 둘이고, 우리는 하나다.
결혼식이 임박했는데 신부가 없구나.
내가 너의 신랑이고, 네가 나의 신부다.
내가 너의 높이이고, 네가 나의 깊이이다.
내가 너의 정오이고, 네가 나의 자정이다.
어서 올라오라, 친구여!
어서 올라오라, 그대여!

다이너마이트 **니체**

고병권과 함께 니체의 《선악의 저편》을 읽다

지은이 고병권

▩

2016년 6월 10일 초판 1쇄 발행

2019년 5월 17일 초판 2쇄 발행

▩

책임편집 홍보람

기획·편집 선완규·안혜련·홍보람·秀

기획·디자인 아틀리에

▩

펴낸이 선완규

펴낸곳 천년의상상

등록 2012년 2월 14일 제2012-000291호

주소 (03983) 서울시 마포구 동교로 45길 26 101호

전화 (02) 739-9377

팩스 (02) 739-9379

이메일 imagine1000@naver.com

블로그 blog.naver.com/imagine1000

▩

■

ISBN 979-11-85811-23-9 03100

▩

이 도서의 국립중앙도서관 출판예정도서목록(CIP)은 서지정보유통지원시스템 홈페이지(http://seoji.nl.go.kr)와 국가자료공동목록시스템(http://www.nl.go.kr/kolisnet)에서 이용하실 수 있습니다.

(CIP제어번호: CIP2016013105)